W0226393

ROSWITHA M. GÄDEKE

# Gelebte Religion

## Eine Quelle der Kraft für die Familie

URACHHAUS

ISBN 978-3-8251-5324-3

Erschienen im Verlag Urachhaus
www.urachhaus.com


Umschlagabbildung: russische Ikone, 19. Jahrhundert
Gestaltung und Satz: Katja Schüch, Kirchheim / Teck

# Inhalt

# Geleitwort

Seit Schließung des Elternseminars der *Christengemeinschaft* in Kiel sind vierzehn Jahre vergangen. Viel hat sich in der Welt seither verändert. Man kann immer stärker den Eindruck gewinnen, dass alle paar Jahre eine neue Generation mit eigenen Fragen und Impulsen auf die Erde kommt. Und zugleich sind die Kinder immer früher in ihrer ganzen Lebensstimmung davon betroffen, dass sich immer alles wandelt. So ist es nicht einfach, ihnen einen schützenden Raum zu schaffen, in dem sie sich zunächst in beständigem Umfeld und rhythmischen Wiederholungen in Raum und Zeit beheimaten können.

Umso schöner, dass in dieser Zeit das bindungs- und beziehungsorientierte Aufwachsen immer mehr ins gesellschaftliche Blickfeld rückt. So wird das Auge geschult, das kindliche Verhalten zu verstehen und die Bedürfnisse und Gefühle zu erkennen, die ihm zugrunde liegen. Unterschiedliche Formate von Ratgebern bis hin zu Podcasts sind mittlerweile schnell zu finden. Und niemand muss sich mit seinen Fragen alleine fühlen.

Ein solcher auf das Kind gerichtete Blick, der versucht, ganz von den eigenen Wahrnehmungen und Erfahrungen der Teilnehmerinnen und Teilnehmer auszugehen, wurde im Elternseminar in bester Weise geschult und gemeinsam mit Erkenntnissen durchdrungen. Im Grunde liegt mit diesem Buch ein gründlicher Werkstattbericht vor, wie sich in einer Gemeinde Eltern, Großeltern und Paten Fähigkeiten und innere Gesinnung gemeinschaftlich und gegenseitig anregend angeeignet haben. Das kann zu anderen Projekten dieser Art inspirieren oder Einzelnen Mut machen, die mit Kindern zu tun haben.

Anders als bei den schnellen Informationen, die der Markt

bietet, ist in dieses Buch ruhiger Atem eingeflossen. Was die ganze Atmosphäre des Elternseminars ausgemacht hat und von der gewissenhaften Gründlichkeit Roswitha M. Gädekes feinsinnig geprägt gewesen ist, findet sich in den Beschreibungen entschleunigend und in die Tiefe gehend wieder.

Daher mögen Lesende sich frei fühlen, da einzusteigen, wo es ihnen beliebt, oder sich herausgreifen, woran sie mit ihren Fragen anknüpfen können. In der bewussten Beziehung zum Kind handelt es sich immer um eine Schule des Lebens, so kann es der Erwachsene heute spüren. Für seine Werte und Anschauungen immer tieferes Verständnis und vielleicht mehr Sicherheit zu gewinnen, liegt in der Ernsthaftigkeit der Aufgabe, an die uns die Verbindung zum Kind heranführt. Als der große Pädagoge Michael Bauer einmal von einem Kind am Bahnhof abgeholt wurde, sagte er unterwegs zu dem kleinen Mädchen: »Du bist so klein und ich bin so groß, und dennoch führst du mich!« Lassen wir uns leiten vom Kind!

Susanne Gödecke

# Ein Jugendideal zeitigt weitreichende Folgen

Eigentlich, so dachte ich als werdende Mutter, bin ich auf meine ersehnte Rolle bestens vorbereitet: Mit zwölf Jahren hatte ich zum ersten Mal die sogenannte anthroposophische »Mütterbibel«, *Geburt und Kindheit* von Wilhelm zur Linden, verschlungen.[1] Als Schülerin hatte ich jahrelang regelmäßig zwei Nachbarskinder betreut, als junger Mensch zweimal in einem heilpädagogischen Kinderheim im Sommer Gruppenmutter-Vertretungen übernommen, ein Haushaltsjahr in einer Arztfamilie mit drei Kindern absolviert und schließlich als ausgebildete Arzthelferin in der Schularztpraxis einer Waldorfschule gearbeitet. Dreimal hatte ich in verschiedenen Rollen Mitverantwortung auf Kinder- und Jugendlagern der *Christengemeinschaft* übernommen. Und ich hatte den Partner gefunden, der meine Lebensausrichtung teilte und meinen Idealen gegenüber offen war.

Als das erste sehnlich erwünschte Kind da war, schwamm ich in Glückseligkeit; ich fühlte mich sicher im Umgang mit diesem kleinen Wesen. Für ein knappes Jahr. Dann schob sich, ohne eine uns Eltern erkennbare Ursache, während einiger Jahre hin und wieder ein Schatten von Antipathie zwischen dieses Kind und mich, die mir immer wieder zu schaffen machte, weil sie unbedachte Reaktionen auslöste, die mir dann sehr zu Herzen gingen. Hilfe von außen konnte ich mir nicht holen. Scham hinderte mich, denn die gesellschaftlichen Erwartungen an die allgütige Mutterliebe empfand ich als erdrückenden moralischen Maßstab.

Aber die Überzeugung, dass wir nicht nur einmal auf der Erde sind, baute mir eine Brücke. Unter dem Gesichtspunkt, dass dieses Kind und ich etwas aus einem früheren Erdenleben auszutragen hatten, lernte ich Ja zu sagen zu dieser von Zeit zu Zeit getrübten Mutter-Kind-Beziehung und diese als Aufgabe auf mich zu nehmen. Früh hatte ich zu lernen, dass es der elterlichen Autorität nichts anhaben kann, wenn man sich auch einem kleinen Kind gegenüber für seine Fehler entschuldigt und liebevoll für Ausgleich sorgt, sodass das Abendritual vor dem Schlafengehen immer ein friedvoller Tagesabschluss war.

Am Beginn dieser von Zeit zu Zeit überschatteten Beziehung zu diesem kleinen Wesen war das zweite Wunschkind unterwegs, und zwei weitere Kinder waren ebenso erwünscht und herzlich willkommen und schlossen den Reigen ab. Einige Monate nach der Ankunft des jüngsten Kindes wurde unsere Älteste ein fröhliches Schulkind, und nach einem weiteren Jahr löste sich die Spannung zwischen diesem Kind und mir ebenso rätselhaft, wie sie gekommen war. Gleichwohl spiegelten uns alle Kinder, jedes für sich gemäß seiner Eigenart und Konstitution – sowie im geschwisterlichen Mit- und Gegeneinander –, unsere Schwächen, Fehler und Mängel. Hinzu kam, dass insbesondere die Heranwachsenden wiederholt unsere elterliche Einigkeit in der Erziehung auf die Probe stellten: denn je nach Situation reagierten wir sehr unterschiedlich, nämlich männlich und weiblich. Das war eine Erfahrung, die mein ursprüngliches Idealbild von Elternschaft so nicht enthalten hatte. Immer aber gehörte es zu unserem Familienleben, dass nach Auseinandersetzungen konstruktive Gespräche gesucht und gepflegt wurden.

Etwa zu dieser Zeit der Familienentwicklung erschienen die gegenüber dem Buch *Geburt und Kindheit* um grundlegende pädagogische und medizinische Erfahrungen und Ratschläge erweiterte *Kindersprechstunde* von Michaela Glöckler und Wolfgang Goebel sowie *Am Anfang war Erziehung* von Alice Miller.[2] Beide

Bücher enthielten selbst zu diesem späten Zeitpunkt für mich wichtige, hilfreiche Botschaften, ebenso wie das Buch *Flegelalter* von Ernst Ell.[3]

Die Erfüllung meines erhofften Lebenszieles, Ehefrau und Mutter von mehreren Kindern zu werden, hatte mir ein wohlwollendes Schicksal ermöglicht und gewährt. Die Verwirklichung eines anderen Zieles, das sich einige Monate vor dem Verlassen des Elternhauses als deutlicher Impuls in meiner Seele artikuliert hatte, hing hingegen allein von meinem eigenen Bewusstsein und anhaltenden Willen ab.

Es war Mitte Dezember. Die älteren Geschwister waren längst ausgezogen. Ein Adventskranz war wie immer vom Vater geflochten und aufgehängt worden, aber wir hatten uns nie zum Advent-Feiern zusammengesetzt, was ungewöhnlich war und mir plötzlich bewusst wurde. Warum das so geschah, habe ich nie erfragt. Doch da ich mich allein wähnte, zündete ich für höchstens zwei oder drei Minuten die Kerzen an. Allerdings mit dem vagen Gefühl, mir etwas zu nehmen, was mir allein nicht zusteht. Deshalb löschte ich die Lichter auch schnell wieder aus. Ich wollte weder dabei angetroffen werden noch mich dazu äußern müssen. Denn in diesem kurzen Augenblick fühlte ich mich von einer Idee ergriffen, die sich in einem einzigen klaren Satz artikulierte: Wir müssen neu feiern lernen!

Mit diesem eindeutigen, starken Impuls habe ich mich dann sofort in meinem Tagebuch ausführlich auseinandergesetzt, bis in die Weihnachtszeit hinein. Es ging mir damals um die Feste von Advent und Weihnachten. Der zentrale Gedanke war, dass wir einerseits mit diesen Festen die Erinnerung an das Leben des Jesus Christus auf Erden vor 2000 Jahren würdig pflegen, wie das auch in meinem Elternhaus geschah. Andererseits wollte ich das Feiern dieser christlichen Feste auch von der Zukunft her begründen und beleben, im Sinne eines Sich-bereit-Haltens für

DEN, der uns als der einst wiederkommende Christus verheißen ist. Noch in der Adventszeit verfasste ich ein Gedicht *Weihnacht einst und jetzt* und während der Heiligen Nächte ein Bittgebet um Kraft an den Erzengel Michael, um für das Gute kämpfen zu können. Nach diesen Tagebuch-Erörterungen vergaß ich das alles wieder.

Erst ein gleichnishaftes Hochzeitsgeschenk weckte den Impuls aus seinem jahrelangen Schlummer auf. Mit der eigenen Familiengründung wurde dieses Ziel der Erneuerung der christlichen Jahresfestkultur ein fester Bestandteil meines Lebens. Bewährtes aus dem religiösen Leben in der eigenen Kindheit wurde beibehalten, manches davon abgewandelt oder ergänzt. Für die Feste der zweiten Jahreshälfte, von Himmelfahrt an, mussten ganz neue Formen der Festgestaltung gefunden werden. Damals gab es zu diesem Thema noch kaum Literatur. Das förderte meine Eigeninitiative sowohl in der inhaltlichen Verständnissuche der christlichen Feste als auch im Finden von daraus hervorgehenden Gestaltungsformen. Somit war die Entwicklung des Familienlebens immer begleitet von der Entwicklung religiöser Lebensformen im Familienkreis.

Dieses religiöse Leben gab unserem Familiendasein mit seinen Licht- und Schattenseiten, in notvollen, ja gefährlichen Schicksalsaugenblicken und im ganz normalen Trubel des Alltags eine ordnende Struktur. Seine Rhythmen trugen uns, es nährte uns durch seine Inhalte, führte uns immer wieder zusammen, stärkte unsere Gemeinschaft. Einmal fragte mich eines der Kinder im jungen Erwachsenenalter, ob ich denn nie Angst gehabt hätte, dass ihnen etwas zustoßen könnte. Ich antwortete ganz offen, dass wir Eltern für sie alle täglich Fürbitte-Gebete pflegten und darin unser Vertrauen in ihr Schicksal gegründet sei.

Da wir zu unseren Jahresfesten manchmal Gäste einluden und die Kinder von ihren Erlebnissen auch fröhlich erzählten, blieb diese Lebensweise nicht verborgen. Eines Tages wurde ich mit der Frage des Pfarrerkollegiums in Hamburg-Volksdorf konfrontiert, ob ich bereit wäre, über unser Leben mit den Jahresfesten in der *Christengemeinschaft* einen Vortrag zu halten. Da ich mich noch nie als Rednerin versucht hatte, die Erfahrungen auf dem erfragten Gebiet noch anfänglich waren und in absehbarer Zeit eine Umsiedlung von Hamburg nach Kiel bevorstand, sagte ich grundsätzlich zu, bat aber um ein Jahr Aufschub.

Im Februar 1983 sprach ich über das Thema »Wie feiert man ein christliches Familienfest? – Passion, Ostern, Himmelfahrt, Pfingsten«. Mit diesem Vortrag war eine Tür aufgestoßen. Ein zweiter Vortrag folgte im selben Jahr in der *Christengemeinschaft* in Kiel, vorgestellt als Auftakt zu einem Kursangebot: »Christliche Feste in der Familie«. Die anschließenden Kurse fanden vierzehntägig statt. Sie bereiteten die Festeszeiten am ersten Abend inhaltlich anhand der dazugehörigen Evangelien-Kapitel vor, am zweiten Abend wurden die Gestaltungsmöglichkeiten daraus entwickelt. Mit einem Vater und einer Mutter fingen wir am ersten Abend an, an den folgenden Abenden fand sich ein Kreis von etwa sechs Müttern ein, der Vater war uns abhandengekommen.

Dieses Angebot konnte ich damals aber nur machen, weil mein Mann, Pfarrer in dieser Gemeinde, den inhaltlichen Teil für die Zeit der ersten beiden aufeinanderfolgenden Kursjahre übernahm. Auf diese Weise erhielt ich eine Schulung, die es mir ermöglichte, zwei nachfolgende Kurse mit wachsenden Teilnehmerzahlen allein durchzuführen. Bis ins Jahr 1999 haben sechs das Jahr umgreifende Kurse stattgefunden, dazwischen gab es zwei größere Pausen, die ich für mich, meine Familie und eine interne Weiterarbeit an diesen Themen benötigte.

Während des dritten Kurses erschütterte das Unglück von Tschernobyl die Menschen und wurde auch bei unseren Abenden zum Thema. Es zeigte sich, dass unsere Arbeit Aspekte bereithielt, einen hilfreichen Zugang zu dieser Katastrophe zu finden.

Da jeweils mehrere Mütter wiederholt an diesen Kursen teilnahmen und ein Teil des Abends immer dem Gesprächs- und Erfahrungsaustausch diente, wurden diese Kurse durch die Beiträge der Teilnehmerinnen vielfältig bereichert. Ich hatte wohl alles selbst Erarbeitete zur Verfügung gestellt, aber immer sehr eindringlich davor gewarnt, meine Konzepte einfach zu übernehmen. Religiöse Gewohnheiten wirken nur heilsam, wenn sie aus dem eigenen inneren Bedürfnis und Vermögen hervorwachsen. Sie müssen den jeweiligen Lebensverhältnissen entsprechen, in denen sie verankert werden sollen. Deshalb habe ich die Mütter immer wieder ermutigt, mit dem wenigen anzufangen, zu dem sie ein eigenes Verhältnis herstellen konnten, sei es im Gemüt oder im Denken. Dieses Anfängliche erst einmal in Treue zu leben, ist entscheidender als eine Fülle von unverarbeiteten Aktionen.

Mich selbst versetzten die freimütig und teilweise auch kritisch vorgebrachten Beiträge der Teilnehmerinnen in die Lage, mein Bild von Familie zu erweitern, zu korrigieren, zu vertiefen. Ich wurde auf diese Weise in Schicksalslagen und Lebensverhältnisse eingeführt, die die Idee von einem zu gründenden Elternseminar entstehen ließen. Bestärkt wurde dieser Gedanke entscheidend durch die sich verändernden gesellschaftlichen Verhältnisse, die sich im Laufe von eineinhalb Jahrzehnten Arbeit in den Teilnehmerkreisen spiegelten: Der kleine Anteil derjeniger, die wenige oder keine religiösen Erfahrungen in ihrem Leben machen konnten oder denen grundlegende Begriffe wenig oder nicht vertraut waren, nahm, wenn auch langsam, zu. Auch die in überraschend großer Zahl eingegangenen Ergebnisse eines von mir ausgearbeiteten und an alle ehemaligen Teilnehmerinnen verschickten Fragebogens zu den ersten vier Jahresfestekursen trugen wesentlich zur Entstehung dieser Idee bei.

Als ich während der letzten fünfjährigen Kurspause erneut um religionspädagogische Mitarbeit in der Gemeinde von Pfarrer Jörgen Day gebeten wurde, brachte ich die Idee der Gründung eines Elternseminars vor. Allerdings mit drei mich bedrängenden Fragen, denen ich zuvor unbedingt auf den Grund gehen musste.

Würde ich im Alter von Mitte fünfzig von den Eltern der nächsten Generation noch angenommen werden?

Bin ich überhaupt kollegiumsfähig? Denn mir war völlig klar: Meine Kompetenzen als erfahrene Mutter und Kursleiterin für christliche Jahresfestkultur müssen durch unterschiedlich ausgebildete Mitarbeiterinnen und Mitarbeiter ergänzt, meine Ideen und Vorhaben gegebenenfalls korrigiert oder gar gebremst werden können.

Zur Klärung der ersten Frage bot ich noch einmal einen Jahresfestekurs an, dessen erneut große Teilnehmerzahl die erste Sorge zerstreute.

Zur positiven Beantwortung der zweiten Frage ergab sich folgende Lösungsmöglichkeit: Ich beteiligte mich aktiv an der Arbeit der seinerzeit bestehenden Erweiterten Mitarbeiterkonferenz in unserer Gemeinde, wobei ich das Erstellen von Tagesordnungen, Versammlungsleitung und Protokollführung erlernen konnte. Dieser Arbeitskreis war von Jörgen Day initiiert, eingerichtet und begleitet worden.

Die dritte, sehr ernste Frage war grundsätzlicher Art: Werden Kraft, Gesundheit und Zeit für die Bewältigung einer solchen verantwortungsvollen Aufgabe ausreichen? Denn ich war seit einigen Jahren auch Büroangestellte in der Norddeutschen Region der *Christengemeinschaft* zur Entlastung meines Mannes bei Leitungsaufgaben, und drei unserer inzwischen jugendlichen Kinder lebten als Schüler noch zu Hause, was bekanntlich nicht die erholsamsten Jahre für Eltern sind.

Diese letzte wichtige Frage beantwortete ich nach reiflicher

Prüfung in tiefem Vertrauen in mein Schicksal und seine helfenden Kräfte mit einem beherzten, klaren JA.

Nun also stand der Gründung dieses Elternseminars nichts mehr im Wege. Jörgen Day gab mir den Auftrag, ein Konzept zu erstellen. Ich hatte mich schon in der davorliegenden Weihnachtszeit mit drei erfahrenen und pädagogisch ausgebildeten Müttern aus den Jahresfestekursen beraten, ob und wie aus dem gesamten Erfahrungsstoff der Jahresfestekurse ein lebensfähiges Elternseminar entwickelt werden könnte.

Schließlich war noch eine zentrale Frage zu beantworten: Welcher Name wird das Wesen dieser Schulungsstätte am besten zum Ausdruck bringen und zugleich möglichen Schwellenängsten entgegenwirken? Nach Beratungen mit einer sehr erfahrenen, betagten Kindergärtnerin, die selbst in der Fortbildung tätig war, und mit Vertretern der jungen Generation haben wir uns für den Begriff »Elternseminar« entschieden. Denn der Begriff »Elternschule« könnte sehr leicht mit der zurückliegenden und manchmal leidvollen Schulzeit assoziiert werden, ein Gefälle zwischen den Referenten und den potenziellen Teilnehmerinnen und Teilnehmern suggerieren. Der gesamte Name »Elternseminar für Familienkultur – Fortbildung für religiöse Erziehung« steht demgegenüber für unsere Auffassung und Haltung, dass alle Interessierten einen individuell ausgeprägten Fundus an Fragestellungen und Erfahrungen mitbringen.

Am Übergang vom alten zum neuen Kirchenjahr 1999 wagten wir mit vier einführenden Vorträgen, das »Elternseminar für Familienkultur« zu gründen, um nach der Weihnachtszeit mit der Trimester-Arbeit beginnen zu können.

Acht Jahre hat das Schicksal diesem Elternseminar Zeit gegeben, um sich zu entfalten und so zu bewähren, dass es als ein Modell angesehen werden kann. Es hat sich gezeigt, dass es möglich ist, mit engagierten Menschen eine solche Schulungs-

und Begegnungsstätte für interessierte Eltern, Großeltern oder Paten einzurichten, deren Angebote sie mit Gewinn für eine bessere Bewältigung ihres Familienalltags genutzt haben. Darum habe ich schließlich den Versuch unternommen, auf Bitten von Pfarrerinnen und Pfarrern über dieses Elternseminar ein Buch zu schreiben, um es lehrbar zu machen, sodass es Anregung und Ermutigung sein kann für andere Gemeinden, in denen vielleicht Ähnliches angestrebt und weiterentwickelt werden könnte. Als Versuch musste ich es werten, weil ich seit 2005 Mitarbeiterin beim Aufbau des Zentralarchivs der *Christengemeinschaft* in Berlin war. Damit stellte sich auch hier die entscheidende Frage: Wie weit reichen Zeit und Kraft für beides?

Was aber ist es eigentlich, das da lehrbar gemacht werden soll, und auf welche Weise soll das geschehen? Alle Mitarbeiterinnen und Mitarbeiter haben das Werden und Wachsen dieses Schulungsangebotes für Eltern wie ein herannahendes Wesen erlebt, das geboren werden, leben und sich entwickeln möchte, das Heilendes und Helfendes mit sich führt und unter uns wohnen möchte. Dies legte es mir nahe, der Vorstellung dieses Elternseminars in Gestalt eines Lebensberichtes nachzukommen. So habe ich begonnen, mit dem Kapitel »Spirituelle Grundlegung« die geistige Ausrichtung zu vermitteln, der im Kapitel »Vereinbarung einer tragenden Struktur« die äußere Formgebung des Seminars gegenübergestellt wird. Im Folgenden werde ich versuchen zu schildern, wie sich das Leben und Wesen dieses Elternseminars zwischen diesen beiden Polen entfaltet hat mit seinen Stärken und Schwächen, Höhen und Tiefen bis hin zu seiner notwendigen Schließung.

Meinen Darstellungen liegen die gesammelten Tagesordnungen unserer Konferenzen und Jahresversammlungen und deren zum Teil sehr ausführliche Protokolle zugrunde, die Unterlagen zu den Vor- und Nachbereitungen der Kurse, die Programme, die Anmeldungen, die Aufzeichnungen in der fortlaufend von mir geführten Chronik des Elternseminars, die Beiträge in den Kieler Gemeindebriefen und »Mitteilungen der Christengemeinschaft« sowie differenzierte schriftliche Rückmeldungen aus dem Teilnehmerkreis zu einzelnen Angeboten und meine persönlichen Tagebucheinträge, Gesprächsnotizen und nicht zuletzt auch das Echo ehemaliger Teilnehmerinnen, die dankenswerterweise bereit waren, das schriftlich Dargestellte aus ihrer Sicht und Erinnerung kritisch zu überprüfen.

Unsere Hoffnung ist, dass sich in diesem Buch ein lebensvolles Profil dieses Elternseminars für Familienkultur abzeichnet und es sich als ansteckender Keim erweist für weitere, vielleicht ganz anders geartete Gründungen und Weiterentwicklungen von religionspädagogischen Schulungseinrichtungen in den Gemeinden – Eltern zur ermutigenden, freudigen Unterstützung, ihren Kindern und den Heranwachsenden zum Segen.

# Ein Elternseminar für religiöses Familienleben wird gegründet

*Aber die Liebe selber, das sich Hingeben an die Welt und ihre Erscheinungen betrachtet man jedenfalls nicht als Erkenntnis. Für das Leben aber ist die Liebe die erste Erkenntniskraft. Und ohne diese Liebe ist es vor allen Dingen unmöglich, zu einer Menschenerkenntnis zu kommen, welche die Grundlage für eine wirkliche pädagogische Kunst sein könnte.*

Rudolf Steiner[4]

## Spirituelle Grundlegung – eine entscheidende Voraussetzung

»Christus ist der Lehrer der Menschenliebe.« Diese elementare Aussage hören die Kinder in jeder Sonntagshandlung für die Kinder im Alter zwischen Schuleintritt und Konfirmation; mit ihnen hören es alle mitfeiernden Eltern, Paten, Großeltern.

Dem Erlernen der Menschenliebe kann sich jeder Mensch, der sich auf einen christlichen Weg macht, aus freiem Entschluss verpflichtet fühlen. Eine Orientierung über Wesen und Inhalt dieses Schulungsweges in der Christusliebe ist zu finden im Sakrament der Sinneswandlung, auch Beichte genannt, das ein Erwachsener für sich persönlich erbitten kann. Es kündet für alle Menschen im gleichen Wortlaut von der Aufforderung zu lernen, nämlich ein dem Wesen des Jesus Christus gemäßes Verhältnis zur

Schöpfung, zum Mitmenschen und zur Gotteswelt anzustreben, zu erüben. Aus diesem Bemühen kann der Seele Frieden und Liebefähigkeit zur Gotteswelt, ihrer Schöpfung und zu den Mitmenschen erwachsen. Hierin begründete sich die innere Haltung der Mitglieder des Kollegiums, selbst als Lernende vor Eltern und ihre Kinder lehrend zu treten. Ebenso weist dieses Sakrament den Weg zu drei Bereichen, aus denen sich die Schulungsinhalte in vielfältiger Weise ergeben:

- der Welt über uns – Gottes- und Engelwelt,
- der Welt unter uns – Schöpfung der Naturreiche,
- der Welt neben uns – Menschenwelt

und ihrer gegenseitigen Durchdringung. Aus ihnen leiteten sich die Gliederungen für unsere Angebote her, in denen die drei Grundkräfte der Seele tätig werden – Denken, Fühlen und Wollen.

Die Zuwendung zu diesen drei Welten in den verschiedensten inhaltlichen und praktischen Angeboten, sowohl für Erwachsene als auch für Kinder, sollte in einem gewissen harmonischen Verhältnis zueinander gehalten sein. – Gerade mit Blick auf die Menschenwelt war außerdem eine wachsame Offenheit für allgemeine gesellschaftliche Entwicklungen geboten: Es ging darum, den in ihnen wirkenden Tendenzen sinnvoll zu begegnen, soweit sie sich einer gesunden Kindheit störend entgegenstellen.

Des Weiteren stützte sich die Arbeit unseres Kollegiums auf das Menschen- und Weltbild der Geisteswissenschaft Rudolf Steiners und der daraus hervorgehenden Pädagogik, was sich auch in der Auswahl von Gebetstexten niederschlug. Als 1919 in Stuttgart die erste Waldorfschule gegründet wurde, hielt Rudolf Steiner einen Kursus für die Lehrer. Darin heißt es im ersten Vortrag: »Vollständig erfüllt wird dasjenige, was wir wollen, doch erst werden, wenn wir einmal so weit sind als Menschheit, dass auch die Eltern verstehen werden, dass schon in der ersten Epoche der

Erziehung besondere Aufgaben der heutigen Menschheit gestellt sind.«[5]

Auch auf diesem Gebiet sind und bleiben wir als Lehrende selbst Lernende. In diesem Sinne wollten wir unseren Einsatz leisten in dem uns möglichen bescheidenen Maß.

## Aufgaben und Ziele

In den genannten Aspekten zeichneten sich grundsätzliche Fragen zur Religionserkenntnis ab, deren Behandlung die Inhalte der Angebote wesentlich bestimmte: Was ist Religion? Wo ist eigentlich der Himmel? Was ist ein Gebet – kann man Beten erlernen? Wie lernen wir die göttliche Welt zu verehren, ihr zu danken, sie zu preisen?

Woher nehmen wir Kraft, Einsicht und den Mut, Schuld und Fehler einzugestehen, zu vergeben und daraus zu lernen? Aus welcher Kraft und Einsicht können wir unsere Kinder und Jugendlichen führen, schützen, begleiten, ermutigen und schließlich entlassen? Setzt das beim Erwachsenen ebenso eine Weiterentwicklung voraus?

Wie können Rituale im Alltag, am Sonntag, in den Jahresfesten Einzug halten in das Familienleben? Welche Bedeutung haben kirchliche Rituale und Sakramente?

Gibt es ein nachtodliches Leben oder womöglich gar ein vorgeburtliches Dasein der Seele? Was für ein Wesen ist der Mensch, dass er überhaupt solche Fragen stellt?

Welches Verhältnis haben Kinder in verschiedenen Altersstufen zum religiösen Leben und was erwarten sie jeweils vom Erwachsenen an Pflege, Halt, Schutz, Förderung und Orientierung?

Welche Wirkungen können vom religiösen Leben ausgehen

für den einzelnen Menschen, für Menschengemeinschaften, für unsere Gesellschaft?

Eine weitere Frage war zu stellen: Was meinte Rudolf Steiner mit den Worten »... dass auch die Eltern verstehen werden, dass schon in der ersten Epoche der Erziehung besondere Aufgaben der heutigen Menschheit gestellt sind«?

Lassen wir ihn selbst fortführen, was im oben zitierten Motto zur spirituellen Grundlegung ausgesagt ist: »Man schaut in jedem Kinde die göttlich-geistige Weltenordnungsentfaltung: wie Gott schafft in der Welt. Am höchsten, am bedeutendsten erscheint es einem, wenn man es anschaut im werdenden Kinde. Dann aber wird einem jedes einzelne Menschenkind zu einem heiligen Rätsel. Denn dann bildet jedes einzelne Kind die große Frage – nicht: Wie soll man es erziehen, dass es, wie man es sich ausgedacht hat, sich einem Idol nähert –, sondern: Wie soll man das pflegen, was einem die Götter heruntergeschickt haben in die irdische Welt? – Man lernt sich erkennen zu einem Helfer der göttlich-geistigen Welt, und man lernt vor allem die Frage aufwerfen: Was kann werden, wenn man mit einer solchen Gesinnung an den Unterricht und an die Erziehung herangeht? – Wahre Pädagogik geht vor allen Dingen von dieser Gesinnung aus. Auf diese Gesinnung, die Pädagogik, den Unterricht zu pflegen, darauf kommt es an! Menschenerkenntnis kann nur erworben werden, wenn die Menschenliebe – also hier die Liebe zum Kinde – zur werktätigen Gesinnung wird. Entsteht eine solche Gesinnung, dann wird der Erzieherberuf zum Priesterberuf; denn dann wird der Erzieher zum Verwalter dessen, was die Götter mit dem Menschen ausführen wollen.«[6]

Diesen religiösen und weltanschaulichen Fragen und Aussagen stehen Fakten gegenüber, die die »Wert-Schätzung« der Arbeit von Müttern in unserer Gesellschaft anschaulich machen. Einige solcher Fakten sollen stellvertretend vor unser Bewusstsein gerückt werden, sozusagen als Proben aus dem Boden, von dem wir mit unserem Seminarvorhaben im Jahr 1999 auszugehen hatten.

Auf der volkswirtschaftlichen Werteskala der seinerzeit auch in der Bundesrepublik bestehenden *Financial Times* rangiert die Hausfrau an zweitunterster Stelle: zwischen Arbeitslosen und Schülern – die Pflege- und Erziehungsleistung einer Mutter existiert dort überhaupt nicht! – Mein eigener Rentenbescheid von 2010 billigte mir 195,38 Euro zu vor Abzug von 79,37 Euro Krankenkassenbeitrag und 3,81 Euro für die soziale Pflegeversicherung: für Ausbildungszeiten, mehrjährige Berufsarbeit als Arzthelferin und für die Familienarbeit mit vier Kindern! Wäre ich nicht von der *Christengemeinschaft* als Ehepartnerin eines Pfarrers finanziell mitgetragen, müsste ich einen Antrag auf Grundsicherung stellen. – Als mein jüngstes Kind eingeschult worden war, sprach mich eine Mutter herausfordernd an: »Aber *jetzt* gehen Sie doch wieder arbeiten, Frau Gädeke?!« Zu diesem Zeitpunkt war ich bereits ehrenamtlich in unserer Gemeinde mit Elternkursen tätig, was dieser Frau auch bekannt war. – Als mein Mann in Kindergeldangelegenheiten beim Sozialamt war, bekam er von der Sachbearbeiterin die Aussage vorgesetzt: »Ihre Frau arbeitet ja nicht.« Auf den heftigen Protest meines Mannes hin entschuldigte sie sich in echter Betroffenheit für ihre die mütterliche Arbeit herabwürdigende Reaktion auf die amtliche Feststellung zu unseren Einkommensverhältnissen.

Zur Jahrtausendwende hat die Evangelische Kirche in Kiel alle christlichen Konfessionen eingeladen, sich am Schreiben einer »Bürger-Bibel« zu beteiligen. Unter anderen Mitgliedern unserer Gemeinde wurde auch ich gebeten, ein Kapitel zu übernehmen. Als erfragten Beruf gab ich bewusst »Mutter« an. Ebenso verhielt sich eine weitere Mutter, ohne dass wir voneinander wussten. Als wir das unserer Gemeinde zugeleitete Exemplar durchblätterten, stellten wir fest, dass in der Namensliste der Schreiberinnen und Schreiber hinter unseren Namen eine Lücke klaffte. Es fehlte die Berufsbezeichnung. Hausfrauen fanden wir etliche. Aber keine Mutter.

Die dem Titel der Weihnachtsnummer des *Spiegel* von 1997 gewidmeten Beiträge befassten sich mit dem Verhältnis von Kirche und Staat: »Liebster Jesu, wir sind vier ...« Einige der daraus entnommenen Zitate namhafter Persönlichkeiten benennen deren Sorgen in diesen Jahren: »... Gottes Platz in der Seele, formuliert es poetisch der ostdeutsche Dichter Günter de Bruyn, sei zu einer Leerstelle geworden, die nach neuen Glaubensinhalten und nach neuer seelischer Bindung verlangt.«

»Dieser Prozess der Entkirchlichung muss den Kirchen angelastet werden, aber nicht nur. Er hat auch zu tun mit einem Anti-Institutionalismus, der auf das starke Erlebnis, den Kick und das Spontane aus ist und Wiederholung ablehnt: Immer was Neues muss es sein« (Richard Schroeder, Professor für Philosophie und Theologie an der Humboldt-Universität Berlin).

»Die Prägekraft des Christentums gehört nicht ins Museum oder den privaten Winkel« (aus einem Strategiepapier des Rates der EKD).

»Die brutale Fremdenfeindlichkeit zeigt doch, woran es den Menschen mangelt: an der glaubhaften Vermittlung zentraler Grundwerte des Zusammenlebens. In dieser Situation sei es verheerend, die Kirche als Sinnvermittler in die Ecke zu stellen« (Jürgen Dittberger, Politikwissenschaftler an der Universität Potsdam).

»Wenn wir die Entwicklung zu mehr Gewalt stoppen wollen, brauchen wir Menschen, die glaubhaft ethisch begründet von der Menschenwürde reden können. Und wer hat das bei uns schon gelernt?« (Uta Leichsenring, Polizei-Präsidentin, Eberswalde).

Im Mai 1998 fand in Frankfurt am Main ein erster Europäischer Kongress unter dem Titel *Aufwertung der Erziehungsarbeit. Europäische Perspektiven einer Strukturreform der Familien- und Gesellschaftspolitik* statt.[7] Zum Abschluss wurde in der Paulskirche ein Manifest vorgetragen. Darin heißt es: »Der Europäische Kongress zur Aufwertung der Erziehungsarbeit, der dieser Versammlung vorausging, war der Auftakt einer Bürgerinitiative, der Beginn einer Bewegung, deren Ziel die angemessene Anerkennung der Erziehungsleistung der Eltern durch Gesellschaft und Staat ist. Die Erziehung von Kindern ist gesellschaftlich notwendige Arbeit. Wer diese Arbeit übernimmt, der erwirbt Kompetenzen und erfüllt Aufgaben, die denen einer Erwerbsarbeit vergleichbar sind.

Wir wollen eine Anerkennung und Bewertung der Arbeit als Ausdruck der Schöpfungskraft des Menschen, als sein Feld der Bewährung und nicht als bloßer Kostenfaktor in Bilanzen. [...] Über die Arbeit findet der Mensch seine Identität im sozialen Raum. Daher muss die Wirtschaft dem Menschen dienen, nicht umgekehrt. Der Mensch muss wieder im Mittelpunkt wirtschaftlichen Denkens stehen.«[8]

Diesen Ausführungen entsprechend zeichneten sich für unser Elternseminar folgende Haltungen, Aufgabenstellungen und Ziele ab:

- Wir betrachten und behandeln die elterliche Erziehungs- und Pflegearbeit, die dazugehörige Hausarbeit inbegriffen, als einen vollgültigen Beruf. Welche Anerkennung, Würdigung, Schulung und entsprechende Vergütung unsere Gesellschaft ihm zugesteht, ist von entscheidender Bedeutung für die emotionale, soziale und fachlich zu erbringende Leistung jeder einzelnen Mutter, jedes einzelnen Vaters. Wie gesund eine Gesellschaft sich entwickeln kann, wird ab der frühesten Kindheit in jedem Zuhause grundlegend mitbestimmt.

- Das Elternseminar soll ein Ort der Begegnung, des Gesprächs sein, an dem man zur Ruhe kommen kann, an dem man innere Orientierung und Unterstützung für die Elternaufgabe finden kann.
- Es soll ein Ort sein, an dem man sich vorbehaltlos angenommen erlebt, sodass man sich vertrauensvoll auch über die eigenen Sorgen, Ängste, Nöte und Versagenserlebnisse in der Erziehung aussprechen und Rat holen mag.
- Um das zu ermöglichen, sind Schulungsangebote einzurichten zur Religionserkenntnis und zum religiösen Leben des Erwachsenen sowie zur Pflege des religiösen Lebens in der Kindheit. Die Menschenkunde und Pädagogik der Anthroposophie dienen uns als Grundlage und Orientierung. Dies kann sowohl auf theoretisch-seminaristische Weise wie auch auf praktische oder künstlerische Weise geschehen.
- Wir erhoffen uns, dass durch alle Elemente der Schulungsangebote und ihrer Ausführungen zum Ausdruck kommt, welchen hohen heilsamen Stellenwert die Sprache hat: in den Evangelien und Gebeten als Zwiesprache mit der geistigen Welt, im Sprechen der Menschen untereinander, insbesondere mit unseren Kindern, sowie mit der Natur, die wie ein aufgeschlagenes Buch vor uns liegt, das uns von ihrem Leben und Leiden erzählt.
- Wir wollen einen Ort schaffen, an dem sich Eltern, wenn sie das möchten, mit dem Gedanken Rudolf Steiners auseinandersetzen können, dass der Erzieherberuf im oben zitierten Sinne zum Priesterberuf werden kann, und sei es auch nur in allerkleinsten, kaum wahrnehmbaren Schritten.
- Die Zielsetzung der Elternseminar-Arbeit wird für jede Teilnehmerin, für jeden Teilnehmer eine individuelle sein gemäß den Voraussetzungen des persönlichen Schicksals. Mit diesen Menschen zusammen möchte das Elternseminar

mit seiner religionspädagogischen Arbeit seinen ihm möglichen Beitrag leisten zur Schaffung gesunder, geistgemäßer Lebensverhältnisse, in denen die Elternaufgabe ihrer hohen Verantwortung gemäß anerkannt, gewürdigt und gefördert wird zum Segen unserer Kinder, den zukünftigen Trägern unserer gesellschaftlichen Verantwortung.

## Vereinbarung einer tragenden Struktur

Das Elternseminar richtete sich an alle an der Erziehung und Betreuung von Kindern interessierte Eltern, Paten, Großeltern und Pflegeeltern.

Die Leitung des Elternseminars wurde mir von der Gemeinde aufgetragen. Pfarrer Jörgen Day begleitete und unterstützte die Arbeit von priesterlicher Seite durch die Teilnahme an unseren Konferenzen, Beratungen, ständige Gesprächsbereitschaft und inhaltliche Beiträge. Er übertrug mir die Verantwortung für die Bildung eines tragfähigen Kollegiums von unterschiedlich ausgebildeten Mitarbeiterinnen und Mitarbeitern. Sie waren selbst Eltern und Vertreterinnen verschiedener Familienmodelle und aktive Mitglieder in der Kieler Gemeinde.

Das Elternseminar wurde unter der Voraussetzung gegründet, dass es sich finanziell selber trägt als ein eigenständiger Organismus innerhalb der Gemeinde.

Das bedeutete einerseits, Mitarbeiter zu finden, die bereit waren, ehrenamtlich zu arbeiten, und andererseits Teilnahmegebühren zu erheben, notwendige Ermäßigungen inbegriffen. Ziel bei der Festlegung der Preise war, das Budget einer Familie so wenig wie möglich zu belasten, aber auch ein Zeichen der Verbindlichkeit zu setzen. Diese Gebühr war am Beginn einer Veranstaltung bar zu entrichten. Einen freiwilligen Beitrag haben wir bei Informationsveranstaltungen erbeten.

Die Abrechnung (Einnahmen-Überschuss-Abrechnung) erfolgte gesondert von der Gemeinde-Abrechnung und wurde dreimal jährlich dem Schatzmeister zur Überprüfung und zur Entlastung der Verantwortlichen vorgelegt und innerhalb der Gemeinde-Bilanz als gesonderter Posten aufgeführt.

Aus den Einnahmen wurden bestritten: Zuwendungen an die Gemeinde für Raum- und Küchennutzung, dreimal jährlich Herstellungskosten für die Trimester-Programme, Begleichung von Sachkosten, Unterstützung der Fortbildung der Mitarbeiterinnen (Fachliteratur, Tagungen), Überschüsse flossen der Gemeinde und der seinerzeit bestehenden »Jugendstiftung Methorst« zu.

Auf Anfrage erhielten wir die Mitteilung, dass im Falle von Sachbeschädigung oder Unfällen das Elternseminar in der Gemeindeversicherung mitversichert ist.

Das Seminar gliederte sich in Trimester. Innerhalb des Trimester-Programms konnten einzelne Angebote ausgewählt werden mit Rücksicht auf die sehr verschiedenen Voraussetzungen, Bedürfnisse und Teilnahmemöglichkeiten des Interessentenkreises.

Die einfachen DIN-A-4-Faltprogramme (siehe Seite 229ff.) in drei Farbvarianten wurden sowohl dem Gemeindeprogrammversand beigefügt als auch in der Gemeinde gesondert ausgelegt. Außerdem wurden die Programme an weitere an unserer Arbeit interessierte Institutionen, Arztpraxen und Naturkostläden gesandt. Das Layout der Programme wurde reihum von Familienmitgliedern aus dem Mitarbeiterkreis besorgt.

Bekannt wurde das Elternseminar einige Zeit später über unseren Programmversand hinaus durch Einträge im kleinen Branchenbuch der noch heute bestehenden Zeitschrift *Kinderkram* sowie in der damals von der Stadt Kiel herausgegebenen Orientierungsbroschüre *Wege für Frauen durch Kiel,* auf der Internetseite der *Christengemeinschaft* in Kiel sowie in der Broschüre der Anthroposophischen Gesellschaft in Kiel, die anthroposophisch orientierte Initiativen im Raum Kiel vorstellte, und auch in den vierteljährlich erscheinenden *Mitteilungen der Christengemeinschaft.*

Der Zusammenarbeit dienten monatliche Konferenzen mit Tagesordnung und Protokollführung.

Im Sommer gab es im Sinne von Ernte-Dank eine festlich gehaltene Jahreskonferenz mit Gästen aus dem Kreis der Teilnehmer, befreundeter Institutionen, der Pfarrer und Religionslehrerinnen sowie Gemeindemitglieder, die unserer Arbeit besonders verbunden waren. Dabei erhielten wir im Gespräch, das auf den ausführlichen Rückblick folgte, ein vielfältig differenziertes Echo von der Arbeit des vergangenen Jahres mit seinen Höhen und Tiefen.

Dem stand ab Jahresbeginn 2004 in den Weihnachtstagen nach dem Feiern des weihnachtlichen Gottesdienstes ein Klausurtag des Kollegiums gegenüber zur gemeinsamen anthroposophischen Schwerpunktarbeit, die bei den monatlichen Konferenzen im Rahmen einer Einstimmung als zu pflegende spirituelle und inhaltliche Anbindung an die Waldorfpädagogik im Wechsel mit anderen hilfreichen Texten fortgesetzt wurde. Wir betrachteten diese Klausur als Bekräftigung der Gründung des Seminars in die Advents- und Weihnachtszeit hinein und als Keimlegung für die Arbeit des beginnenden neuen Jahres.

Sowohl die Jahresversammlung als auch die Klausurarbeit wurde mit einem kurzen Dank- und Bittgottesdienst mit Ansprache und Gesang in der Kirche beschlossen.

Seit dem Weggang von Pfarrer Jörgen Day im Jahr 2001 wurde das Seminar von Pfarrerin Susanne Gödecke begleitet, unterstützt und gefördert.

# Das Wagnis der Gründung – Auftakt mit vier Vorträgen

Wie und wann fangen wir an? Obwohl es mit Blick auf anstrengende familiäre Weihnachtsvorbereitungen geradezu kontraproduktiv erscheinen musste, hatten wir uns entschlossen, am Übergang vom alten zum neuen Kirchenjahr 1999 mit vier einleitenden Vorträgen die Gründung zu vollziehen.

Um diesen Vorgang auf gesunde Weise in den Organismus der Gemeinde einzubetten, hatte Jörgen Day den Gemeinderat umfassend über dieses in der *Christengemeinschaft* neuartige Modell unterrichtet und von seinen Mitgliedern ein zustimmendes Echo erhalten.

Nun galt es, diesen Schritt der Gemeinde-Öffentlichkeit bekannt zu machen. Das geschah zunächst im Gemeindebrief zur Michaeli-Festeszeit unter dem auf Johann Heinrich Pestalozzi zurückgehenden Motto »Erziehung ist angewandte Religion«. In einem zweiten Schritt wurde im Gemeindebrief zu Advent/Weihnachten/Epiphanias die unmittelbar bevorstehende Gründung der Gemeinde und ihrem Umfeld mitgeteilt.

Mit welchen Schwerpunktthemen und Vortragsinhalten konnten wir das Interesse von Menschen für unsere Arbeit gewinnen und sie auf unsere Seminararbeit vorbereiten? Wir waren uns schnell einig, mit folgenden Fragen zu beginnen: Wo sind wir mit unserer leistungsorientierten, weitgehend materialistisch geprägten gesellschaftlichen Entwicklung angekommen? Was für ein Menschenbild haben wir heute und welches Verständnis von Kindheit? Wie schlägt sich das in der Auffassung und Behandlung von Empfängnis, Schwangerschaftsbegleitung und Geburtshilfe nieder? Was heißt das für unsere Elternaufgabe? Wozu brauchen wir überhaupt Religion?

Vier Vorträge wurden im Abstand von einer Woche im Foyer unserer Gemeinde gehalten: der erste noch im November, die folgenden in der Adventszeit, also im Zugehen auf Weihnachten, das Fest des Kindes.

## Kindheit heute

Am 22. November 1999 sprach Jörgen Day darüber, worauf es in der Erziehung ankommt. Seinem Vortrag stellte er ein Zitat von Rudolf Steiner voran: »Die Kinder sind heute anders, als sie waren vor Jahrzehnten. Das ergibt sich schon einer oberflächlichen Betrachtung sehr deutlich. Man muss sie anders erziehen und anders unterrichten, als man sie vor Jahrzehnten unterrichtet hat. Man muss mit dem Bewusstsein unterrichten, dass man eigentlich bei jedem Kinde eine Rettung zu vollziehen hat, dass man jedes Kind dahin bringen muss, im Lauf des Lebens den Christus-Impuls in sich zu finden, eine Wiedergeburt in sich zu finden.«[9] Eingebettet in menschenkundliche Aspekte, wurde auf die ersten drei Jahrsiebte des Kindes geblickt und darauf, welche Entwicklungen diese Phasen kennzeichnen (siehe das Kapitel »Familie und Glaube«, Seite 196 ff.). Sorgende Fragen schlossen sich an: Halten unsere zivilisatorischen, gesellschaftlichen Lebensverhältnisse genug äußere und innerliche Räume bereit, in denen sich unsere Kinder ihrem Wesen gemäß gesund entfalten können? Mit welcher Qualität von Ernährung sollten sie versorgt werden? Diese Frage bezog sich nicht nur auf den Körper: Denn sowohl die Seele und als auch der Geist des Kindes bedarf einer stärkenden Nahrung.

## »Sprich nicht so früh, damit ich dich noch nicht fühlen muss« – Zur Vertrauensfrage in der Schwangerschaft

Unter diesem Titel erörterte Elisabeth Szwerinski, Mutter von sechs Kindern und Geburtsvorbereiterin, die starken Veränderungen, die mit dem Einsatz von Ultraschalluntersuchungen, Gen- und Chromosomenanalyse in die Erwartungszeit der kommenden Kinder und ihrer Eltern hereinwirken sowie in die Arbeit von Hebammen und Ärzten. Durch diese tief eingreifenden pränatalen Untersuchungen steht die Erwartungszeit heute unter sehr ernsten Vorzeichen, auch aufgrund des 1995 neu gefassten Abtreibungsparagrafen. Denn immer häufiger stehen Fragen mit oftmals sehr folgenschweren, belastenden Konsequenzen am Beginn einer Schwangerschaft: Ist das Kind überhaupt erwünscht? Wird es gesund zur Welt kommen? Wie willkommen sind behindert oder krank zu erwartende Kinder in unserer Gesellschaft?

Weitere Fragen schließen sich an: Was für ein Verständnis von Schicksal haben wir? Wie wollen wir über ankommende Kinderseelen denken? Werden diese erst mit der Zeugung geschaffen? Oder leben diese Seelen längst vor ihrer Inkarnation und sind schon sehr lange auf dem Weg zu »ihren Eltern«, voller Hoffnung, von ihnen aufgenommen und geliebt zu werden?

## Die Elternaufgabe – der menschlichste Beruf?

Der dritte Vortrag stellte die entscheidende Frage an den Anfang, woher unter den bereits geschilderten zivilisatorischen, zunehmend kinderfeindlichen Lebensverhältnissen Mut, Vertrauen und Kraft für die Erziehungsaufgabe kommen sollen. Wie weit sind wir uns unseres spezifisch menschlichen Daseins in Gestalt, Sprache und Geistbegabung eigentlich bewusst? Was für ein Menschenbild bestimmt die Ausrichtung unserer alltäglichen Erziehungsbemühungen, das prägend auf unsere Kinder wirkt? Bauen uns die Kinder selber Brücken zum Land ihrer geistigen Heimat und zu dem Christus selbst, aus dessen Wesen und Wirken uns Kraft und Vertrauen für die Erziehungsaufgabe erwachsen können?

## Vortrag von Roswitha M. Gädeke am 6. Dezember 1999

Die vorangegangenen Vorträge haben jeweils ein ernstes Bild gezeichnet: Gesunde Ehen und stabile Familien gibt es immer seltener, die Lebensvoraussetzungen in unserer Zivilisation sind zunehmend kinderfeindlich. Schwangerschaft und Geburt werden stark von einer materialistisch eingestellten Medizin als gesundheitlich risikobeladene biologische Angelegenheit betrachtet und behandelt.

Können sich Eltern überhaupt noch auf eine gemeinsame Zukunft mit einem Kind freuen? Woher sollen Mut, Vertrauen und Kraft für die Pflege- und Erziehungsarbeit unter solchen Umständen kommen?

Es hat sich ergeben, dass der heutige Vortrag »Die Elternaufgabe – der menschlichste Beruf?« auf den Nikolaustag fällt. St. Nikolaus war der Schutzheilige der Seefahrer, aber auch der Kinder. Denn den Legenden zufolge hat er mehrmals Kinder aus entwürdigenden oder notvollen, lebensbedrohlichen Schicksalslagen gerettet, ja sogar wieder zum Leben erweckt.

Wir haben im Vortrag von Herrn Day gehört, unter welchem Vorzeichen auch heute eine Rettung des Kindes erfolgen muss, soll es irgendwann im Leben eine Wiedererweckung des Christus-Impulses in sich vollziehen können. Aber wie kann das geschehen?

Ein weiteres Wort Rudolf Steiners kann uns dabei Wegweiser sein: »Für die äußere materielle Welt wirkst du durch das, was du tust; als Erzieher wirkst du durch das, was du bist.«[10]

Weiß ich aber selber, was ich bin? Woher ich komme und was meine Aufgabe hier sein könnte? Warum wird uns Menschen Würde zugesprochen und worauf gründen wir diese? Wie können wir sie bewahren oder wieder erlangen, wenn wir sie verloren haben, entweder von außen durch zutiefst verletzende Umstände oder von innen durch eigenes unwürdiges Verhalten, wenn wir uns zu unheilvollen oder zumindest verstörenden Worten oder Taten haben hinreißen lassen? Gehört etwa zu jedem von uns ein innerseelisches Kampffeld, mit dem wir täglich mehr oder weniger bewusst konfrontiert werden?

Sprechen wir unseren kleinen und heranwachsenden Kindern schon Würde zu? Oder unseren pubertierenden Großen, die uns immer und immer wieder mit ihren Verhaltensweisen bis an den Rand der Verzweiflung treiben können?

Vor diesem Hintergrund stellen wir nun die Frage: Wo beginnt eigentlich die Elternaufgabe und wie könnte oder müsste diese aufgefasst und bewältigt werden, mit welchem Ziel, aus welcher Kraft?

Ich möchte versuchen, zunächst in drei Schritten durch den Abend zu führen: Im ersten Schritt richten wir den Blick auf einige grundlegende Unterschiede zwischen Tier und Mensch. Denn auch bei den Tieren sprechen wir ja von dem »Muttertier«. Im zweiten Schritt befassen wir uns mit dem Thema der menschlichen Verständigung durch Sprache, indem wir einige

Zitate aus Kindermund einschließen. Diese können im dritten Schritt eine Brücke schlagen zu einem besonderen Verständnis des Erzieherberufs, wie es sich aus dem Menschen- und Weltbild der Anthroposophie ergibt. Schließlich wird in einem letzten Schritt die Begründung zu diesem entstehenden Elternseminar für Familienkultur dargelegt. Zugleich eröffnet sich in der Darstellung der ersten drei Schritte ein Blick auf drei Reiche, denen wir Menschen ehrfurchtsvoll begegnen sollten: das Reich der Natur als die Welt unter uns, das Reich der Mitmenschen als die Welt neben uns und das Reich des Geistes als die Welt über uns. In Goethes Roman *Wilhelm Meisters Wanderjahre* finden diese drei Welten eine herausragende Beachtung in der Erzählung von der »Pädagogischen Provinz«.

*Zum ersten Schritt:* Sowohl Mensch als auch Tier setzen durch Zeugung von Nachkommen die Schöpfung fort. Abgesehen von äußeren Unterschieden wie zum Beispiel der Färbung von Fell oder Gefieder, findet bei Tiernachkommen keine individuelle Weiterentwicklung statt, Anpassungen an veränderte Umweltbedingungen ausgenommen. Beispielsweise können wir beobachten, dass Vögel gelernt haben, sich auf Futtersuche unmittelbar am Rand einer stark befahrenen Autobahn meist schadlos niederlassen zu können. Niemals aber wird ein Spatz sich entschließen können, einem schönen Schwan ähnlich zu werden, oder ein Esel sich anstrengen, ein Kamel zu werden. Nehmen wir uns einen Augenblick Zeit, uns in diesen Sachverhalt einzufühlen, der uns so selbstverständlich ist, dann können wir tief empfinden, dass die Möglichkeit, einem Vorbild oder selbst gewählten Ideal nachstreben zu können, einem Tier nicht gegeben ist. Kein Tierjunges ist in der Lage, sich anders als gemäß seiner Art zu entwickeln und instinktiv zu verhalten. Nur allein der Mensch als geistbegabtes Wesen kann sich aus eigenem Willen individuell weiterentfalten, über sich selbst hinauswachsen.

Was sind weitere Unterschiede? Schauen wir auf den Beginn des Lebens, dann sagen wir: Eine Hündin hat geworfen, wenn sie Junge bekommt, es gibt einen Wurf von Nachkommen. Das schließt das Bild vom Fallen mit ein.

Beim Menschen sprechen wir nicht nur von der Geburt, sondern auch von der Niederkunft, wir werden auf die Vorstellung und Empfindung einer Ankunft von oben her verwiesen, ein Kind wird geboren, zur Welt gebracht, nicht aber geworfen, es erblickt das Licht der Welt.

Geht es nun um das Lebensende, so sprechen wir beim Tier eher vom Verenden. Beim Menschen jedoch geht es um das Sterben. Und in der Gegenwart wird viel dafür eingesetzt, dass dieses Sterben sich so menschlich wie möglich vollziehen kann, dass der Mensch in Würde sein Leben beschließen kann und nicht elend zugrunde gehen muss oder gar verendet wie ein Tier. Man hat früher im Sterbezimmer die Fenster geöffnet, damit die Seele davonfliegen kann.

Wenden wir den Blick jetzt auf die Gestalt: Jedes Tier ist entsprechend seiner Art hochgradig spezialisiert, aber vollständig angepasst an seinen Lebensraum und festgelegt in den jeweils notwendigen Funktionen: für ein Dasein im Wasser, im Gebirge, in der Savanne, in der Luft, auf dem Boden, in der Erde oder auf den Bäumen. Fällt es aus seinem Naturzusammenhang heraus, ist sein Überleben hochgradig gefährdet. Dann hilft auch der das Leben erhaltende Instinkt nicht mehr.

Aber keines der Tiere hat eine solche Gestalt wie der Mensch: Mit zwei Beinen steht dieser dank der kunstvoll aufgebauten Wirbelsäule aufrecht auf der Erde, das Haupt erhoben, Arme und Hände werden nicht für die Fortbewegung gebraucht, sie sind somit frei und können sich durch ihre Gestaltung vielfältig betätigen. Diese aufrechte Gestalt des Menschen mit seinem höchst komplex ausgebildeten Gehirn steht in engstem Zusammenhang mit dem Bewusstsein seiner selbst. Es gehört zu den bewegendsten Augenblicken in jeder Biografie, wenn ein Menschenkind sich erstmals aufrichtet und frei steht.

Ein kleiner Junge von knapp zweieinhalb Jahren war einmal vom Sofa mühsam auf den Couchtisch geklettert, hatte sich dort oben ganz vorsichtig kerzengerade aufgerichtet – und sprach dann langsam und staunend mit leuchtenden Augen: »Deht Ich!« Sich aufrichten zu können, frei zu gebrauchende Hände, Sprache und Ich-Bewusstsein hatten sich erstmals als Zusammenhang seiner noch kindlich empfindenden Menschenseele als tiefes Erlebnis offenbart. Ein großer Augenblick, gleichnishaft für die Tatsache, dass es eine Welt der Naturreiche unter uns gibt, die uns hervorbringt, trägt und erhält, über die wir uns erheben können, für deren Wohl und Wehe wir als geistbegabte, denkende und handelnde Menschen allerdings mitverantwortlich sind.

Mit dem *zweiten Schritt* erinnern wir an einen weiteren gravierenden Unterschied zwischen Tier und Mensch: Tiere teilen sich, wiederum gemäß ihrer Art, als beseelte Wesen über eine Vielfalt von Lauten ihrer Umwelt mit: Diese Laute drücken Lust oder Unlust, Imponiergehabe, Drohung, Warnung, Angriffsbereitschaft, Behagen, Trauer, Angst oder Schmerz aus, unter Begleitung von körperlichen Ausdrucksformen.

Der Mensch aber lernt zu sprechen, indem er die Dinge um sich herum wahrzunehmen und buchstäblich zu »be-greifen« lernt, sich schließlich mittels des menschlichen Denkvermögens Begriffe bildet, die er in Worten und Sätzen zum Ausdruck bringt. Er benennt nicht nur sich selber, sondern erwacht auch im allmählichen Begreifen und Benennen von Dingen und Vorgängen vom Ich zum Du. Er erlebt sich als Mensch unter Menschen und ist nach der Geburt zum Überleben noch lange völlig angewiesen auf Fütterung und Pflege und – wie schon grausame Experimente des Stauferkaisers Friedrich II. mit Kleinkindern erwiesen haben – auch auf die Ansprache der Mitmenschen. So wird nachvollziehbar, dass der Mensch von allen Geschöpfen die längste Kindheitsphase zu durchlaufen hat. Wir alle bedürfen der mitmenschlichen Welt neben uns.

Man sollte meinen, dass es mehr als genug Dinge, Vorgänge, Erfahrungen und Erlebnisse in der Welt von Kindern und Eltern gibt, über die sich untereinander auszutauschen lohnend ist. Und dennoch sah sich 1997 eine führende Krankenkasse veranlasst, ein Buch herauszubringen mit dem Titel *Sprich mit mir!*[11] Unter dem Titel *Kindheit verstummt* äußert sich auch Rainer Patzlaff in der Broschüre *Recht auf Kindheit – ein Menschenrecht* zu dieser Thematik.[12] Ursache dafür sind die zunehmenden Sprachentwicklungsstörungen im Kindesalter. In dieser Broschüre wird Theo Borbonus, Leiter einer Wuppertaler Sprachheilschule, folgendermaßen zitiert: Eltern »haben heute weniger Zeit für ihre Kinder: Durchschnittlich bleiben einer Mutter pro Tag nur etwa zwölf Minuten, um mit ihrem Sprössling ein richtiges Gespräch zu führen«, und er fügt hinzu: »Hohe Arbeitslosigkeit, erhöhter Wettbewerbs- und Rationalisierungsdruck, schmerzhafte Einschnitte in die sozialen Sicherungssysteme – all das macht die Menschen mutloser, sprachloser, kälter.«[13]

Zur bekannten Mitwirkung des Medienkonsums an dieser ernst zu nehmenden Verkümmerung der Gesprächskultur in Familien möchte ich ein eigenes Erlebnis erzählen: Ich fuhr mit meinem knapp zwölfjährigen Sohn an einem Sonntagmorgen von Kiel nach Hamburg zum Besuch der Patentante. Außer uns und einem Herrn mittleren Alters saß niemand im Abteil. Nach einer ganzen Weile fragte mich der Herr, ob ich die letzte Sendung von Gottschalk im Fernsehen gesehen hätte? Ich verneinte und fügte hinzu, dass wir gar keinen Fernseher hätten, worauf der Herr prompt sagte: »Das habe ich mir gedacht!« Ich habe natürlich sofort zurückgefragt: »Wieso kommen Sie darauf?«

Umgehend bekam ich eine unerwartete Antwort: »Eine Mutter, die sich so intelligent mit ihrem Kind unterhält, schaut nicht fern.« Er outete sich als Mitarbeiter einer Fernsehanstalt.

Und worüber haben wir uns unterhalten? Über Beobachtungen, die wir vom Zugfenster aus direkt in Gleisnähe machen konnten. Wir waren es gewohnt, miteinander zu sprechen. Denn schon von klein auf habe ich meine Kinder an meinen praktischen Verrichtungen teilhaben lassen, indem ich gleichzeitig mit einfachen Sätzen erzählt habe, was ich gerade mache. Allerdings nicht in nachgeahmter Babysprache, was dem Nachahmungstrieb des Kindes Hohn spricht. Umgekehrt haben die Kleinen dabei ihre Eindrücke, Erlebnisse und erste Erkenntnisfragen kundtun und dabei ihr Sprachvermögen fortentwickeln können. Hinzu kamen Unterhaltungen über erste »praktische Erfahrungen« in der Küche, die zu machen ich den Kleinen zugestanden, den Größeren allmählich zugemutet habe. Wo solche mit gutem Recht vom Kind erwartete kindlich-elterliche Kommunikation lebt, wird auch das Urvertrauen genährt. Das erweist sich dann als Grundlage für den Mut eines Kindes, auch über die Lippen zu bringen, was es bedrückt. Oder aber es lässt uns einen Blick tun in das Allerheiligste seiner Seele.

Dazu einige wenige Beispiele: Zusammen mit einem Zweijährigen ging ich an einer blühenden Löwenzahnwiese vorbei. Ich hielt den Sportwagen an, neigte mich zu dem Kleinen herab, wies ihn auf diese goldene Fülle der Blüten hin und sagte dazu: »Schau mal, lauter kleine Sonnen. Und da oben am Himmel leuchtet die große Sonne!« – Nach einem »versonnenen« Augenblick sagte der Kleine: »Ach ja, ich war ja auch mal in der Sonne und dann hat sie mich runtergehebt.«

Etwa Anfang Februar fragte das damals zweieinhalbjährige Töchterchen ganz ernst: »Mutti, wo ist Ostern?« – »Hinter den Nächten«, sagte ich, selbst erstaunt über die spontane gleichnishafte Antwort auf die so unerwartete und ungewöhnliche Fragestellung und eingedenk der dem Kind noch unbekannten Passionsereignisse der Karwoche. Darauf das Kind mit einem Seufzer: »Da ist noch ein großer Klotz davor.«

Es war Weihnachtszeit. Ein Achtjähriger sollte sein Instrument üben. Als ich nach etlicher Zeit noch immer nichts hörte, wurde ich ungeduldig und wollte gerade ins Wohnzimmer stürmen, um das Üben in Gang zu bringen. Die Wohnzimmertür war ein klein wenig geöffnet. Ich hielt inne und sah durch den schmalen Spalt: Das Kind saß, sein Instrument im Arm, hingebungsvoll vor der Weihnachtskrippe, leise, aber gut vernehmlich sprechend. Die zwei Sätze, die ich hörte, veranlassten mich umgehend, unbemerkt und beschämt in die Küche zu meiner eigenen Arbeit zurückzugehen. Denn hier war eine Seele mit ihrem Allerheiligsten im Zwiegespräch. Kurz darauf setzte ein freudiges Üben ein, und danach war der Junge wieder ganz Kind. Wenige Tage später erzählte dieses Kind ganz zutraulich und selbstverständlich von diesem Selbstgespräch: Es ging darum, welche Werte ihm in Zukunft wichtig sein sollten.

Und noch ein letztes Zitat aus Kindermund: »Mutti, bevor ich eingeschlafen bin, hab ich einen Engel auf deinem Sessel gesehen.«

Hatten die Kinder solchermaßen ihre Seelen geöffnet, wurde mein Gemüt immer wieder von einem Satz aus der Geburtsgeschichte des Lukas-Evangeliums angerührt: »Maria aber bewegte alle diese Worte in ihrem Herzen« (Lukas 2, Vers 19).

Solchen Botschaften aus Kinderherzen könnten Sie, liebe Zuhörerinnen und Zuhörer, sicher viele weitere tief berührende Beispiele aus Ihrem eigenen Erleben hinzufügen. Die Kinder selber sind es, die uns als Erfahrene auf eine reale Welt über uns hinweisen, in dem tiefen Vertrauen, dass ihre Mitteilungen aus dieser spirituellen Welt über uns verständnis- und liebevoll aufgenommen werden. So können uns unsere Kinder auf den *dritten Schritt* vorbereiten, auf Worte Rudolf Steiners, die er 1924 bei einem Vortragszyklus mit dem Titel *Der pädagogische Wert der Menschenerkenntnis und der Kulturwert der Pädagogik* ausgesprochen hat. Gleich im ersten Vortrag legt er dar, wie der Lehrer- und Erzieherberuf aus der geisteswissenschaftlichen Menschenkunde heraus verstanden und praktiziert werden könnte: »Man schaut in jedem Kinde die göttlich-geistige Weltenordnungsentfaltung: wie Gott schafft in der Welt. Am höchsten, am bedeutendsten erscheint es einem, wenn man es anschaut im werdenden Kinde. Dann aber wird einem jedes einzelne Menschenkind zu einem heiligen Rätsel. Denn dann bildet jedes einzelne Kind die große Frage – nicht: Wie soll man es erziehen, dass es, wie man es sich ausgedacht hat, sich einem Idol nähert –, sondern: Wie soll man das pflegen, was einem die Götter heruntergeschickt haben in die irdische Welt? – Man lernt sich erkennen zu einem Helfer der göttlich-geistigen Welt, und man lernt vor allem die Frage aufwerfen: Was kann werden, wenn man mit einer solchen Gesinnung an den Unterricht und an die Erziehung herangeht?

Wahre Pädagogik geht vor allem von dieser Gesinnung aus. Auf diese Gesinnung, die Pädagogik, den Unterricht zu pflegen, darauf kommt es an! Menschenerkenntnis kann nur erworben werden, wenn die Menschenliebe – also hier die Liebe zum Kinde – zur werktätigen Gesinnung wird. Entsteht eine solche Gesinnung, dann wird der Erzieherberuf zum Priesterberuf; denn dann wird der Erzieher zum Verwalter dessen, was die Götter mit den Menschen ausführen wollen. […]

Solche Gesinnung, wie ich sie charakterisiert habe, kann nicht abstrakt arbeiten, sie muss geistig arbeiten – aber für das Praktische arbeiten. Solche Gesinnung erwirbt man sich auch nicht dadurch, dass man sich Theorien aneignet, die lebensfremd und lebensfern sind; sondern man erwirbt sie sich nur, wenn man einen Sinn hat für jede Lebensäußerung, wenn man auf jede Lebensäußerung mit Liebe einzugehen vermag.«[14]

Schauen wir noch einmal kurz auf die Tiere: Sie schützen und erziehen ihre Jungen zur Selbstständigkeit gemäß den in ihnen wirkenden Instinkten und Trieben, also nach naturhaft eingegebenen Verhaltensweisen. Diese können uns schon sehr menschennah anmuten: Es gibt wohl kaum einen fühlenden Menschen, der sich der zu Herzen gehenden »Mutterliebe« einer Katze entziehen kann, mit der sie ihre Winzlinge umhegt und pflegt. Auch den Menschen spricht man einen Mutterinstinkt zu und eine natürlich wirksame Mutterliebe, deren Ethos oft allzu hoch angesetzt wird: Wehe, wenn diesem Maßstab nicht entsprochen wird und dann ohne nähere Kenntnis der Umstände das Urteil »Rabenmutter« fällt! Allerdings muss eingeräumt werden, dass dieser Mutterinstinkt und die angeborene Mutterliebe in der gesellschaftlichen Diskussion immer wieder infrage gestellt werden. Leider auch mit einem gewissen Recht, weil wir angesichts allzu vieler grausamer Säuglings- und Kinderschicksale die Wirksamkeit dieser instinktiven Schutzmechanismen fast vollständig vermissen. In der Tat wird beobachtet, dass die angeborenen Instinkte und Muttergefühle langsam zu verkümmern scheinen. Wo aber natürlich vorhandene Begabungen allmählich verloren gehen, müssen neue Fähigkeiten erarbeitet und errungen werden.

Umso mehr fordert uns das heraus, das Motto des heutigen Abends in die Erinnerung zurückzurufen: »Für die äußere materielle Welt wirkst du durch das, was du tust, als Erzieher wirkst du durch das, was du bist.«[15] Damit kommen wir zum letzten Teil des Vortrages: Warum wollen wir ein Elternseminar gründen?

Wir wollen allen Eltern, aber auch Paten, Groß- und Pflegeeltern einen Ort bieten, an dem auch die Elternaufgabe als ein Beruf verstanden und ernst genommen wird und die bereits vorgeburtlich wirkende Beziehung zwischen Kind und Eltern Berücksichtigung findet. Wir schließen uns der Auffassung Johann Heinrich Pestalozzis an, dass Eltern die ersten und damit unweigerlich auch zutiefst prägenden Erzieher der auf die Erde kommenden Kinder sind. Allen pflegenden, erziehenden und lehrenden Berufen mit Kindern, Jugendlichen und Auszubildenden gehen selbstverständlich Ausbildungen voran. Nur nicht dem Mutter- und Vatersein! Das rührt aber, wie wir gehört haben, an die zentrale Frage: Wer oder was bin ich tatsächlich, womit ich in der Erziehung wirke? Wie könnte ein von mir selbst erarbeitetes Erziehungsethos aussehen? Und wie könnte eine daraus hervorgehende christliche Familienkultur aussehen und gelebt werden? Können die Sakramente der Taufe und der Konfirmation Orientierungshilfen sein, wie auch die Inhalte des Gottesdienstes für die Kinder des zweiten Jahrsiebtes? Ist es hilfreich, sich mit grundlegenden menschenkundlichen Erziehungsprinzipien der Geisteswissenschaft zu befassen?

All diesen Fragen nachzugehen, sich mit ihnen auseinanderzusetzen, aus ihnen Anerkennung, Orientierung, Kraft und Zuversicht für den Elternberuf zu schöpfen, wird uns mehr und mehr befähigen, die Kinder mit heilenden Kräften und Impulsen auszustatten. Damit verbinden wir die Zuversicht, dass die uns anvertrauten Kinder gewappnet sein werden, ihre aus der geistigen Welt mitgebrachten Lebensimpulse, Zielsetzungen und Schicksalsaufträge im Laufe ihrer Entwicklung erahnen und wiederfinden zu können.

Wichtig ist uns dabei die Zusammenarbeit mit den Teilnehmenden, wie es der Untertitel des Seminars bereits zum Ausdruck bringt. Denn es geht darum, die Erfahrungen des Erziehungsalltags und Fragestellungen der teilnehmenden Eltern, Großeltern, Paten und Pflegeeltern in die inhaltlichen Arbeiten einzubeziehen, damit sich ein gedeihliches Verhältnis zwischen Ideal und praktischem Leben entwickeln kann. Wir hoffen, dass dadurch eine Atmosphäre gegenseitigen Vertrauens entsteht, die Mut macht, sich allmählich auch gegenseitig an den Nöten, Ängsten und Misserfolgserlebnissen teilhaben zu lassen. Denn in diesen Erfahrungen verbirgt sich eigentlich immer ein kostbarer Schatz zur Weiterentwicklung sowohl für den einzelnen Menschen als auch für die Gruppe.

In diesem Sinne hat die *Christengemeinschaft* einen besonderen Erziehungsauftrag, den wir hier in Kiel in dieser Form unterstützen wollen.

Es ist uns eine große Freude, dass wir für unser Vorhaben Eltern aus unserer Gemeinde gewinnen konnten, die sich mit ihren unterschiedlichen religiösen und pädagogischen Ausbildungen aus ganzem Herzen dieser Seminargründung zur Verfügung stellen. Ihnen sei ein herzlicher Dank ausgesprochen.

Aber auch meinen erwachsen gewordenen Kindern, die mir erlaubt haben, ihre kindlichen Worte hier einzubringen, gilt mein Dank und selbstverständlich Ihnen allen, liebe Zuhörinnen und Zuhörer, für Ihr Kommen, Ihre Aufmerksamkeit und Geduld.

# Wo ist eigentlich der Himmel und was bedeutet Religion?

Das Anliegen des letzten Vortrages bestand darin, interessierte Eltern in ihrer Verständnissuche nach Begriff und Wesen von Religion, respektive von christlicher Religion, zu unterstützen.

Unsere heutige, zunehmend materialistisch ausgerichtete Zivilisation erschwert es immer mehr, ein Verständnis für Religion und deren Ausübung zu vermitteln. Die bisher tragenden Traditionen werden mehr und mehr verlassen, weil sie dem Lebensgefühl eines modernen Menschen oft nicht mehr entsprechen oder von ihm zumindest nicht mehr ganz ernst genommen werden können. Und dennoch kann das vage Empfinden eines Bedürfnisses in der Seele auftauchen, etwas über Religion zu erfahren, verstehen zu lernen, was es zum Beispiel mit dem Christentum auf sich hat, das über Jahrhunderte unserem europäischen Kulturraum den Namen des »Christlichen Abendlandes« gegeben hat.

## Vortrag von Wolfgang Gädeke am 13. Dezember 1999

In den vorangegangenen Vorträgen wurde über die bedrohte Kindheit durch unsere heutige Zivilisation gesprochen, über eine materialistisch orientierte Pränataldiagnostik in der Vorsorge und Begleitung von schwangeren Frauen und über die Elternaufgabe als ein ernst zu nehmender Erzieherberuf, in den wir ohne Ausbildung hineingehen.

Am heutigen Abend soll über Religion gesprochen werden. Für dieses Gebiet gilt auch, was für die Erziehung im Ganzen gilt: Wir können an die Kinder nur das weitergeben und das mit ihnen leben, was wir selbst ernst nehmen und leben können. Wenn wir zum Beispiel den Kindern echte Volksmärchen vorlesen oder erzählen, kann es für sie in wahrhaftiger Weise eine positive Wirkung haben, wenn wir selber realisieren können, dass in den Bildern der Märchen in mythologischer Sprache tiefe Wahrheiten über die Welt und den Menschen dargestellt werden. Haben wir aber beispielsweise als Erwachsene für die Grausamkeiten im Märchen kein sachgemäßes Verständnis, wird das Vorlesen von Märchen keine gute Wirkung haben.

Das Gleiche gilt für Religion. Wenn wir selber nichts mit Religion anfangen können, wenn wir selber nicht beten und Gottesdienst pflegen, sollten wir auch unsere Kinder mit Religion verschonen. Aber wie kommen wir als moderne Menschen dazu, ehrlich und wahrhaftig Religion pflegen zu können? Welche grundlegende Frage stellte sich in der Vergangenheit und welche Fragen stellen sich uns heute?

Vor 500 Jahren hat Martin Luther für die damalige Zeit die entscheidende Frage thematisiert: Wie bekomme ich einen gnädigen Gott? Diese Frage begründete nicht nur eine neue Form des Christentums, nämlich die protestantische, sondern sie löste indirekt auch die Reformation und damit das Ende des Mittelalters und den Beginn der Neuzeit aus. Luthers Frage hat Geschichte geschrieben.

Heute ist diese Frage nur noch für wenige Menschen von Bedeutung. Was für Luther keine Frage war, nämlich ob es Gott überhaupt gibt, ist uns besonders angesichts des Holocaust und der anderen unvorstellbaren Leiden der Menschheit im 20. Jahrhundert mehr als zweifelhaft geworden. Wie kann man heute noch von Gott sprechen? Wie kann ich etwas von ihm wissen? Wer oder was ist Gott? Man kann auch fragen: Wo ist eigentlich der Himmel? Auch diese Frage ist angesichts der Eroberung des Weltraums durch den Menschen nicht mehr so zu beantworten wie noch vor hundert Jahren.

Wir können von einem Satz aus dem Johannes-Evangelium ausgehen: »*Gott ist Geist, und die ihn anbeten, müssen ihn im Geist und in der Wahrheit anbeten*« (Johannes 4, Vers 24). Wenn Gott Geist ist, erheben sich für uns zwei weitere Fragen: Was ist Geist? Gibt es Geist? Schließlich geht es in allen Religionen um die Zuwendung der Menschen zu geistigen, göttlichen Wesen durch Gebet und Ritus, egal ob diese Wesen Engel oder Genien, ob sie Manitu, Allah, Wotan, Osiris oder Christus genannt werden. Wer davon überzeugt ist, dass es nur materielle, physikalische oder chemische und mit den Sinnen erfassbare Wirklichkeit gibt, der kann nicht ehrlich eine Religion leben, weil diese geistige Wesen als Wirklichkeit voraussetzt, das heißt, dass von ihnen eine Wirksamkeit ausgeht, dass sie Ursache von Wirkungen in der Welt sind.

Unsere Naturwissenschaften, denen wir unsere ganze moderne Zivilisation verdanken, sind gerade dadurch groß geworden, dass sie die Welterscheinungen erklären wollen ausdrücklich unter der Voraussetzung, dass es keine geistigen oder göttlichen Ursachen für sie geben kann.

So kann man sagen, dass die entscheidende Frage in Bezug auf Religion für den modernen Menschen lautet: Gibt es geistige Wesen und wie kann ich von ihnen wissen?

Um sich dieser Frage zu nähern, ist es günstig, sich zunächst den Unterschied zwischen Leib und Seele klarzumachen. Unter Seele verstehen wir all die Erlebnisse, die wir nicht mit leiblichen Sinnen wahrnehmen, sondern nur in uns selber direkt bemerken können. Dazu gehören zum Beispiel Gefühle, Emotionen, Vorstellungen, Erinnerungen, Wünsche, Gedanken. Unsere eigenen seelischen Regungen nehmen wir unmittelbar mehr oder weniger klar in unserem Bewusstsein wahr. Die gleichen Wirklichkeiten und Erlebnisse anderer Menschen können wir nur indirekt durch deren Worte, Gesten und Handlungen erschließen. Zwar sind all diese Erlebnisse mit physiologischen Vorgängen wie mit Nerven und Hormonen im Körper verbunden, aber sie sind nicht mit ihnen identisch. Wenn das der Fall wäre, würden wir bei jedem seelischen Erlebnis gleichzeitig den physiologischen Vorgang erkennen. Letzterer muss aber durch mühsames Forschen erst gefunden werden.

Dass Leib und Seele nicht identisch sind, können wir auch daran sehen, dass nicht nur seelische Erlebnisse durch leibliche Veränderungen, zum Beispiel Drogen, hervorgerufen werden können, sondern dass seelische Erlebnisse selber auch leibliche Auswirkungen haben können: Erröten durch Scham oder vor Aufregung, Erbleichen vor Schreck, durch Stress bedingte Krankheiten oder psychosomatische Krankheiten allgemein. Da die Seele auf den Leib »wirksam« ist, muss sie auch »wirklich« sein. Wir haben es also bei der Seele mit einer nichtsinnlichen oder übersinnlichen Wirklichkeit zu tun, die wir grundsätzlich im Leben nie infrage stellen.

Was ist nun der Unterschied zwischen Seele und Geist? Wenn wir zum Beispiel den Sternenhimmel betrachten, so können wir ein Gefühl der Schönheit und Erhabenheit dabei empfinden. Diese Gefühle haben nur für uns selbst eine Bedeutung, sie leben in unserer Seele. Wenn wir aber durch astronomische Forschung den gesetzmäßigen Lauf der Planeten erfassen, wie es Johannes Kepler getan hat, so entdecken wir mit ihm, dass die Planeten sich auf der Bahn einer Ellipse um die Sonne bewegen. Das können wir nicht unmittelbar sehen, wenn wir Planeten sinnlich beobachten. Aber die Idee der Ellipse können wir seit Euklid denken. Diese Idee lebt in unserer Seele als Gedanke und ist zugleich unabhängig von unserem Denken und Forschen ein konstitutiver Teil der Wirklichkeit der Planeten außerhalb von uns. Indem wir Ellipse denken, lebt subjektiv in uns, was gleichzeitig objektiv in der sinnlichen Wirklichkeit der Planeten wirksam ist. So können wir sagen, dass in sachgemäßen Gedanken die nichtsinnliche, geistige Wirklichkeit außer uns zugleich in uns erfahrbar wird. Gedanken sind die Formen des Geistes, die unserem normalen Bewusstsein zugänglich sind.

Damit haben wir aber noch nicht erfasst, ob uns ein geistiges Wesen erfahrbar ist. Das einzige geistige Wesen, das wir unmittelbar erleben können, ist unser eigenes Ich. Es ist die Instanz in uns, die es möglich macht, unsere Wahrnehmungen und Bewegungen zu kontrollieren und zu steuern, das, was während des Schlafes und im Traum nicht möglich ist. Es ist die Wirklichkeit in uns, die es uns ermöglicht, unsere Aufmerksamkeit auf neue, bisher unbekannte Wahrnehmungen zu richten oder bisher unbekannte Bewegungsabläufe zu erlernen und einzuüben.

Diese Souveränität des Ich besteht aber nicht nur gegenüber dem Leib, sondern auch gegenüber unserer Seele: Wir sind nicht hilflos dem ausgeliefert, was in unserer Seele aufsteigt. Wir können in gegebenen Situationen aufkommenden Zorn, Rachegefühle oder Hass bewusst dämpfen und brauchen sie nicht zu Impulsen unseres Handelns zu machen. Emotionskontrolle und Frustrationstoleranz sind wesentliche Kennzeichen eines erwachsenen, mündigen Menschen. Wir können auch natürliche Gefühle der Antipathie gegenüber einem Menschen dadurch verwandeln, dass wir uns bewusst und absichtlich seine Vorzüge und Fähigkeiten klarmachen.

Die andere Seite unseres eigenen geistigen Wesens, unseres Ich, erfahren wir, wenn wir schöpferisch tätig sind. Wir haben eine Idee, einen Einfall, was wir tun können, zum Beispiel ein Instrument spielen zu lernen oder einen Garten anzulegen. Alle menschliche Kultur, alle Kunst und Technik, alle Erfindungen beruhen auf dieser Fähigkeit, etwas zu schaffen, was es von Natur aus nicht gibt.

In uns selber können wir unser eigenes schöpferisches Ich direkt bei seiner Tätigkeit beobachten. Schon bei unseren Mitmenschen erleben wir dieses geistige Wesen nicht direkt. Es ist aber sinnvoll, die Existenz eines bewussten, geistigen Wesens im anderen Menschen vorauszusetzen. Denn nur in der Existenz dieses souveränen geistigen Wesens im Menschen kann seine wahre Würde gesehen werden. Indem wir den anderen Menschen sprechen hören, seine Mimik und Gestik beobachten und seine Handlungen über eine längere Zeit erleben, entsteht in uns ein Gefühl für seinen Charakter, seine Seele und auch für sein wahres Wesen, sein Ich.

Wie aber können wir von rein geistigen Wesen wissen, die nicht irdisch verkörpert sind? In der Vergangenheit geschah dies durch Menschen, die solche Wesen selber wahrnehmen konnten, die man Seher, Propheten oder Eingeweihte nannte. Durch Göttersagen und Mythen vermittelten sie den Menschen eine Vorstellung und Empfindung von diesen Wesen. Und sie vermittelten ihnen auch die Formen von Gebet und Kultus, durch die sich die Menschen in der Religionsübung mit diesen Wesen verbinden konnten. Das bekannteste Beispiel stammt aus dem Alten Testament: Es wird erzählt, wie Moses dem Volk der Hebräer von ihrem Gott sprach und die Formen der Anbetung vermittelte.

Im Christentum erfahren wir von dem Menschen Jesus, in dem als innerstes Wesen Christus, der Gottessohn lebte. Dieser war damals genauso unsichtbar wie unser eigenes geistiges Wesen. Durch seine Worte und Taten konnten einige Menschen sein wahres Wesen erleben, so wie wir auch heute das geistige Wesen eines Mitmenschen durch seine Worte und Taten erfühlen können. In den Evangelien des Neuen Testamentes hören wir von den Worten und Taten Jesu Christi und können dadurch ein Gefühl für sein Wesen erlangen.

Religion nennen wir nun die Tätigkeit, durch die der Mensch seine Gedanken und Gefühle zu einem oder mehreren geistigen Wesen erhebt und bewusst und regelmäßig seine Seele durch

Gebet und Kultus diesen Wesen zuwendet in dem Gefühl und Bewusstsein, sich mit der Welt ihres geistigen Ursprungs wieder zu verbinden. Im Kindergottesdienst der *Christengemeinschaft* wird beispielsweise gleich am Anfang zum Ausdruck gebracht, dass wir durch diesen Kultus unsere Gedanken und Empfindungen zu dem Gottesgeist erheben.

Der Sinn der religiösen Tätigkeit liegt darin, dass die Seele sich den geistigen Kräften öffnet, aus denen sie hervorgegangen ist und die sie in ihren eigenen Kräften stärken können. Denn die Seele ist kein Perpetuum mobile, das sich ohne Energiezufuhr fortwährend bewegt. Sondern wie der Leib auf Atmung und Nahrung angewiesen ist, wenn er nicht schwach, krank werden oder gar sterben soll, so braucht die Seele die ihr adäquate Nahrung, um ihre Kräfte zu regenerieren, um nicht schwach oder krank zu werden.

Im Christentum ist das von alters her eigentlich bekannt, denn das Zentrum aller christlichen Gottesdienste ist das Abendmahl, das schon durch seinen Namen darauf hinweist, dass es sich bei der Religion um einen Nahrungsvorgang handelt. Brot und Wein sind dabei nur die Träger für die geistigen Kräfte, die Kräfte des Christus, die der Seele des Menschen damit vermittelt werden.

Liebe Anwesende, ich hoffe, dass diese Ausführungen über grundlegende Fragen zur Religion im Laufe der Zeit der nun beginnenden Arbeit des Elternseminars zugutekommen können. Ich danke Ihnen für Ihre Aufmerksamkeit und ich wünsche diesem Elternseminar für Familienkultur alles Gute.

# Das Elternseminar ist geboren

## Vorüberlegungen zum beginnenden Trimester

Mit dem Erstellen der Programme sahen wir uns vor verschiedene Herausforderungen gestellt: Mit welchen Themen erreichen wir Mütter und Väter am besten? Mit welchen Angeboten werden wir dem Erkenntnisbedürfnis gerecht, mit welchen mehr praktisch-künstlerischen und gemüthaft orientierten Bedürfnissen? Womit stellen wir Bezüge her zur jeweiligen Festeszeit, oder anders gesagt: Wie betten wir das Leben des Elternseminars in den christlichen Jahreslauf ein? Und: Wie drückt man die Programm-Inhalte knapp, prägnant und doch ansprechend aus, sowohl die Philosophie des Seminars betreffend als auch die jeweiligen Angebote? Welche organisatorischen Informationen muss ein Programm enthalten?

Auch eine grundsätzliche Frage war zu beraten: Müssen und können wir auf Themenwünsche von Teilnehmerinnen und Teilnehmern immer positiv reagieren? Wir kamen überein, die Programmgestaltung in erster Linie auf das zu gründen, was aus unserem Mitarbeiterkreis an Inhalten, Schwerpunkten, Vorgehensweisen und Rhythmen eingebracht und somit auch verantwortet werden konnte. Auch bekamen wir den weisen Rat, gerade am Anfang den Mut zu wenigen Angeboten pro Trimester zu haben, was auch zugleich mit Blick auf die Verantwortlichen sinnvoll war, deren Einsätze nicht auf Kosten ihrer familiären Arbeit und beruflichen Weiterbildung in Anspruch genommen werden durften. Von diesen Voraussetzungen ausgehend haben zwei Mitgründerinnen, Mütter in Großfamilien und ehemalige Teilnehmerinnen der Jahresfestekurse, von vornherein klargestellt: Sie tragen aktiv die Gründungsprozesse mit, bis das Elternseminar sicher steht! So ergab sich eine erste Frist, innerhalb derer sich die Lebensfähigkeit des neugeborenen Kindes »Elternseminar« erweisen konnte. Aber alle Mitarbeiterinnen waren mit ganzem Herzen dabei und erklärten sich vorbehaltlos bereit, auch bei nur *einer* Anmeldung ihre Kursangebote durchzuführen, falls das gewünscht sei. Ein weiterer guter Rat war, bestimmte Kurse zu zweit vorzubereiten und durchzuführen, was sich sehr bewährt hat, selbst bei zahlenmäßig geringer Beteiligung. Denn das bietet Anfängern eine gute Möglichkeit, in die Verantwortung einer Kursführung einzusteigen.

Es zeigte sich immer wieder, dass das Wachsen und Werden des Elternseminars mit den Schicksalen seiner Kollegiumsmitglieder eng verwoben war: Nahezu selbstverständlich und vertrauensvoll fanden sich Menschen bereit, die Gründung einer solchen Elternschulungsstätte tatkräftig als Mitverantwortliche zu unterstützen. Doch haben wir zwei Referentinnen verloren, noch ehe sie mit ihren Angeboten zum Zuge kommen konnten, da berufliche Notwendigkeiten sie in andere Städte führten.

Schon nach den ersten beiden Trimestern war zu spüren, dass unser Elternseminar Anerkennung fand. Eine Mutter, die die Entwicklung des Seminars sehr genau durch rege Beteiligungen wahrnahm, sprach im zweiten Trimester nach einem Kurs ganz erfüllt die Worte: »Jetzt ist es da!« Damit war für die beiden oben genannten Gründungsmitglieder im Verlauf des Frühjahrs und Sommers 2001 der Zeitpunkt gekommen, sich gemäß der Absprache aus der aktiven Unterstützung zurückzuziehen. Zu unserer Freude gewannen wir damals zeitgleich eine Musikerin für unsere nun einsetzenden Familiennachmittage, bei denen wir mit den Eltern sangen, während die Kleinen unter Aufsicht spielten.

Andererseits mussten wir im selben Sommer einen schwerwiegenden Verlust verkraften: Der priesterliche Mitgründer und Förderer des Elternseminars wurde in eine andere Gemeinde entsandt. Folglich setzten wir nur noch zu zweit die Konferenz- und Kursarbeit fort, belastet mit der bangen Frage: Wird die nachfolgende Priesterin sich dieses Elternseminars in unterstützender Weise annehmen können und wollen? Denn dass solch ein eigenständiger Organismus innerhalb der Gemeinde für eine segensreiche Arbeit eines wohlwollenden, in der Pädagogik erfahrenen priesterlichen Beistandes und Mittlers bedurfte, stand für uns außer Frage. Wie sonst wäre ein harmonisches Wechselspiel zwischen Gemeinde und Elternseminar gewährleistet? Wir befanden uns nun für einige Monate in einer existenziellen Krise. Doch schon wenige Wochen nach Ankunft der nachfolgenden Priesterin gab diese uns ihr bedingungsloses Ja-Wort zur Mitarbeit im Elternseminar. Was für ein tief dankbares Aufatmen!

## Erste Erfahrungen mit den Kursen

Im Auftakttrimester hatte naturgemäß das Ankommen eines Menschenkindes auf Erden als Thema Priorität: Was erzählen die Evangelien zur Ankunft von Seelen auf Erden? Wo sind heute im Zeitalter der »Gläsernen Gebär-Mütter«[16] noch Freiräume für eine geist- und naturgemäß verstandene Empfängnis, Schwangerschaft und Geburt gegeben oder zu schaffen? Was kann für eine von Seelenwärme und gesunder Zuversicht begleitete Erwartungszeit und Geburt getan werden? Wie wirken unter diesen Gesichtspunkten leibliche Pflege und seelisch-geistige Umhüllung des Neugeborenen im nun beginnenden Alltag heilsam zusammen? Was bedeutet es für ein Kind, wenn für es oder mit ihm gebetet oder in seiner Umgebung gesungen wird?

Dieser Kurs blieb ohne Anmeldung. Unerfahren, wie wir noch waren, haben wir wohl zu viel auf einmal hineingepackt: Ein Missverständnis, zu spät erkannt, erwies sich als Ursache.

Zwei zentrale Fragen des Christentums stellten wir ebenfalls an den Beginn unserer Kursarbeit: »Ist man durch die Taufe ein Christ?« Oder wird mit ihr ein Keim gelegt, den es zu hegen und zu pflegen gilt als Lebensgrundlage für eine spätere selbst verantwortete freie Entscheidung für das Christentum?

Die zweite Frage lautete: »Tod und Auferstehung Christi – lässt sich das denken?« Diese letzte Frage wurde in einem Wochenendseminar ausschließlich für Väter behandelt. Der Referent brachte hiermit eine ihn tief bewegende Erfahrung ein: Männer, deren Ansatz im Umgang mit religiös-weltanschaulichen Fragen eher rational ist, sprachen ohne die Anwesenheit von Frauen viel offener und freier über ihre inneren Belange. Fünf Väter haben diesen Wochenendkurs besucht und ein positives Echo abgegeben, wie aus einer Protokollnotiz unserer Konferenz hervorgeht. Und es blieb nicht bei diesem ersten Wochenendseminar.

Die Interessen von fünf Müttern, unter ihnen eine Großmutter, verteilten sich mit einer Anmeldung auf das Wochenendseminar zur Taufe, mit drei Anmeldungen auf den Kurs zum Gebet »Zwiesprache des Herzens« und einer Anmeldung auf das Angebot zum Erlernen von Kinderliedern »Wo man singt, da lass dich ruhig nieder«. Nach gut verlaufenen Gesprächen über diese Situation verständigten sich alle Frauen auf die gemeinsame Teilnahme am Gebetskurs, in den wir das Singen integrierten, jeweils am Beginn und Schluss eines Abends.

Zehn Menschen also hatten uns den Beginn der Arbeit ermöglicht. Wie zu erwarten eine kleine Zahl, aber die Rückmeldungen waren eindeutig: Nicht aufgeben! Dass Väter und Mütter sich zahlenmäßig die Waage hielten, war uns eine freudige, wenn auch einmalige Überraschung. Es lag in der Natur der Sache, dass insgesamt hauptsächlich Frauen den Interessentenkreis bildeten. Nach einem ersten, aber noch verhaltenen Aufatmen wagten wir den Aufbruch ins zweite Trimester.

Das Angebot wandte sich folgenden Fragen zu: Was trägt ein beginnendes Menschenleben, das aus dem Schutz der mütterlichen Hülle entlassen ist? Was empfindet ein Neugeborenes, das nicht mehr unmittelbar den Herzschlag der Mutter, ihren auf und ab wogenden Atem, ihre Verdauungsbewegungen vernehmen kann, nicht mehr von diesen Vorgängen unmittelbar mitversorgt wird? Wie bewusst ist uns Erwachsenen die dauernde Verbundenheit mit lebensnotwendigen Rhythmen im Körper, in der uns umgebenden Natur? Ist es denkbar, dass auch unser seelisch-geistiges Dasein einer Ernährung bedarf, von Rhythmen getragen?

Welches Verhältnis haben wir zu den vier Elementen von Erde, Wasser, Luft und Feuer und deren Leben tragendem Zusammenhang mit unserem Dasein?

Auf welche Weise findet Verständigung mit einem Kind statt, das erst langsam sprechen lernt?

Um aufzuzeigen, wie wir methodisch vorgegangen sind, soll hier die Grundregel zum Aufbau eines Kurses vorgestellt werden, die aber bei Bedarf auch modifiziert angewendet wurde. Die Kurse waren als Morgen- oder Abendkurse für 1½ Stunden angesetzt oder als Wochenendseminar samstagvormittags mit 1½ Stunden und nachmittags zweimal 1½ Stunden.

- *Begrüßung durch die Kursleitung:* Referentinnen und Teilnehmerinnen stellten sich kurz vor und nannten ihre Motive zur Arbeit an diesem Thema. Es schloss sich, wie auch in jeder der folgenden Kursstunden, eine zwei- bis dreiminütige Besinnungszeit an, um in Schweigsamkeit den Alltagstrubel hinter sich zu lassen und sich auf das Kommende einstellen zu können. Ein feiner Glockenton beendete diese Erholungsfrist.

- *Einleitung:* Am ersten Abend wurde das Anliegen und die Form der Durchführung des Kurses vorgestellt; an den folgenden Abenden trat an diese Stelle ein kurzer Rückblick auf das Wesentliche der jeweils vorangegangenen Stunde. Manchmal wurde dieser Rückblick von der Kursleitung vorgetragen oder es ergab sich ein gemeinsames Zurückblicken. Fragen konnten gestellt und besprochen werden, wenn deren Bearbeitung nicht aus sachlichen Gründen in den folgenden Teil integriert wurde.
- *Hauptteil:* Zunächst führten die Kursleiterinnen in das Thema ein, dessen Inhalt in der sogenannten »Stillen Arbeit« vertieft wurde. Während dieser befasste sich jede Teilnehmerin und jeder Teilnehmer für etwa zehn bis fünfzehn Minuten mit schriftlich vorgegebenen Fragen. Damit war die Möglichkeit geschaffen, sich auf ganz individuelle Weise ungestört der Thematik des Abends hinzugeben. Auch die Kursleiterinnen haben sich diesem Vorgang aktiv angeschlossen.

  Nachdem sichergestellt war, dass die vorgelegten Fragen verstanden waren, kam unmittelbar eine dichte, konzentrierte Arbeitsatmosphäre auf. Wenn der zarte Glockenton das Ende dieser Besinnungsarbeit einläutete, war deutlich zu spüren, wie intensiv dieser Prozess für alle gewesen war. Der nachfolgende vertrauensvolle Austausch über die Ergebnisse der Fragenbeantwortung zeigte, welche Kostbarkeiten an Gedanken, Erlebnissen und Erfahrungen in dieser kurzen Zeit erarbeitet worden waren.

  Die zu beantwortenden Fragen waren auf folgende Weise vorbereitet worden: Sie waren auf farbige Papierbögen geschrieben, mit der Schrift nach innen eingerollt und mit verschiedenfarbigen Bändchen oder Fädchen zusammengehalten. Diese Rollen wurden dann entweder sternförmig in der Tischmitte ausgelegt oder wie ein Blumenstrauß in ein Gefäß gestellt. Manchmal war es eine gleichlautende Frage für alle oder es standen verschiedene Fragen auf den Bögen, auf die man nun zugreifen durfte. Diesen spielerischen Umgang mit der praktischen Vorbereitung wählten wir, um die Sinnenfreude des kindlichen Gemüts in unsere Arbeit hineinzunehmen, die Atmosphäre nach des Tages Last aufzuheitern, was deutlich gefördert wurde durch die Überraschung, wer sich mit welcher Frage konfrontiert sah. Hier setzte immer wieder ein kurzes, helles Auflachen oder Schmunzeln ein.

Je nach Kursthema konnten statt der »Stillen Arbeit« Naturbeobachtungen oder kleine Experimente unternommen werden. Immer folgte aber darauf das Unterrichtsgespräch: Entweder wurden die Fragen vorgelesen und die erarbeiteten Ergebnisse einander mitgeteilt, durch Gesprächsbeiträge angereichert und vertieft. Oder es wurden die Erfahrungen mit den Naturerlebnissen und Experimenten in entsprechender Weise ausgetauscht und weiterbearbeitet. Darin zeigte sich allmählich der Gewinn der gemeinsamen Arbeit, der dennoch sehr persönliche Nuancen haben konnte.

- *Beschließen des Abends:* Die Referenten blickten auf die nächste Stunde, erinnerten an den folgenden Termin und machten Vorschläge und Angebote für häusliche Nach- und Vorarbeit, soweit eine solche überhaupt im Familien- und Berufsalltag möglich war.

Diese Grundregel einer möglichst intensiven, aktiven Beteiligung jedes einzelnen Mitglieds der Teilnehmerrunde lag uns sehr am Herzen. Denn das Verhältnis zu einem religiösen Leben ist umso fruchtbarer, je mehr es aus eigener Einsicht, Erfahrung sowie mit

Freude und Hingabe erarbeitet werden konnte. Das Elternseminar selbst wollte dafür nur die Rahmenbedingungen schaffen, den Boden bereiten. Denn Religion ist eine zutiefst persönliche Angelegenheit, die individuelle Entscheidungen fordert. Und doch kann deren Entwicklung und Fruchtbarkeit im Leben des Einzelnen gesteigert werden durch das Erlebnis gemeinschaftlicher Anstrengungen. »*Wo zwei oder drei in meinem Namen versammelt sind, da bin ICH mitten unter ihnen*« (Matthäus 18, Vers 20).

Zu den Rahmenbedingungen einer fruchtbaren gemeinsamen Arbeit gehörte aber auch Verbindlichkeit. So legten wir Wert auf pünktlichen Beginn und Schluss. Wir erwarteten nicht nur Pünktlichkeit von den Teilnehmern und Teilnehmerinnen, soweit es ihnen irgend von zu Hause aus oder von Berufs wegen möglich war. Auch für die Vorbereitung des Kurses war äußerste Disziplin vonnöten bis hin zur zeitlichen Gliederung der einzelnen Einheiten innerhalb einer Kursveranstaltung und in der Vorausplanung des gesamten Kurses. Es war erfreulich zu erleben, in welch hohem Maß die Teilnehmer und Teilnehmerinnen diese Ordnung in einer Zeit zunehmender Unverbindlichkeit respektiert und mitgetragen haben.

# Kursangebote, die uns besonders am Herzen lagen

Im Folgenden soll beispielhaft versucht werden, den Leserinnen und Lesern einen gewissen repräsentativen Einblick in die Arbeit und das Leben aus den wichtigsten Bereichen unserer Angebote zu vermitteln: aus der inhaltlichen Kursarbeit, der Elternseelsorge, den spielerisch-künstlerischen Angeboten und der Krabbelgruppe.

Hierbei könnte die Frage aufkommen: Wie konnte die Fülle in mancher der folgenden Darstellungen in den angegebenen Kurszeiten auf sinnvolle Weise bewältigt werden? In der Tat bedurfte es in der realen Begegnung der Beteiligten meist nicht der Ausführlichkeit, wie sie einer schriftlichen Form der Vermittlung entspricht, soll der Inhalt einer interessierten Leserschaft verständlich und so weit wie möglich nachvollziehbar mitgeteilt werden. Manche Beispiele wiederum konnten aufgrund weniger ausgearbeiteter Unterlagen nur in geraffter Form wiedergegeben werden.

## Zwiesprache des Herzens

Ein Morgenkurs zum Beten mit Kindern
von Roswitha M. Gädeke

Mit diesem Kurs näherten wir uns dem Thema Gebet. Es durchzog mit neun weiteren Kursangeboten unter verschiedenen Gesichtspunkten die ganze Arbeit des Elternseminars wie mit einem eigenen Pulsschlag. Mit dem genannten Titel versuchten wir den rechten Klang für dieses große und ebenso intime Thema anzuschlagen. Wir hofften, damit auch Menschen eine Brücke zu bauen, die vielleicht ohne religiöse Erfahrung aufgewachsen sind und erstmals einen Zugang zum Beten suchen wollten.

## Am ersten Morgen

Es fanden sich eine Großmutter, eine Mutter von schon älteren Kindern und zwei Mütter von kleineren Kindern ein. Alle kannten sich, sodass wir gleich mit der Vorstellung dieses Kursus beginnen und die Beteiligten ihre Erwartungen und Wünsche äußern konnten. Nur in einer kleinen Runde beisammen zu sein, begriffen alle als Chance einer umso vertrauensvolleren Zusammenarbeit. Zunächst aber erlernten wir ein leicht zu singendes einstimmiges Lied, das schon etwas vom Gehalt des zu erarbeitenden Gebetes durchschimmern ließ:

*Das will ich mir schreiben in Herz und in Sinn:*
*dass ich nicht für mich auf Erden bin,*
*dass ich die Liebe, von der ich leb,*
*liebend an andere weitergeb.*

Stürmisch bis heiter, traurig oder quietschvergnügt, gesund oder krank, erschöpft oder ganz erfüllt: Immer irgendwo dazwischen spielt sich der familiäre Alltag ab. Feierabend für die geforderten Eltern stellt sich erst ein, wenn die Kinder endlich im Bett liegen und – hoffentlich bald – gut schlafen werden! Die entspannten Gesichtchen der schlafenden Kleinen anzuschauen, die von jeder Spannung gelösten Ärmchen und Händchen fühlen zu können, ist ein Frieden stiftendes, mit allen Mühen des Tages versöhnendes Erlebnis. Aber dieser Friede ist bekanntermaßen kein Selbstläufer und dennoch für jedes Familienmitglied von existenzieller Bedeutung! Wie die Nacht durchlebt wird, wirkt sich auf den kommenden Tag aus. Den Schlaf zu fördern, ist also ein zentrales elterliches Anliegen. Das legte nahe, als Erstes ein Abendgebet für Kinder zur Vorbereitung auf die Nacht zu erarbeiten, was sehr willkommen war.

Während der oben genannten »Stillen Arbeit« mit Papier und Stift bewegten wir zur Einleitung eine Frage: Wie erleben wir Erwachsenen den Übergang vom Tag zur Nacht, sowohl in der Natur als auch in der eigenen Seele? Erfreulicherweise verbreitete sich augenblicklich eine hochkonzentrierte Stille, und was kaum zu erwarten war, trat als Ergebnis ein: Obwohl wir am hellen Vormittag beisammensaßen, entstand im gegenseitigen Mitteilen des Erarbeiteten für alle spürbar die Stimmung einer sich herniedersenkenden Nacht, und damit bildete sich ein gut bereiteter Boden für den Umgang mit zwei weiteren Fragen: Wie finde ich als Erwachsener in eine dem Beten angemessene innere Verfassung und zu einem Gegenüber, dem ich mich mit meinen tastenden Gedanken und Seelenregungen vertrauensvoll offenbaren kann?

Eingebettet in die allmählich einkehrende Ruhe in der Natur, im gesellschaftlichen Leben und im häuslichen Kreis, kann sich die Seele auf sich selbst und den zurückliegenden Tag besinnen: Was ist mir heute Gutes, Schönes, Helfendes, Förderndes begegnet, das mich mit Freude und Zuversicht erfüllen kann? Wie viel Anteil habe ich daran durch eigenes Zutun? Wie viel ist mir von der Natur, von anderen Menschen, von einem gütigen Geschick geschenkt worden? Indem ich mir das bewusst mache, kann Freude und Dankbarkeit mein Gemüt erfüllen und durchwärmen.

Andererseits melden sich im Inneren auch Schwächen, Mängel oder Fehler, für die es geradezustehen gilt, die selbst verantwortet werden müssen. Eine feine Stimme in der Seele lässt sich vernehmen: Das hättest du besser machen können, hier hättest du konsequenter etwas zu Ende denken müssen, dort bedarf es noch eines Wortes der Entschuldigung und eines wiedergutzumachenden Ausgleichs.

Diesen sich selbst befragenden Blick zu üben, stärkt die Fähigkeit und den Mut zu Selbsterkenntnis und Urteilsfähigkeit. Es ist, als steige man auf eine Anhöhe und schaue von dort auf das als ungenügend Erkannte herab, vielleicht unter dem Eindruck aufsteigender Reue: Dann mag jenes zarte Drängen in der Seele aufkeimen, das nicht Gelungene in Zukunft besser machen zu wollen, es als eine Chance zur Weiterentwicklung zu erkennen und zu nutzen. Wir werden einer höheren Kraft in uns gewahr, eines Götterfunkens, vielleicht wie das ahnende Erfühlen eines Engels, der uns, allermeist ganz unbemerkt, durch unser Leben zwischen Höhen und Tiefen begleitet. Mit diesem in unserem Herzen wohnenden Göttlichen können wir allabendlich mit Hingabe, in Andacht und empfundener Gottinnigkeit Zwiesprache halten und uns vertrauensvoll der Nacht überlassen.

Einem Sprichwort gemäß ist der Schlaf der kleine Bruder des Todes. Durch beide kehren wir wieder zurück in unsere geistige Heimat, für eine ganz kurze oder sehr, sehr lange Zeit. Setzen wir etwa in diesem schlafenden Zustand die Zwiesprache des Herzens auf höherer Ebene fort? Können wir vielleicht deshalb morgens mit einem mehr oder weniger deutlichen Erlebnis aufwachen: Jetzt weiß ich, wie ich mit meinen Lebensfragen und den Zumutungen und Prüfungen des Schicksals weiter umgehen kann?

Ein solch pflegender Umgang des Erwachsenen mit der eigenen Seele wird hilfreich mitschwingen, wenn wir mit unseren Kindern beten.

Aber was sollen wir mit ihnen beten? Was geben wir den Kindern mit, damit sie vertrauensvoll in den Schlaf finden und gestärkt wieder erwachen können?

Ich wählte ein Gebet, das schon meine Eltern mit meinen Geschwistern und mir gesprochen hatten. Mit selbstverständlicher Hingabe, ohne darüber nachzudenken, habe ich es dann auch mit meinen eigenen Kindern vor dem Schlafengehen gesprochen, solange es ihrem Alter entsprach. Aber ich muss gestehen: Erst in der Vorbereitung auf diese gemeinsamen Stunden mit anderen Müttern habe ich selbst die Tiefe dieses Gebetes bewusst erfasst, das Rudolf Steiner für Kinder, die schon selbst sprechen können, formuliert hat. Sie sollten es durch das Hören lernen, um nach und nach selbst mitsprechen zu können.

Ich las das Gebet vor, und es zeigte sich, dass es bekannt und von der einen oder anderen Mutter über einige Zeit verwendet worden war. Wir sprachen es einmal gemeinsam, um von nun an Zeile für Zeile dem Gehalt des Gebetes nachzuspüren. Vorsichtige, tastende Äußerungen prägten das Gespräch. Alle Teilnehmerinnen beteiligten sich mit spürbarem Interesse, auch auf scheinbare Kleinigkeiten achtend.

*Vom Kopf bis zum Fuß*
*bin ich Gottes Bild.*
*Vom Herzen bis in die Hände*
*spüre ich Gottes Hauch.*
*Spreche ich mit dem Munde,*
*folge ich Gottes Willen.*
*Wenn ich Gott erblicke,*
*überall, in Vater und Mutter,*
*in allen lieben Menschen,*
*in Tier und Blume,*
*in Baum und Stein,*

*gibt Furcht mir nichts,*
*nur Liebe zu allem,*
*was um mich ist.*[17]

Wir staunten: Bei den ersten fünf Worten des ersten Satzes entstand die Empfindung einer Senkrechten: Vom sphärisch gebildeten Kopf bis zu den Füßen mit ihrer Wölbung steht eine aufrechte Gestalt: Gottes Bild, wie im Alten Testament in der Schöpfungsgeschichte benannt.

Mit der folgenden Zeile setzt die Vorstellung der Horizontalen ein: Vom fühlenden Herzen, beseelt von göttlichem Atem, geht die Bewegung durch die Arme bis in die Hände von innen nach außen in die Weite. Die ganze Gestalt ist da.

Im dritten Satz beginnt die Gestalt mit dem Mund zu sprechen. Indem sie das tut, leistet sie dem göttlichen Willen Folge.

Jetzt wurde es kritisch. Wie sollte man das begreifen und dann auch noch dahinterstehen können? Was hat der Mund, wenn er spricht, mit dem Willen zu tun? Oder andersherum gefragt: Birgt das Wort, das der Mund hervorbringt, mehr als nur die Sinnübermittlung in sich?

Wenn von Wille die Rede ist, steigt auch die Assoziation von Durchsetzungswille auf, dass also auch geschieht, was vorher ins Wort gebracht wurde. Enthält ein gesprochenes Wort mehr als eine Information? Ist dem Wort eine Kraft beigegeben, sodass aus seinem Ideen- oder Gedankeninhalt etwas Wesenhaftes hervorgeht?

Wir erinnerten uns an die sieben Schöpfungstage zur Erschaffung der Welt. Gleich zu Beginn des Alten Testamentes wird über diese Taten Gottes im ersten Buch Mose erzählt: Wie in einem Refrain heben sie mit den Worten an »Und Gott sprach«. Was Gott dann jeweils sprach, was werden sollte und auf welche

Weise einander zugeordnet, das »geschah« dann auch, es »wurde« daraus immer ein »Abend« und ein »Morgen«, ein neuer Tag. Wir begegneten also dem Wort Gottes, das aus seinem Munde hervorging als Ausfluss seines Schöpferwillens. Das kam unserer Verständnissuche sehr entgegen.

Dieses Verständnis vertiefte sich noch mit der Einbeziehung eines Textes aus dem Neuen Testament. Das erste Kapitel des Johannes-Evangeliums wird eingeleitet mit einem mantrisch gestalteten Prolog. Es spricht vom Wort Gottes als dem Uranfang alles Werdenden bis hin zum Erscheinen des Wortes auf Erden in der Gestalt des Sohnes Gottes, bezeugt von Johannes dem Täufer. Die entscheidenden Passagen, die uns besonders bewegten, seien hier wiedergegeben.

*Im Uranfange war das Wort,*
*und das Wort war bei Gott,*
*und ein Gott war das Wort,*
*dieses war im Uranfang bei Gott.*
*Alles ist durch dasselbe geworden,*
*und außer durch dieses ist auch nicht Eines*
*von dem Entstandenen geworden.*
*In ihm war das Leben*
*und das Leben war das Licht der Menschen;*
*und das Licht scheint in die Finsternis,*
*und die Finsternis nahm es nicht auf [...]*
*Er, der das Licht ist, war in der Welt,*
*und die Welt ist durch Ihn geworden [...]*
*Und Er, das Wort, wurde Erdenmensch*
*und nahm Wohnung in unserem Dasein.*
*Wir schauten seine Offenbarung,*
*da Er sich offenbart als eingeborener Sohn des Vaters,*
*erfüllt von Hingabe und Wahrheit.*[18]

Mit diesem ergänzenden Text konnten wir den dritten Satz des Gebetes ganz annehmen. Alle drei Aussagesätze als Ganzes betrachtet, vermittelten sie uns das Bild eines in Gott geborgenen Menschenkindes.

## Am zweiten Morgen

Wir wendeten uns nach den Schweigeminuten und dem Erlernen neuer Lieder dem vierten und letzten Satz des Gebetes zu. Das Kind erblickt nun Gott außerhalb seiner selbst: in Mutter und Vater und allen lieben Menschen, in Tieren, Pflanzen und Bäumen und den Steinen. Es ist eine Welt, in der das Kind sich vertrauensvoll angenommen und geborgen weiß.

Das Wörtchen »überall« wurde sehr wörtlich genommen. Es forderte in einer Teilnehmerin die Frage heraus: Gilt dieses »überall« auch für von Menschen Erdachtes und Produziertes? Erblicke ich in einem Auto Gott?

Wohl ist die Erfindung und Produktion von Autos ohne ein immenses Maß an Intelligenz nicht möglich, und man kann diese tatsächlich als eine dem Menschen verliehene Gabe Gottes verstehen. Mithilfe der Intelligenz konnte er die Naturgesetze entdecken. Ohne deren Erforschung durch die menschliche Beobachtungsgabe, analysierenden und kombinierenden Verstand wäre allerdings eine solche Erfindung des Autos nicht möglich geworden. Das Auto ist somit zwar ein Ergebnis menschlicher Schöpfungsfähigkeit. Aber das Auto selbst weist kein eigenes schöpferisches Leben auf, was als ein Kriterium für göttliches Sein und Schaffen verstanden werden könnte. Oder anders gesagt: Es ist kein Produkt eines primär göttlichen Schöpfungsprozesses. Das leuchtete ein.

Aber diese kritische Frage war Anlass genug, auf die Stellung des »überall« zu achten. Dieses herausfordernde Wörtchen steht am Anfang der Zeile, deren weitere Worte deutlich ausdrücken, worauf es sich bezieht: nämlich auf das, was dem Erfahrungs- und Erlebnisumkreis eines kleinen Kindes in heilsamer Weise entspricht. An erster Stelle werden Mutter und Vater genannt, denn beide liebt das Kind fraglos, selbst wenn es ein Trennungsschicksal der Eltern durchleben muss. Dabei bleibt es dem Kind und dem jeweiligen Elternteil ganz unbenommen, wer von den Geliebten zuerst genannt wird. Im weiteren Text folgen dann nicht etwa alle Menschen, sondern ausdrücklich nur alle »lieben« Menschen! Schließlich wird es hingewiesen auf die von Gott erschaffenen Reiche der Natur.

Nachdem der kindliche Blick durch alle diese Reiche bis hinunter zu den leblosen Steinen gewandert ist, wird von einer Seelenregung gesprochen, die dem Kind schon früh bekannt wird: der Furcht! Deren Existenz und Wirksamkeit wird also nicht verschwiegen, sondern deren Nennung wird eingebettet in eine Verheißung, die im vierten Satz mit dem Wörtchen »Wenn« eingeleitet wird, wobei dieses »Wenn« sowohl ursächlich als auch zeitlich verstanden werden kann: Jedes Mal, wenn ich Gott in allen lieben Menschen und aller Natur erblicke, dann kann mir die Furcht nichts anhaben, gibt Furcht mir nichts.

Des Weiteren vertieften wir uns in die veränderte Stellung des »ich« im Satzbau. Hier steht das »ich«, wieder unmittelbar gefolgt von »Gott«, vor dem Verb, also: »Wenn ich Gott erblicke«. Wir empfanden einen sehr fein nuancierten Stimmungswechsel: Vermittelten die ersten drei Sätze eher eine ahnende, träumende Seelenverfassung, erweckte der vierte Satz den Eindruck eines schon wacheren Seins. Nicht nur durch das vorangestellte »ich«, sondern auch durch das Verb »blicken« mit seiner Vorsilbe »er«. Blicken ist schon an sich Ausdruck eines wachen Wahrnehmens mit offenen Augen. Die Vorsilbe »er« drückt darüber hinaus eine gewisse Steigerung an Einsatz aus, wie sie auch an anderen Verben ablesbar ist, beispielsweise bei »erringen«, »erarbeiten«, »erklimmen«.

Auch der Volksmund bedient sich dieses Verbs, wenn er von der Geburt eines neuen Erdenbürgers kündet: »Ein Kind hat das Licht der Welt erblickt.« Aber welches Licht ist gemeint? Das Licht der Sonne, die alles in unserer Welt sichtbar macht? Oder verbirgt sich in dieser Redewendung außerdem ein noch ursprünglich vorhandenes Wissen von eben jenem inneren Licht, das als Lebenskraft in der Schöpfung waltet?

Im 8. Kapitel des Johannes-Evangeliums in Vers 12 findet sich das zweite der sogenannten ICH-BIN-Worte des Jesus Christus, das einen hilfreichen Ausblick gewähren kann: »*ICH BIN das Licht der Welt. Wer mir nachfolgt, wird nicht wandeln in der Finsternis, sondern wird das Licht des Lebens haben.*« Es ist also eine Selbstaussage des Christus, ebenfalls verbunden mit einer Verheißung, jedoch gerichtet an die Urteilsfähigkeit eines erwachsenen Menschen und dessen freien Willen! Auch hier wird die Finsternis als Realität angesprochen. Finsternis und Furcht aber gehören zusammen.

Wie ist dieses Christuswort nun zu verstehen? Ist es denkbar, dass des Menschen Blick heller und wärmer wird, je mehr er sich mit dem Wesen und Leben des Christus verbindet?

Wie viele Menschen gab es während des Dritten Reiches, die unter größter eigener Gefahr den Mut aufbrachten, Juden bei sich zu verstecken, um sie vor der Vernichtung zu bewahren! Welche Seelen- und Geisteskraft hat sich ein Dietrich Bonhoeffer als bekennender Christ im Kerker errungen, um den Seinen das Bangen um sein Leiden und Leben erträglicher zu machen! Aus welcher Kraft hat eine Mutter Teresa ihr großes Werk der Lebenshilfen unter allerschwierigsten Umständen vollbracht!

Und wie viele Menschen gibt es heute, die sich unter schwersten Bedingungen aufopferungsvoll für kranke und gefährdete Menschen in Kampfgebieten einsetzen, ebenfalls unter größter Gefahr für ihre eigene Unversehrtheit und Freiheit!

Aus welcher Kraft haben sie alle diese übermenschlichen Leistungen erbringen können, im beständigen Überwinden aufkommender Angst und Furcht um ihr eigenes Dasein? Wirkt vielleicht weit mehr verborgenes Christentum unter uns, von dessen Pflege wir gar nichts erfahren, weil es in aller Stille und Bescheidenheit gelebt wird? Ist es denkbar, dass dieses verborgene Christuswirken noch gnadenvoll im Kind lebt, ehe es erwachsen wird und sich seinen eigenen Weg ins weitere Leben erkämpfen muss?

Dass das so sein kann, hat mich mein erstes Kind auf zutiefst beschämende Weise gelehrt. Als es noch recht klein war und ich in einer schlechten Verfassung, habe ich ihm einmal strafend auf ein Händchen gepatscht; da hielt es mir auch das andere Händchen hin und sagte weinend: »Da auch.« Das traf mich im Allerinnersten! Denn was ich als völlig unerwartete Reaktion erhielt, entsprach einer mir wohlvertrauten Anweisung des Christus aus dem Evangelium: *»So dir einer auf die rechte Wange schlägt, halte ihm auch die andere hin«* (Matthäus 5, Vers 39). Mein erschütterndes Erlebnis war: In dieser unmittelbar erfolgten Reaktion in Geste und Wort hat Christus selbst durch das Kind gesprochen.

»... nur Liebe zu allem, was um mich ist.« Der Größe und Tiefe dieses in aller Schlichtheit formulierten ermutigenden Wortes nachzuspüren, behielten wir der letzten Stunde vor.

## Am dritten Morgen

Wir eröffneten unsere Arbeit mit dem Singen aller Lieder, die wir inzwischen gelernt hatten, und machten uns klar, welche Bedeutung unser Singen für die Kinder hat: Eine wohltuende Atmosphäre entsteht, es wird heiter oder wohlig besinnlich um ein Kind herum. Dabei kommt es nicht auf Könnerschaft an, die ist mindestens zweitrangig zu nennen gegenüber der Tatsache: Die Mutter singt oder summt.

»... nur Liebe zu allem, was um mich ist.« Was für ein großes Wort, das mit dem Kind gesprochen wird! Ist das zumutbar? Können wir Eltern das denn selber leben? Müssen wir nicht ein ums andere Mal beschämt innehalten, weil wir wieder einmal ungeduldig waren, uns nicht in die kindliche Lage versetzt haben und deshalb unsere Reaktion für das Kind enttäuschend ausgefallen ist? Gewiss, wir bemühen uns immer wieder, um in der Liebe zu wachsen, uns weiterzuentwickeln. Aber ein Kind lebt von Natur aus in der selbstverständlichen Erwartung, von Liebe umgeben zu sein. Wie furchtbar, wenn ihm diese nicht gewährt oder entzogen wird.

Auf der Suche nach einem annehmbaren Verhältnis zur Größe dieses letzten Satzteiles stellten wir uns die Frage: Wenn im ersten Satz an die Erschaffung des Menschen als Bild Gottes erinnert wird, kann dann im letzten Satz dasjenige zum Ausdruck kommen, was der Mensch von Leben zu Leben durch Arbeit an sich selbst in der Zukunft sein wird?

Hilfe fanden wir in den sogenannten Abschiedsreden des Jesus Christus an seine Jünger, als Er zum letzten Mal vor seiner Gefangennahme mit ihnen zusammen war: Worte aus dem 15. Kapitel des Johannes-Evangeliums in den Versen 5 bis 17 beleuchteten die beiden Schlusszeilen des Gebetes auf eine Weise, die keiner weiteren Deutung bedurfte.

*»Ich Bin der Weinstock, ihr seid die Reben. Wer in mir bleibt und ich in ihm, der bringt viel Frucht; getrennt von mir könnt ihr nichts vollbringen. Wenn einer nicht in mir bleibt, wird er hinausgeworfen wie die Rebe und verdorrt; man wirft dann solche Reben zusammen ins Feuer, und sie verbrennen. Wenn ihr in mir bleibt und meine Worte in euch lebendig bleiben, mögt ihr erbitten, was ihr wollt, es wird euch zuteilwerden. Darin wird mein Vater geoffenbart, dass ihr viel Frucht bringt und meine Jünger werdet.*

*Wie mich der Vater geliebt hat, so habe auch ich euch geliebt. Bleibet in meiner Liebe! Wenn ihr meinen Zielen die Treue haltet, werdet ihr bleiben in meiner Liebe, gleichwie ich meines Vaters Zielen treu geblieben bin und bleibe in seiner Liebe.*

*Dies habe ich zu euch gesprochen, auf dass meine Freude in euch sei und eure Freude sich erfülle. Dies ist mein Auftrag: Liebet einander, wie ich euch geliebt habe. Eine größere Liebe hat niemand als diese, sein Leben hinzugeben für seine Freunde. Ihr seid meine Freunde, indem ihr handelt im Sinne des Auftrags, den ich euch gebe. Nicht mehr nenne ich euch Knechte, denn der Knecht bekommt keine Einsicht in das Handeln seines Herrn. Euch habe ich zu Freunden erklärt, da ich alles, was ich von meinem Vater gehört habe, eurem Erkennen anvertraute. Nicht ihr habt mich zum Freunde erwählt, sondern ich habe euch erwählt; und ich habe euch dazu bestimmt, dass ihr euren Erdenweg geht und Frucht tragt, und dass eure Lebensfrucht bleibe. Dann wird der Vater, was immer ihr in meinem Namen bittet, euch geben. Dieses trage ich euch auf: Liebet einander!«*

Unter dem Eindruck dieser Christusworte konnten wir das Ende des Gebetes als einen Wegweiser auf dem menschlichen Lebensweg begreifen.

Jetzt galt es, die Gesamtgestalt dieses Gebetes zu betrachten: Was hört und spricht das ja noch kleine Kind eigentlich mit all den Worten? Sind diese Aussagen nicht viel zu groß für sein kleines Herz?

Wir versuchten, uns in dieses junge Menschenleben hineinzuversetzen: Es wird als ein äußerst hilfsbedürftiges Wesen in eine völlig andere Welt hineingeboren: Aus einer übersinnlichen Welt herniedersteigend, wird es immer mehr mit Seele und Geist an seinen wachsenden, sich entwickelnden Leib gebunden. Und welche Fülle von Eindrücken, Erfahrungen und Erlebnissen aus unserer ihm fremden Welt bestürmt dieses kleine Menschlein! Wenn wir schon als Erwachsene, wie eingangs bedacht, Sorge tragen müssen, uns in herausfordernden Momenten, Lebens- und Schicksalslagen nicht zu verlieren, um wie viel mehr mag das für ein Kind zutreffen! Ja, es bedarf sogar einer grundsätzlichen Orientierung: Während die Erinnerung an sein geistiges Herkunftsland immer mehr verdämmert, erhält das Kind mit diesem Gebet eine innere Ausrichtung, die seine Seele stärkt, schützt und ihr ein sicheres Vertrauen verleiht. Es fühlt und weiß sich als ein von Gott erdachter und geschaffener Mensch. Aufrecht steht das Kind da, in seinem Herzen fühlt es Gottes Hauch bis in die Hände, mit denen es so viel tun und ertasten kann, die man zum Gebet falten kann. Und es lernt, dass in den Mund nicht nur immer etwas hineingeht, sondern dass es aus diesem Mund zunehmend Laute hervorbringen kann, die immer mehr Sprache werden, um zu sagen, was das Herz bewegt, und zunehmend zu verstehen, was andere Menschen sprechen. Ja, das Kind mag ahnen, dass im Wort ein schöpferisches Wesen leben kann, das als Gott durch Mutter und Vater und durch alle lieben Menschen zu ihm spricht.

Immer tiefer steigt die Seele in die Erdenwelt hinab und begegnet dem Sein und Leben der Naturreiche. Und überall in diesen Mitgeschöpfen kann sie Gott, den Schöpfer erblicken. Das nimmt der Furcht die Macht! Das Kind lernt mehr oder weniger bewusst, dass Liebe die große Kraft ist, die uns durch das Erdenleben geleiten kann: indem das Kind sie selbst empfängt und sie schon bald selber mehr oder weniger bewusst geben kann in den ihm gemäßen kindlichen Ausdrucksformen.

Dennoch lebt das Kind nicht nur im geschützten Familienumkreis: Über alle möglichen Wege dringen Botschaften und Bilder in das noch zarte, empfängliche kindliche Gemüt ein, die nicht Ausdruck von Liebe sind, sondern von Hass, Macht und Gewalt. So berichtete eine Mutter aus unserem Kurs Folgendes: Sie wunderte sich über ihren Zweitklässler, der zunehmend blass, kalt und freudlos wurde. Auch das Fieberthermometer zeigte eine deutliche Untertemperatur an. Das Kind, nach seinem Befinden befragt, erzählte, dass es immer friere, aber in der Schule seinen Anorak nicht anbehalten dürfe. Von der häuslichen Situation her konnte sich die Mutter den Zustand des sonst gesunden Kindes nicht erklären. Sie suchte den Klassenlehrer auf und erschrak: Ein Großteil der Klassenzimmerwand war bedeckt mit lauter Zeitungsfotos aus dem damals tobenden Irak-Krieg. Im Gespräch mit dem Klassenlehrer begründete er diese Ausstellung mit seiner Ansicht, man könne diesen Krieg doch nicht einfach ausklammern. Den würden die Kinder ja mitbekommen. Dafür hatte die Mutter durchaus Verständnis, es müsse aber eine den Kindern angemessene Form gefunden werden. Diese ergab sich aus dem weiteren Gespräch: Es wurde eine kleine Fläche auf einem Tisch neben der Tafel schön hergerichtet mit Blumen und einer Kerze, die nun am Beginn des Unterrichts entzündet wurde: In ihrem warmen Schein wurde im Gedenken an die armen Kinder des Krieges ein schönes Lied gesungen und ein Spruch aufgesagt. Die Bilder an der Wand wurden sämtlich abgenommen. In kürzester Zeit erholte sich der kleine Junge.

Dieses Beispiel mag zeigen, dass wir unsere Kinder nicht zu früh zum Partner der Weltsorgen machen dürfen, ohne ihre seelische Verarbeitungsreife zu berücksichtigen.

Wenn nun ein solches Gebet, dessen Verständnis in diesem Kurs erarbeitet wurde, die frühen Jahre des Kindseins allabendlich begleitet, ist dies eine wirkmächtige Grundlage zur Förderung des Urvertrauens: Was auch immer über den Tag an Ereignissen, Erlebnissen und Erfahrungen die Kinderseele verstört, gekränkt, entwürdigt haben mag: Mit diesem Gebet werden die Gottebenbildlichkeit und das Erahnen des Menschheitszieles in der Seele des Kindes wieder aufgerichtet, ehe es in den Schlaf hinübergleitet, und die Seele des Kindes wird mit wachsender Kraft für das vor ihm liegende Leben erfüllt.

Diese Gottebenbildlichkeit und die Liebe als Menschheitsziel durch treuliches, allabendliches Wiederholen tief in das Kind hineinzuversenken, war wohl Rudolf Steiners zentrales Anliegen, als er seine Gebete für Kinder schuf. Er hat die Sprüche und Gebete für Kinder vor, während und nach dem Ersten Weltkrieg verfasst. Das mag uns zu denken geben, wenn wir auf die dramatische Zeit schauen, in der wir heute wiederum um ein menschenwürdiges Füreinander und Miteinander bangen und kämpfen müssen. Gewähren wir unseren kleinen und jungen Kindern geistigen Schutz und Zeit zur inneren Reifung und Erkraftung, werden sie als erwachsene Menschen umso eher in der Lage sein, sich verantwortungsvoll im Leben zu bewähren und sich für menschenwürdige Ziele einzusetzen.

Wie man mit Kindern das Zugehen auf die Nacht vorbereiten und das Abendgebet sprechen kann, findet sich in der Darstellung des Kursus aus dem zweiten Trimester zur Bedeutung des Rhythmus (siehe Seite 98 ff.).

## Gebete für die Mutter

Ein Abendkurs von viermal 1½ Stunden
von Roswitha M. Gädeke und Susanne Gödecke

Nachdem weitere Kurse zum Beten mit Kindern angeboten und wahrgenommen worden waren, erfreulicherweise zuletzt in Zusammenarbeit mit unserer Priesterin, gedachten wir im Rückblick auch vertraulicher Erlebnisse und Erfahrungen, die im Laufe dieser Kurse von Müttern ausgesprochen wurden. Denn Kinder zu erwarten, sie zur Welt zu bringen, für sie da und verantwortlich zu sein, Tag für Tag und Nacht für Nacht, in gesunden und kranken Tagen, ist mit sehr vielen Ungewissheiten, Sorgen und Ängsten verbunden neben aller Freude am Kommen, am Dasein und Werden eines jungen Menschen. Dies kostet sehr viel Kraft, und immer wieder muss neue Zuversicht aufgebracht werden und wachsen. Woher weiß ich als Mutter im entscheidenden Moment, was ich gerade jetzt tun oder lassen muss, was ich womöglich spontan antworten soll auf heikle oder unerwartete wichtige Lebensfragen, mit denen uns Kinder jederzeit überraschen können? Was kann ich meinem Kind in welchem Alter schon zutrauen? Was kann alles passieren, wenn ich nicht dauernd bei ihnen bin? Gibt es eine Quelle, aus der ich täglich Kraft und helfende Gedanken schöpfen kann, um diesem elterlichen Alltag einigermaßen gewachsen zu sein, leiblich, seelisch, geistig, sozial und dann auch noch pädagogisch?

Natürlich können wir in alledem niemals vollkommen sein. Wir haben es immer mit einem Wechselspiel all unserer Kräfte zu tun, mit Schwankungen nach verschiedenen Richtungen. Entscheidend wird aber sein, dass wir immer wieder zu uns selber finden, dass wir einen verlässlichen Bezugspunkt haben, von dem aus wir jeden Tag wieder neu beginnen dürfen.

Drei Gebete hat Rudolf Steiner für Mütter verfasst, und offenbar war ihm sehr bewusst, wie ihr vielschichtiger Arbeitstag von morgens bis spätabends aussieht, erst recht, wenn mehrere Kinder zu versorgen sind und sie zusätzlich womöglich noch für das tägliche Auskommen arbeiten müssen: Denn diese drei Gebete umfassen jeweils nur einen einzigen Satz, allerdings von essenzieller Dichte. Gerade darum können sie auch in notvollen Lebensphasen, in denen man kaum noch aus und ein weiß, helfender und stärkender Begleiter sein.

Diese Gebete eignen sich besonders für den Tagesbeginn als ein unsichtbares Rüstzeug, ehe der Alltag die Mutter ganz schnell vereinnahmt.

Wenn man nicht meint, man müsse morgens schon beim ersten Piepser neben der Wiege oder dem Bett eines gesunden Kindes stehen, kann man sich getrost diese geradezu winzige Spanne Zeit der inneren Einkehr ermöglichen, zugestehen. Man wird sich der Früchte dieser Einkehr vielleicht nicht gleich bewusst werden. Aber je länger man sich ihr in Treue hingibt, desto mehr erahnt und spürt man ihre tragende und helfende Kraft. Und: Die Kinder lernen von Anfang an, dass auch die Eltern stille Augenblicke für sich brauchen, auch wenn die Kleinen davon nichts Konkretes wissen oder verstehen.

## Am ersten Abend

Mit diesem Kurs wurde etwas fortgesetzt, was mit dem Motiv »Das Abendgebet an der Schwelle zur Nacht« in den letzten Monaten seinen Anfang genommen hatte. Dabei wurde auf die Beziehung zwischen naturbezogenen Abendphänomenen und der abendlichen Seelenstimmung des Menschen geschaut. Welches

Verhältnis hat der erwachsene Mensch zu seinem Schöpfergott und wie ist das Verhältnis des Kindes zu ihm?

Von diesem Verhältnis zeugen die von Rudolf Steiner verfassten Kindergebete: In das junge Menschenwesen senken sie die Wahrheit über sich selbst als ein von Gott geschaffenes Wesen. Diese Wahrheit, in einfachen Worten ausgedrückt, kann der Seele des Kindes wie ein »übersinnlicher Schutzanzug« in die Nacht mitgegeben werden. Dieser schützt, stärkt und pflegt das aus der geistigen Welt mitgebrachte natürliche Urvertrauen. Die schützende Hülle kann umso stärker wirken, je mehr sich der Erwachsene selbst in Treue mit dieser übersinnlichen Welt verbindet, sodass er als Betender gegenüber der Kinderseele ein Repräsentant dieser geistigen Mächte sein kann, die die Kinderseele aus den Himmelswelten in die irdische Verkörperung geleiten. Dieses zentrale Motiv, Repräsentant der vorirdischen, übersinnlichen Welt zu sein, griff dieser Kurs mit drei Gebeten auf, die Rudolf Steiner für Mütter formuliert hat. Sie lauten:

*Licht und Wärme*
*des göttlichen Weltengeistes*
*hülle mich ein.*

*Und des Kindes Seele,*
*sie sei mir gegeben*
*nach Eurem Willen*
*aus den geistigen Welten.*

*Und des Kindes Seele,*
*sie sei von mir geleitet*
*nach Eurem Willen*
*in die geistigen Welten.*[19]

*Raffael, ›Sixtinische Madonna‹, 1512/13, Gemäldegalerie Alte Meister der Staatlichen Kunstsammlungen Dresden.*

Die Texte wurden ausgeteilt und einen Augenblick still bedacht. Da die Vorstellung oder gar Überzeugung von einem vorirdischen Dasein der Menschenseele keineswegs weltanschauliches oder religiöses Allgemeingut ist, entgegen dem eher verbreiteten Glauben an ein nachtodliches Leben, wählten wir als Einstieg die Betrachtung eines etwas größeren farbigen Kunstdruckes der Sixtinischen Madonna des italienischen Malers Raffael (1483–1520), die von diesem vorgeburtlichen Dasein auf einzigartige Weise kündet. Es ging uns hierbei um das Betrachten einzelner Elemente, die uns an ein Verständnis für das erste Gebet heranführen können, und darum, in die Stimmung des zweiten Gebetes hineinzufinden: die Gestalt der Madonna selbst, ihr Kind auf den Armen tragend, ihre körperliche Haltung, ihre Gewänder; wo ist Licht, woher kommt es, wo ist Schatten? Lassen sich nichtirdische und irdische Räume unterscheiden? Wodurch?

Das waren Hinweise, um nun für zehn Minuten in die »Stille Arbeit« einzusteigen. Vielleicht mögen sich Leserinnen und Leser selbst anhand des Bildes (siehe die vorhergehende Seite) in diese Fragestellungen hineinvertiefen.[20]

Fraglos erscheint die Madonna mit dem Kind als etwas erhöhter Mittelpunkt des Bildes. Sie ist eine aufrechte Gestalt, die gerade den linken Fuß vom Grund löst, was den Eindruck einer schreitenden Bewegung vermittelt, noch verstärkt durch das zur Seite wehende Gewand. Auch der bräunliche Umhang der Madonna scheint von einem Luftzug erfasst zu sein, den die Schreitende vielleicht selbst erzeugt, und bildet zwischen Haupt und Unterarm eine Art Raum. Dieser Schritt wirkt wie von einem ernst stimmenden Ziel impulsiert, auf das sich die Blicke von Mutter und Kind richten: auf das Kruzifix, das sich ursprünglich vor diesem großen Gemälde befand.

Als Begleitfiguren sind rechts die heilige Barbara und links Papst Sixtus II. dargestellt. Letzterer führt mit seiner rechten

Hand eine zum Betrachter hinweisende Gebärde aus. Beide Gestalten waren Märtyrer in frühchristlicher Zeit. Aufgestützt am unteren Bildrand finden sich die weltweit bekannten Putten.

Von zentraler Bedeutung scheint die Darstellung des Raumes zu sein, durch welchen die Madonna ihr Kind trägt. Um Haupteslänge über ihr spannt sich am oberen Bildrand eine Stange von einer Bildecke zur anderen. Im mittleren Drittel ist sie frei sichtbar und zeigt sich leicht nach unten gewölbt vom Gewicht zweier ein Stück weit nach rechts und links zurückgezogener, dunkelgrüner Vorhänge. Diese bilden in den oberen Ecken jeweils ein annähernd dreieckiges Feld, denn sie sind etwas weiter unten sehr nahe den Bildrändern eng zusammengebündelt, mächtige Faltenwürfe bildend.

Zweifelsohne markieren die zur Seite geschobenen, fast düster und schwer wirkenden Vorhänge eine Grenze zwischen zwei Räumen. Zusammen mit der nach unten gebogenen Vorhangstange künden sie von den Gesetzmäßigkeiten der irdischen Welt, in die hinein sich die Schritte der Madonna bewegen. Und doch geht sie auf einem Grund von Wolken, der sich in den Raum hinter den Vorhängen fortzusetzen scheint. Schaut man aber genau hin, erkennt man diese Wolkengebilde jenseits der Vorhänge als unzählige Antlitze ganz kleiner Köpfe, die allgemein als Engelsköpfe gedeutet werden. Es fällt jedoch auf, dass diese Engelsköpfe eher schemenhaft gemalt sind, im Gegensatz zu den Putten am unteren Bildrand. Auch fehlen die Flügel als unverwechselbare Kennzeichen einer Engeldarstellung. Könnte man vielleicht sogar davon ausgehen, dass es sich bei diesen Köpfchen um die Seelen noch ungeborener Kinder handelt?

Aus ihrer Mitte heraus wird das Weltenkind Jesus dem auf Erden lebenden Betrachter entgegengetragen, schon innig mit der Mutter verbunden. Es ist bereits als deutliche Gestalt sichtbar, aber noch ohne irdische Kleidung, die auf eine bestimmte Volks- oder Standeszugehörigkeit verweisen könnte.

Dieses Weltenkind wird hinabgetragen in jene Welt, in der die Erdenmenschen ihrem Schicksal zugeführt und ausgesetzt werden. Die Prägungen ihres Erdenlebens und -wirkens bringen die Toten wiederum in ihr geistiges Herkunftsland mit. So könnte man verstehen, dass die Seelen der beiden längst verstorbenen Heiligen dennoch in irdische Hüllen gekleidet sind, als Ausdruck ihres historisch gelebten Lebens, dessen Früchte sie in das nachtodliche Leben hineintragen.

Die kleinen Engelchen am unteren Bildrand mögen eine Botschaft vermitteln: Wir lassen die aus der geistigen Welt herabsteigenden Seelen auf ihrem Weg durch das Erdenschicksal nicht allein.

Diese eindrucksvolle Komposition der Gestalten, ihrer Farben und ihrer Umgebung ist von einem zentralen Element durchwirkt, dessen Quelle nicht zu sehen ist: helles, warmes Licht! Als umflute es von oben Mutter und Kind, als walte es hinter ihr und um sie und als lenke es erleuchtend ihre Schritte auf den Weg zur Erde, der sich andeutungsweise sachte verdunkelt. Dieses Licht macht auch die kleinen Köpfchen erkennbar und scheint auf die Heiligen. Und es lässt Antlitz und Ausdruck von Mutter und Kind aufleuchten, wesenhaft erscheinen, das linke Kinderfüßchen einbeziehend, das die Erde bald betreten wird.

Zum Abschluss dieser Bildbetrachtung wendeten wir uns noch ganz anfänglich dem ersten der drei Gebete zu, um eine Brücke zum nächsten Abend zu bauen: »Licht und Wärme / des göttlichen Weltengeistes / hülle mich ein.«

## Am zweiten Abend

Zunächst beschäftigte uns das Licht, das uns selbst aus verschiedenen Quellen umflutet mit seinen unterschiedlichen Wirkungen.

Wir kamen alle vom großen Parkplatz, der von bläulichem Licht großer Laternen ausgeleuchtet wird. Es war keine Frage, dass sich deren kalt wirkendes Licht für unser Thema nicht eignete.

Aber von welchem Licht geht eine wohltuende Wirkung aus, in der man sich geborgen fühlen kann?

So klein, wie sie ist, hat eine Kerzenflamme diese Fähigkeit. Zum einen kann man, wenn sie ruhig vor einem dunklen Hintergrund brennt, so etwas wie eine zarte, aber dennoch gut erkennbare Kugel sehen, die in geordneten Kreisen aus prismatischen Farbtönen die Flamme umgibt. Zum anderen durchflutet ihr kleines Licht den Raum um sie herum und bildet eine intime Atmosphäre.

Ein eindrückliches Erlebnis kann an manchen Tagen nach Sonnenuntergang beobachtet werden: Die untergehende Sonne lässt in weitem Bogen um den Horizont der Erde ein farbiges Licht erscheinen, als würde sie die Erde vor der einbrechenden Dunkelheit mit ihrem Licht noch einmal umarmen.

Denken wir auch an ein Lagerfeuer, um das sich ein Kreis von Menschen in einer schönen Nacht versammelt: Es bildet ein leuchtendes und wärmendes Zentrum eines überschaubaren Umkreises in der Natur, das in berührender, fast keuscher Weise die Antlitze der anwesenden Menschen erhellt. Ist dieser Lagerplatz an einsamer Stelle gewählt, weit weg von den Städten mit ihrer Überfülle künstlicher Lichtquellen, kann auch noch das weite Firmament des sternenbesäten Nachthimmels auf diese um das Feuer versammelten Menschen schimmern und strahlen.

Wacht ein Kind nachts von einem schlechten Traum geängstigt auf, ist es gut, eine Lampe anzuschalten, die die jetzt gespenstisch erscheinende, sonst so vertraute Umgebung des Zimmers erhellt und die verstörenden Traumbilder verscheucht, begleitet von tröstenden Worten liebevoller Menschen.

Oder man stelle sich vor, in der Dunkelheit einsam unterwegs zu sein und endlich in der Ferne Licht aus den Fenstern einer Hütte zu sehen. Von diesem Licht aufgenommen zu werden, keimt dann in der Seele als Hoffnung auf.

Schließlich ist es die Sonne selbst, die mit Beginn der Morgendämmerung unseren Sinnen zunehmend ermöglicht, die Welt um uns herum klar zu sehen, zu erkennen und einzelne Konturen konkret unterscheiden zu können. Damit ermöglicht uns das Sonnenlicht eine Orientierung sowohl im Raum als auch ungefähr in der Zeit, wenn man ihren sich wandelnden Stand am Himmel beobachtet.

Und wie ist das mit der inneren Erkenntnisseite des Sonnenlichtes? Es gibt die Redewendung »bei Lichte besehen«. Die religiöse Weltliteratur ist voll von Hymnen an die Sonne, die als das *Licht der Wahrheit,* als *Licht der Geisterkenntnis* und als das *Licht der Liebe* erlebt und als *Gott* verstanden und gepriesen wird.

Und wieso macht sich angesichts gewichtiger Angelegenheiten das Bedürfnis geltend, dreimal darüber zu schlafen, ehe gegebenenfalls eine Entscheidung zu treffen ist? Oder denken wir auch an das Sprichwort »Der Morgen ist klüger als der Abend«. Spricht sich in diesen Redensarten das Vertrauen in ein klärendes, *spirituelles Licht* aus, dem das seelisch-geistige Wesen des Menschen in der Nacht begegnen kann?

Und das Licht strömt Wärme aus. Das kann besonders im Sommer so intensiv erlebt werden, als würde man »bis auf die Knochen von Licht und Wärme durchdrungen«, wie es eine Teilnehmerin formulierte.

Schließlich entfalten sich in Licht und Wärme die Pflanzen und lassen ihre Früchte reifen.

Und nach dem Winter sehnt sich der Mensch nicht nur nach mehr Licht, sondern ebenso nach der Wärme, in die er eintauchen will, von der er sich aufgenommen fühlen möchte. Dennoch kann die Wärme unerträglich werden, wenn sie sich zur anhaltenden Hitze steigert, und das Licht kann blenden, ja sogar das Auge erblinden lassen, wenn es ihm schutzlos ausgesetzt ist.

Nach diesen Betrachtungen schauten wir noch einmal auf das Bild der *Sixtinischen Madonna:* Es ist keine direkte Lichtquelle zu sehen, die Figuren werden nicht geblendet, und doch ist es da, sodass Mutter und Kind das Ziel vor sich sehen können, dem sie entgegengehen. Nur direkt unter ihren Füßen ist es dunkel. Auch die Schatten an den Faltenwürfen der Vorhänge und Gewänder lassen darauf schließen, dass dieses Licht von oben kommt, aus einer Sphäre, die im Verborgenen bleibt, in der es keine äußere Sonne gibt. Verbirgt sich hier die göttliche Liebe, die uns Menschen begleitet, uns sehend macht, uns wärmend umhüllt, die uns aber nicht überwältigen will?

Unter dem Eindruck dieser Bemühungen, dem Wesen von Licht und Wärme näherzukommen, konnte für alle Beteiligten ein Zugang zu dem ersten Gebet gewonnen werden. Eine Mutter hatte aber noch eine Frage: »Wie verhält sich dieses Gebet, das ich ja nur für mich bete, zum Geist des Vaterunsers, das uns lehrt, nicht allein für uns zu beten?« Diese gewichtige Frage zu beantworten, behielten wir uns für den abschließenden Abend des Kurses vor.

## Am dritten Abend

Nachdem wir uns rückblickend noch einmal die Wirkung des ersten Gebetes vor Augen geführt hatten, wendeten wir uns dem zweiten Gebet zu. Die »Stille Arbeit« war wiederum das Eingangstor für das gemeinsame Erschließen dieses neuen Textes, der von Rudolf Steiner für die Zeit vor der Geburt eines Kindes gegeben war.

*Und des Kindes Seele,*
*sie sei mir gegeben*
*nach Eurem Willen*
*aus den geistigen Welten.*

Wiederum begegnet uns hier ein Gebet, das aus nur einem Satz gebildet ist. Warum aber beginnt es mit einem »Und«? Da auch das dritte Gebet mit diesem »Und« eingeleitet wird, ließen wir das erst einmal auf sich beruhen.

Auffallend erschien die Aussage, dass dem zu erwartenden Kind bereits eine Seele zuerkannt wird. Das entspricht keineswegs der allgemeinen weltanschaulichen Auffassung. Denn seit dem 4. Jahrhundert nach Christus lehrte die katholische Kirche, dass die Seele des Menschen, ausgenommen die des Jesus, erst mit der Geburt, frühestens mit der Zeugung erschaffen wird. Dieser Lehre schloss sich später die evangelische Kirche an. Werden also mit der Erschaffung einer Seele Menschen zum Zeugungsakt getrieben? Oder schaffen die Götter eine Seele, weil gerade eine Paarung stattfindet? Oder steht hinter einer Zeugung der Wille einer längst erschaffenen Seele, die zu diesen Eltern strebt aus einem sie tief durchdringenden Schicksalsimpuls?

Letzteres war dem Kreis der teilnehmenden Mütter nicht fremd, weil ihnen die herannahenden Seelen ihrer Kinder auf verschiedene Weise begegnet waren, meist in eindrucksvollen Träumen, oder sie wurden mitten am Tage bei hellem Bewusstsein von ihrem Wesen spürbar berührt.

Für die erste und letzte Zeile war also bereits volles Verständnis gegeben: Die kommende Seele lebt vor der Geburt in einer nicht sinnlichen, geistigen Sphäre, aus der heraus sie eine Beziehung zu den zukünftigen Eltern aufnehmen kann, ja, sie vielleicht erst bewegen kann, sich für ein Zusammenleben mit einem Kind zu entschließen. Umgekehrt können aber auch Eltern sich nach einem Kind sehnen, auch wenn sich die kommende Seele noch nicht klar bemerkbar gemacht hat.

Eine weitere Auffälligkeit wurde allerdings noch angemerkt: Warum wird dem zu erwartenden Wesen nicht ein Ich zugesprochen? Wir versuchten eine Antwort, indem wir uns die kindliche Entwicklung vor Augen führten. Wenn das kleine Kind sprechen gelernt hat, spricht es von sich selbst immer nur mit seinem Namen und in der dritten Person. Es ist zunächst noch ganz träumende Seele. Allmählich erst erwacht es für sein geistiges unverwechselbares Eigensein. Dann, fast wie zufällig, sagt das Kind zum ersten Mal »ich« und erwacht von da an immer bewusster zu sich selbst.

Wie sind nun aber die beiden mittleren Zeilen zu verstehen? Indem mir etwas gegeben wird, empfange ich eine Gabe. Zu Weihnachten und zum Geburtstag bereiten wir einen Gabentisch vor mit liebevoll verpackten Geschenken. Die umhüllenden Schichten müssen also erst abgelöst werden, um die Gabe erkennen und würdigen zu können, selbst wenn sie uns vielleicht nicht besonders gut gefällt.

Das Kind, das sich zu uns auf den Weg macht, können wir als eine Gabe des Schicksals oder des Himmels verstehen. In ihr sind keimhaft »Begabungen« veranlagt, die wir als Eltern nach und nach entdecken und erkennen lernen. Eine solche Gabe kann sich auch als Aufgabe äußern, die sich im Laufe der Entwicklung dem Leben des Kindes in den Weg stellt. Die Gaben und Aufgaben bestimmen und prägen dann in der zu ihm gehörigen Weise das Schicksal des Kindes und auch das der Familienangehörigen. Wir wissen also noch nicht, was die Gabe uns anvertrauter Kinderseelen in sich trägt an Hoffnungsvollem, an schönen Veranlagungen oder aber an mühseligen oder gar leidvollen Schicksalslagen und -prüfungen. Es sei denn, die gynäkologischen Vorsorgeuntersuchungen kündigen besorgniserregende Auffälligkeiten an oder das Schicksalsumfeld hält Vorhersehbares bereit.

Die Worte »nach Eurem Willen« legen uns nahe, das Wirken sowohl schöpferischer Geistwesen als auch Schicksal führender und behütender Wesen anzuerkennen, deren Weisheit und Wirkenskraft weit über unsere menschlich begrenzten Erkenntnismöglichkeiten hinausragen. Sind wir bereit, diesen Engelwesen Vertrauen in ihre Weisheit entgegenzubringen, dann bahnen wir uns auch den Weg zu wachsendem Vertrauen in ihr von Weisheit gelenktes schöpferisches Wirken, beginnend mit dem Heranreifen eines neuen Menschenleibes und der Führung dieses beginnenden Schicksalsweges. Sich zu öffnen für den Gedanken, als werdende Mutter umgeben zu sein von weisheitsvollen, Schicksal führenden Engelwesen, kann zu einer echten, spürbaren Hilfe werden für die Zeit der Erwartung, auch eines vielleicht kranken Kindes, und für den großen Augenblick der Geburt – für alle Beteiligten!

Zum Abschluss des Abends über dieses Gebet für schwangere Mütter ließen wir die Verkündigungsgeschichte aus dem Lukas-Evangelium zu uns sprechen, in welchem die Jungfrau Maria, die mit dem Zimmermann Josef verlobt war, auf die Empfängnis des Jesuskindes vorbereitet wird (Lukas 1, Vers 28–38): *»Der Engel* *kam zu ihr herein und sprach: Sei gegrüßt, du Begnadete! Der Herr ist mit dir.*

*Sie war bestürzt über das Wort und fragte sich, was der Gruß zu bedeuten habe. Da sprach der Engel zu ihr: Fürchte dich nicht, Maria! Du hast Gnade bei Gott gefunden. Siehe, du wirst schwanger werden und einen Sohn gebären; den sollst du Jesus nennen. Dieser wird groß sein und Sohn des Höchsten genannt werden, und Gott der Herr wird ihm den Thron seines Vaters David geben, und er wird König sein über Jakobs Haus für alle Zeiten, und seines Reiches wird kein Ende sein. Maria sagte zu dem Engel: Wie soll das geschehen, da ich doch von einem Mann nichts weiß? Der Engel gab ihr zur Antwort: Heiliger Geist wird über dich kommen, und die Kraft des Höchsten wird dich überschatten. Darum wird auch das Heilige, das da geboren wird, Gottes Sohn genannt werden. Und siehe, Elisabeth, deine Verwandte, auch sie hat in ihrem Alter einen Sohn empfangen; und dieser Monat ist schon der sechste für sie, die als unfruchtbar galt. Denn kein Wort, das von Gott kommt, ist ohne Wirkenskraft. Maria sagte: Siehe, ich bin des Herrn Magd, mir geschehe nach deinem Wort. Und der Engel verließ sie.«*[21]

Wer mochte, konnte in dem von Maria ausgesprochenen letzten Satz, ihre Antwort an den Engel, eine tiefe Verwandtschaft mit dem vorliegenden Gebet empfinden.

Eine Teilnehmerin, deren Kind mit schweren gesundheitlichen Problemen geboren wurde und nach wenigen Jahren verstarb, fasste noch einmal sehr klar zusammen, welche entscheidende Bedeutung für das Erwarten eines Kindes der Gedanke an ein vorgeburtliches Leben hat.

## Am vierten Abend

Diesem letzten Kursabend schauten wir alle mit Spannung entgegen: Ist das dritte Gebet überhaupt zu verstehen? Was soll das mit dem »Und« vor dem zweiten und dritten Gebet, und wie verhält sich dieses ganz persönliche Gebet zum Vaterunser? Mit welcher Ernte gehen wir aus diesen Abenden in den Familienalltag zurück?

Einleitend wurden die Ergebnisse der ersten drei Abende in geraffter Form in Erinnerung gerufen, ehe wir uns in die »Stille Arbeit« vertieften. Wir gingen der Frage nach: Was ändert sich in diesem dritten Gebet, das für die Zeit nach der Geburt gedacht ist?

*Und des Kindes Seele,*
*sie sei von mir geleitet*
*nach Eurem Willen*
*in die geistigen Welten.*

Im ersten Gebet sind wir über Monate Empfangende der Seele des kommenden Kindes. Wir hoffen, dass alles seinen gesunden Gang geht und wir unser normales Leben weiterführen können. Während dieser neun Monate wird aber die Verbindung zur Seele des Kindes allmählich dichter, in Träumen oder Wacherlebnissen kann es zu ahnenden, ja zu konkret erlebten Begegnungen kommen, bis mit zunehmender Leibesfülle das Herbeisehnen der Geburt stärker und stärker wird.

Dann ist es da! Und schon mit dem ersten Atemzug des Kindes wendet sich die Haltung des nun zu erübenden zweiten Gebetes in eine ganz andere um. Nach dem Empfangen der Gabe des neugeborenen Kindes wird jetzt eine Aufgabe für die Seele des Kindes an die Mutter herangetragen.

Aber diese Aufgabe löst verständlicherweise zunächst Befremden aus: Endlich ist das Kind zur Erde geboren, und jetzt soll die Mutter die Seele dieses Kindes in die geistigen Welten leiten? Das klingt doch absurd! Es muss doch jetzt richtig ankommen auf der Erde, dafür wächst es doch und wird schwerer und lernt nach und nach, sich in dieser neuen Welt zurechtzufinden!

Und wo sind diese geistigen Welten im Hier und Jetzt denn zu finden? Was heißt es eigentlich genau, dieses Gebet *nach* der Geburt zu sprechen? Für wie lange gilt das überhaupt? Und was kann jetzt gemeint sein mit dem Wort »geleiten«? Ist das als passives Begleiten zu verstehen oder als aktives Führen?

Um auf diese Fragen zu antworten, galt es zunächst zu unterscheiden zwischen den Lebensgesetzen des Leibes und denen des seelischen Lebens. Der physische Leib des Menschen wird aus den Stoffen der Erde gebildet, demnach muss er für sein ganzes Leben weiter mit Nahrung, Licht und Luft versorgt werden.

Nicht so unsere Seele. Sie unterscheidet sich schon dadurch vom physischen Leib, dass wir sie nicht unmittelbar sehen, hören, riechen oder anfassen können. Jeden Abend, wenn wir uns schlafen legen, trennt sich die Seele vom Körper für die Dauer des Schlafes. Man könnte auch sagen: Die Seele kehrt im Schlaf in ihre Heimat zurück. Erstaunlich ist, dass sie am nächsten Morgen beim Aufwachen mit dem Bewusstsein wieder da anschließen kann, wo sie der Tag zuvor hingeführt hat. Aber die Seele kann sich nicht erinnern an die Erlebnisse jenseits des leiblichen Daseins, abgesehen von dem einen oder anderen Traum oder Traumfragment.

Jede von uns Frauen, die wir nun beisammensaßen, kannte selbstverständlich aus wiederkehrenden Erfahrungen, dass die Lebens- und Arbeitsverhältnisse uns immer wieder fest im Griff haben und uns wie in einem Strudel weit nach unten ziehen können: bis zur Erschöpfung an Leib und Seele! Und selbst wenn der

Körper sich nach einiger Zeit wieder einigermaßen erholt hat, bleibt oftmals ein Hunger zurück, für einige Zeit den bedrängenden Verhältnissen zu entkommen und sich von ganz anderen Dingen und Erfahrungen ablenken zu lassen.

Die Frage ist nur: Genügt das auf die Dauer? Wieso kommt es trotzdem so oft zum Burnout? Bedarf auch die Seele einer Nahrung aus der Sphäre, aus der sie stammt, und zwar schon vom Kindesalter an?

Drückt sich in diesem erstaunlichen dritten Gebet die Sorge der hütenden, helfenden Geistwesen aus, die zur Erde gesandten Seelen nicht im Sog der äußeren Welt untergehen zu lassen? Ist es der Wille der Schutzengel unserer Kinder, dass die Eltern ihnen im Sinne von Vorbild und Nachahmung leitend vorangehen in der Einbeziehung der geistigen Welt? Aber wo ist der Himmel im Hier und Jetzt, und wie kommt man da hinein?

Den äußeren Himmel haben wir über uns, der geistige Himmel ist in uns. Wir können diesen stillen Raum betreten, wann immer wir ihn in ernster Absicht aufsuchen wollen: durch ein Gebet am Morgen, wenn Leib und Seele sich wieder verbinden, Segen erbittend am Beginn der Mahlzeiten, die der Stärkung des Leibes dienen, oder auch vor dem Schlafengehen, wenn die Seele den Leib wieder verlässt, um in ihre geistige Heimat zurückzukehren.

Als ein besonderer Augenblick des frühesten Alters kann auch die Taufe gelten, in der die Namensgebung mit Berührungen des kindlichen Leibes an Stirn, Kinn und Brust mit geweihten Substanzen verbunden wird, wie es im Taufsakrament der *Christengemeinschaft* geschieht. Doch ist diese Taufe nicht an dieses erste Alter gebunden, sondern kann auch später gefeiert werden.

Mit Beginn der Woche kann der Sonntag feierlich hervorgehoben und als stärkender Auftakt gestaltet werden, sei es zu Hause mit einer kleinen Feier oder als Schulkinder in der kirchlichen Gemeinschaft mit anderen Kindern.

Mit dem Kindergottesdienst der *Christengemeinschaft*, der »Sonntagshandlung für die Kinder«, kann der Schritt vom intimen Beten mit dem Kleinkind zu Hause zum Beten in einer Kirchengemeinschaft innerhalb einer kurzen Feier von etwa fünfzehn Minuten vollzogen werden. Man kann diesen Gottesdienst als eine in kultische Formen gegossene, wahrhaft zeitgemäße Sonntagsschule bezeichnen: Wie erhebe ich in der rechten Weise meine Seele zum Geist, wozu ist der Mensch auf die Erde gekommen? – Zum Verstehen der Welt und zum Arbeiten in der Welt. Es wird vermittelt, dass das Dasein ohne Liebe, die Christus uns lehren kann, leer und öde ist. Die Kinder werden in bemerkenswerter Weise durch priesterliches Vorsprechen einzelner essenzieller Aussagen und gemeinsames Nachsprechen in das Wesen des Betens eingeführt.[22]

Schließlich können die Jahresfeste, recht verstanden, ganz besondere Höhepunkte für das Erleben der Seele werden. Die Jugendlichen lernen in der Vorbereitung auf die Konfirmation – vorausgesetzt, sie selber wollen konfirmiert werden – den Sinn und die Bedeutung der Jahresfeste tiefer verstehen, in deren Feiern sie sich als jüngere Kinder mehr träumend geborgen fühlen konnten. Denn nun werden sie im Religionsunterricht mit dem Lebens- und Leidensweg, mit Tod und Auferstehung des Jesus Christus sorgsam vertraut gemacht. Dass dieser Christus, dem wir uns in den Jahresfesten bewusst zuwenden können, auch als der verlässliche Repräsentant der *Wahrheit* in unsere Welt getreten ist, kann für die Jugendlichen zur stillen, verschwiegenen Oase ihres eigenen erwachenden Geistes werden. Welch ein Segen ist es für Jugendliche, wenn sie während ihrer ja durchaus auch riskanten Sinnsuche Menschen begegnen, die sie als der Wahrheit verpflichtet erleben und, von uns Erwachsenen vielleicht ganz unbemerkt, sich zum Vorbild nehmen. Jetzt erst recht müssen wir sie mit guten Gedanken begleiten.

Wie kann mit Blick auf die drei Jahrsiebte der Entwicklung die dem Gebet beigefügte Angabe »Nach der Geburt« verstanden werden? Könnte es sein, dass es auf die innere Haltung der Mutter ankommt, aus der heraus sie ihre Kinder von Altersstufe zu Altersstufe begleitet und die Formen der Gestaltung des religiösen Lebens ableitet beziehungsweise sich bewusst ist, dass die Gestaltungen, die die Kinder im Allgemeinen sehr lieben, sie in verschiedenen seelischen Reifestufen unterschiedlich ansprechen? Und dass spöttische oder abfällige Bemerkungen Jugendlicher über den heiligen Kram aus pubertären Gesetzen heraus vorgebracht werden müssen, während im Inneren dennoch die Sehnsucht herrschen *kann:* Hoffentlich feiern wir Weihnachten immer noch so weiter! Oder auch mal ganz anders?

Es gibt unterschiedliche Gebetstexte von Rudolf Steiner für die verschiedenen Altersstufen. Auch die Form des Betens passt sich dem Alter an: Wir beten *über* dem in der Wiege oder im Bettchen liegenden Neugeborenen und Säugling, wir beten *mit* dem Kleinkind, das wir vielleicht auf den Schoß nehmen vor einer brennenden Kerze, die kleinen noch unruhigen Händchen in den gefalteten Händen von Mutter oder Vater geborgen, und wir beten *mit* dem Kindergarten- und Schulkind.

Das kann so lange geschehen, bis das jugendlich werdende Kind sagt, dass es jetzt selber beten kann und will – oder gar nicht mehr. Dann ist es Zeit, still und unbemerkt *für* die Seele des Jugendlichen zu beten, ihn zum Beispiel einzuschließen in die Bitten des Vaterunser-Gebetes.

Am Schluss dieses letzten Abends schauten wir auf die Essenz unseres Arbeitens.

Ziehen wir in Betracht, dass die Menschenseele auf die Erde entlassen wird, um unter deren Lebensbedingungen von Leben zu Leben Fortschritte in der Entwicklung zu einem freien Ich-

Wesen zu machen, wird klar, dass das ohne innere und äußere Prüfungen auf dem Schicksalsweg nicht möglich ist. Aber die Seele wird nicht allein gelassen, sondern von ihrem Schutzgeist, ihrem persönlichen Engel begleitet. Dessen ernstes Anliegen ist es, dass die ihm anvertraute Seele dennoch nicht untergeht auf diesem Weg der Suche zu sich selbst.

Unsere Gebete, von den Engeln wahrgenommen, können sich als seelisch-geistige Wegzehrung und verborgene Orientierung für die Seelen unserer Kinder und Jugendlichen erweisen und Voraussetzung für ein späteres selbst errungenes Verhältnis zum Christentum sein. Eine solche Wiedererweckung der Beziehung zu Christus im Laufe der Biografie kann durchaus in sehr weiter Ferne liegen.

Nun wendeten wir uns auch den zurückgestellten Fragen zu. Wie verhält sich das erste Gebet, das ich als Mutter für mich allein spreche, zum Geist des Vaterunser-Gebetes, das die ganze Menschheit umfasst? Ist es nicht egoistisch, für sich allein Licht und Wärme aus der geistigen Welt empfangen zu wollen?

Diese Frage führte direkt zu der anderen: Warum fangen das zweite und das dritte Gebet mit »Und« an?

Ein »und« ist immer ein Wort der Verbindung, ein Ausdruck eines Zusammenhangs. Deshalb kann man weiter fragen: Erweist sich das erste Gebet als Voraussetzung für das jeweils folgende? Probeweise kann man eines der nachfolgenden Gebete ohne Verbindung zum ersten formulieren: »Des Kindes Seele, / sie sei von mir geleitet / nach Eurem Willen / in die geistigen Welten.«

So gesprochen entbehren die Worte eines realen Bezuges zu dem genannten Willen als auch zu jenen überirdischen Welten. Denn ohne Annehmen eines geistigen Gegenübers, zu dem ich mich als betender Mensch in Beziehung setze, ist es kein Gebet im Sinne einer seelisch-geistigen Zwiesprache. Aber so wie wir als Erdenmenschen von Sonnenlicht und Sonnenwärme am

Leben erhalten werden, dürfen wir als betendes Seelen- und Geistwesen Licht und Wärme aus geistigen Regionen empfangen. Setzen wir uns als Mutter mit jenem Geisteslicht und jener Geisteswärme in treuliche Verbindung, werden wir auch allmählich deren Wirkung bemerken, sei es als Kraftzuwendung, die sich äußerlich betrachtet nicht erklären lässt, sei es als Gedanken oder Worte, die uns im entscheidenden Augenblick im Umgang mit unseren Kindern zu Hilfe kommen, seien es Botschaften, die uns als erstaunliche Aussagen unserer Kinder oder Jugendlichen überraschen, oder ebenso überraschende, vielleicht nicht erwartete gute Entwicklungsschritte des Kindes.

Und nicht zuletzt gilt dieses: Immer wieder ist es ausgesprochen bedeutsam, auf die Momente zu achten, sich ihrer ganz bewusst zu werden, in denen Gefahr von unseren Kindern oder von uns Eltern abgewendet wurde, oft in letzter Minute. Von solchen erstaunlichen Erlebnissen und Erfahrungen gibt das Büchlein *Vom Engel berührt* von Dan Lindholm anhand gesammelter Zeugnisse Kunde.[23]

Doch nicht immer ist die Berührung durch den Engel ein rettendes Eingreifen vor Gefahr, Unglück oder schwerer Erkrankung, sodass ein kleines oder schon herangewachsenes Kind nicht weiterleben kann. Ein außerordentlich schweres, kaum zu bewältigendes Familienschicksal. Selbst der deutsche Sprachgeist verstummt vor dem tiefen Schmerz zurückgebliebener Eltern. Er kennt die Worte Witwer und Witwe und Waisen. Aber für Mutter und Vater, denen ein Kind genommen wurde, hat er keinen eigenen Begriff hervorgebracht. Erst der Dichter Friedrich Rückert (1788–1866), Vater von zwei früh verstorbenen Kindern, prägte den Begriff »verwaiste Eltern«, der seither Eingang in unseren Sprachgebrauch gefunden hat.

Hat nun der Engel das Schicksal eines Kindes nicht nur berührt, sondern aus übermenschlicher, göttlicher Weisheit seine

Seele aufgenommen und für immer in den Himmel getragen, sehnt sich auch des Kindes Seele nach den Eltern. Dann kann dieses dritte Gebet »*Und des Kindes Seele, / sie sei von mir geleitet / nach Eurem Willen / in die geistigen Welten*« wie ein geistiger Regenbogen sein, auf dem sich die Seelen von Eltern und Geschwistern mit der Seele des verstorbenen Kindes begegnen können, sich gegenseitig tröstend und stärkend.[24]

Auf den Kurs zurückblickend, erschienen uns diese Gebete wie eine Fortsetzung der Marienstimmung, die uns am Beginn unserer Arbeit in dem Gemälde von Raffael bewegte. Diese Fortsetzung schließt aber auch ein, dass wir Mütter jeden Tag neu diese intime Beziehung zu unserem und der Kinder Engel suchen dürfen, dass wir uns jederzeit angenommen wissen dürfen, ungeachtet unserer Schattenseiten, unserer emotionalen Ausrutscher, unserer mangelnden pädagogischen Fähigkeiten, unserer Zweifel selbst an dieser göttlichen Welt oder was auch immer uns bedrückt oder als nicht gelungen erscheint. Denn Kinder zu erwarten, zu gebären, zu nähren und viele, viele Jahre hindurch zu pflegen und zu erziehen, ist eine sehr große, sehr verantwortliche Aufgabe: Betrachtet man es genau, werden wir eigentlich an der Fortsetzung der Schöpfung beteiligt. Denn das Menschenkind kommt ja noch ganz unfertig zur Welt, und nur der Mensch hat eine derart lange Kindheits- und Entfaltungszeit von der Geburt bis zum Erwachsensein. Haben wir Mut zum Beten, werden wir den Engeln Freude bereiten!

Abschließend sei ein Gebet von Rudolf Steiner für ganz kleine Kinder angefügt, das die Haltung des Erwachsenen gegenüber dem anvertrauten Kind zum Ausdruck bringt. Es wurde in einem vorangegangenen Kurs erarbeitet.

*In dich ströme Licht, das dich ergreifen kann.*
*Ich begleite seine Strahlen mit meiner Liebe Wärme.*
*Ich denke mit meines Denkens besten Frohgedanken*
*an deines Herzens Regungen.*
*Sie sollen dich stärken,*
*sie sollen dich tragen,*
*sie sollen dich klären.*
*Ich möchte sammeln vor deinen Lebensschritten*
*meine Frohgedanken,*
*dass sie sich verbinden deinem Lebenswillen*
*und er in Stärke sich finde*
*in aller Welt,*
*immer mehr,*
*durch sich selbst.*[25]

## Rhythmus – eine Leben tragende Kraft

Ein Abendkurs von dreimal 1½ Stunden
von Roswitha M. Gädeke und Susanne Lange

### Am ersten Abend

Bei der »Stillen Arbeit« bildeten folgende Fragen den Ausgangspunkt:

- Welche Rhythmen erleben wir am eigenen Körper?
- Welche Rhythmen kennen wir aus der Natur?

Ein engagiertes Gespräch über die Ergebnisse füllte die nächste Zeiteinheit: Genannt wurden der Puls-Atem-Rhythmus, Stoffwechselrhythmen und weibliche Fortpflanzungsrhythmen als körperlich wahrzunehmende Rhythmen. Rhythmen in der Natur außerhalb unserer eigenen Körperlichkeit zeigten sich im Auf- und Untergehen von Sonne und Mond, in den wechselnden Mondphasen, in Ebbe und Flut, im Wechsel der Jahreszeiten. Der natürliche Schlaf-Wach-Rhythmus erschien wie ein Bindeglied zwischen den eigenen Rhythmen und denen der Natur außerhalb unseres Leibes.

Wurden die Ergebnisse der »Stillen Arbeit« besprochen, war es immer wieder erstaunlich und berührend, welche Schätze an intimen Seelenerlebnissen und -erfahrungen in dieser kurzen Spanne Zeit von den einzelnen Teilnehmerinnen gehoben und der kleinen Gemeinschaft vertrauensvoll zur Verfügung gestellt wurden. Mit Lust schauten wir anschließend gemeinsam auf Rhythmen in Spiel und Kunst, angefangen mit Vergnügungen für die Kleinsten: »Taler, Maler, Kühchen, Kälbchen, Kälbchen hat ein Schwänzchen, dideldideldänzchen« und anderes mehr.

Eingedenk des oft mühsamen und arbeitsreichen Familienalltags regten wir als hilfreiche »Hausaufgabe« nur an, bis zur nächsten Kursstunde bewusst auf Rhythmen zu achten, ebenso auf mögliche Störungen. Wir schlossen den Abend mit einem Gedicht von Johann Wolfgang von Goethe ab:

*Im Atemholen sind zweierlei Gnaden:*
*die Luft einziehn, sich ihrer entladen.*
*Jenes bedrängt, dieses erfrischt;*
*so wunderbar ist das Leben gemischt.*
*Du danke Gott, wenn er dich presst,*
*Und dank' Ihm, wenn er dich wieder entlässt.*[26]

## Am zweiten Abend

Nach dem Austausch über den vorangegangenen Abend hatten wir eine besondere Freude: Eine Teilnehmerin war in der Lage, das Gedicht Goethes in eurythmischer Form mit uns wieder aufzugreifen, sodass wir uns mit Leib, Seele und Geist dem umfassenden Gehalt dieses kleinen Werkes hingeben konnten.

An diesem Abend beschäftigten wir uns mit gestörten Rhythmen, die wir am eigenen Organismus wahrnehmen können: Wie fühlt es sich an, wenn der Puls lahmt, der Herzschlag stolpert oder davongaloppiert? Was macht ein Kind oder ein Erwachsener durch, wenn Asthmaanfälle auszuhalten sind oder wenn nach einem Sturz erst einmal die Luft wegbleibt? Was bedeutet es, kurzfristig oder gar dauerhaft mit Unregelmäßigkeiten der Verdauungsprozesse konfrontiert zu sein oder wenn das Ein- und Durchschlafen nicht gelingt? Solchen und anderen gesundheitlichen Auffälligkeiten und konstitutionellen Gegebenheiten versuchten wir in der »Stillen Arbeit« nachzuspüren und uns die Auswirkungen auf unser persönliches und soziales Leben bewusst zu machen. Wie sehr unser Leib mit seinen Organen an unser seelisches Wohl und Wehe gebunden ist, spricht sich in vielen Redewendungen und Bildworten aus, wie zum Beispiel in diesen: »Mir steht das Herz still« oder »Mir stockte der Atem«, »Das geht mir an die Nieren« oder »Das Herz hüpft mir vor Freude«.

Den Austausch über das Ergebnis der »Stillen Arbeit« stellten wir dieses Mal für die Arbeit am nächsten Abend zurück.

Sogar ein höchst selten zu erlebendes Naturereignis konnten wir einbeziehen: Es war noch kein Jahr vergangen, nachdem sich mitten am Tage die Sonne vollständig verfinstert hatte! Einen tieferen Einschnitt in den Lebensrhythmus der gesamten Kreatur konnte man sich kaum vorstellen.

Da dieser Kurs in der Passionszeit stattfand, gedachten wir

auch der Gebete, die gerade jetzt und in der dann folgenden Osterzeit im Gottesdienst der Erwachsenen, der Menschenweihehandlung, verrichtet wurden. Denn sie künden – aus hoher Warte in erhebender Sprache – von der geistig-religiösen Erlebnisdimension von Herz, Blut und Atem und ihren Befindlichkeiten in diesen Wochen des Jahresfestkreises.

Einen heiteren Abschluss fand dieser Kursteil, indem wir uns rhythmischen Kinderspielen und Reigentänzchen hingaben und ein Volkslied sangen, dessen Reiz in der Unterbrechung des Text- und Melodieflusses besteht: Der letzte zu erwartende, sich aufdrängende Ton samt einsilbigem Textabschluss wird durch eine Pause ersetzt, die sich prompt als Stolperstelle erweist. Denn erst in der Wiederholung der letzten Passage darf er gesungen werden. Es war das Volkslied: »Jetzt fahr'n wir übern See, übern See ...«. Das Ende der ersten Strophe lautet: »... mit einer hölzern Wurzel, Wurzel, Wurzel, / kein Ruder war nicht – / mit einer hölzern Wurzel, / kein Ruder war nicht dran!«

## Am dritten Abend

Die Zurückstellung des Gesprächsaustauschs am vorangegangenen Abend hatte einen wohlbedachten Freiraum geschaffen, um die Ergebnisse der »Stillen Arbeit« zu gestörten Rhythmen in Ruhe wirken zu lassen und sie nun am letzten Abend vorzutragen und weiter zu bewegen. Denn so wie der Körper mittels seiner Selbstheilungskräfte Maßnahmen zur Überwindung von Störungen oder Krankheiten in Gang setzt, können auch in der Seele entsprechende gedankliche Reaktionen aufkommen: Wenn es eine solche enge Beziehung des Befindens zwischen Geist, Seele und Leib gibt, muss es dann nicht von unserer äußeren und inneren Lebensgestaltung her Möglichkeiten von Vorsorge oder Heilung geben? Aus der Therapie körperlicher Erkrankungen oder Schwächen mithilfe von Medikamenten kennen wir die häufig verordnete medizinische Anwendungsformel »dreimal täglich«, oft in Verbindung mit den Mahlzeiten, also morgens, mittags und abends, oder vor dem Schlafengehen.

Schon vor dem dritten und letzten Abend berichteten die Teilnehmerinnen von der Wirkung des bis dahin Erarbeiteten: Alle empfanden so etwas wie ein Aufbrechen, ein Offenbarwerden einer Kraft, die im Rhythmus lebt. Eine Kindergärtnerin gestand, dass sie zwar viel über Rhythmus und dessen Bedeutung für die Erziehung wüsste, dass aber dieses intellektuelle Wissen erst jetzt anfange, lebendig zu werden. Mit Erstaunen und Respekt realisierten wir alle die Abhängigkeiten beziehungsweise das Getragensein von den Herz- und Atemrhythmen, rhythmischen Stoffwechselvorgängen sowie der wohltätigen Regelmäßigkeit von Schlafen und Wachen. Eine Teilnehmerin merkte an, dass der mechanische Begriff »Pumpe« für das Herz und seine Arbeit nicht stimmig wäre. Eine Pumpe ließe an einen vorgegebenen, unveränderlichen mechanisch erzeugten Takt denken, nicht aber an Rhythmus. Dieser Auffassung stimmten wir zu. Denn zu der unfassbaren lebenslänglichen physischen Leistung des Herzens tritt auch eine fortwährende seelisch-geistige Wahrnehmungsfähigkeit hinzu. Das bedeutet, dass auch unser Seelen- und Geistesleben hochgradig Einfluss auf den Herz-Kreislauf-Rhythmus ausübt. *Der kleine Prinz* von Antoine de Saint-Exupéry bringt uns diese intime Beziehung mit den Worten nahe: »Man sieht nur mit dem Herzen gut.«

Nun stellten wir uns im gegenseitigen Austausch von Fragen, Gedanken und Erfahrungen der zentralen Thematik des Kurses: Was sind die gestalterischen und inhaltlichen Möglichkeiten für ein erfülltes rhythmisches Leben? Welches sind die angemessenen

Augenblicke? Wovon sollen Rhythmen getragen sein, wenn sie ordnend, stärkend und heilsam wirken sollen für jedes einzelne Familienmitglied und die Familiengemeinschaft? Was lag näher, als die Tages-, Wochen- und Jahresrhythmen näher zu betrachten.

Wo haben diese Rhythmen ihren Ursprung? Der Wochenrhythmus ergibt sich aus den vier Mondphasen, Tages- und Jahresrhythmus sind von der Sonne vorgegeben. Seit Menschengedenken wurde sie als Gottheit angebetet. In der bildenden Kunst wurde sie als ein Wesen mit Antlitz dargestellt, ihre Strahlen mitunter auslaufend in Hände. Auch Kinder malen die Sonne oft mit einem menschlichen Gesicht. Unermesslich ist der Schatz an Gebeten, Hymnen und Sprüchen. Und welche Fülle von Kunst- und Volksliedern besingt die allumfassende Beziehung der Schöpfung zur Sonne! Als Mutter, als Herz, als Seele des Weltalls wird die Sonne bezeichnet. Auch die Anthroposophie unterscheidet zwischen Sonnenleib, Sonnenlicht und Sonnengeist. Es war jetzt mit Händen zu greifen, dass Dreiheiten eine markante Rolle spielen, die wir nur aufzugreifen brauchten, sollte eine Kultur rhythmischer Abläufe und tragender, Kraft spendender Inhalte im Familienleben verankert werden:

- Morgen – Mittag – Abend,
- Tag – Woche – Jahr,
- Leib – Seele – Geist.

## Zum Tagesrhythmus

### Am Morgen

Das morgendliche Erwachen, wenn die Seele wieder in den Leib einzieht und der Alltag mit seinen Herausforderungen vor ihr steht, kann ein erster Anlass für ein Gebet sein. Vielleicht möchte ein Vater oder eine Mutter in der Stille für sich selbst beten oder die Eltern sprechen gemeinsam ein Gebet. Schließlich kann am Frühstückstisch zusammen mit den Kindern zur Begrüßung des neuen Tages ein Morgenspruch gesprochen oder ein Morgenlied gesungen werden, was allem Kommenden gegenüber stärkt und vertrauensvoll stimmt. Ob so etwas gewollt oder überhaupt für durchführbar erachtet wird, hängt natürlich eng mit den jeweiligen familiären Verhältnissen und beruflichen Gegebenheiten der Erwachsenen zusammen sowie dem Beginn in den Kinderkrippen, Kindergärten und Schulen. Eine Entscheidungshilfe wird aber sein, welche Wirkung von solch einem kleinen Ritual ausgehen kann und dass seine Pflege keineswegs ein zeitlicher Aufwand sein muss, der die morgendliche Hektik nur noch verschärft. Man lese zum Beispiel probeweise laut in aller Ruhe den nachstehenden Text von Rudolf Steiner, und man wird staunend feststellen: Es kostet nur wenige Sekunden! Und doch, täglich gepflegt, wird sich ein so kurzes Ritual des Innehaltens als wirkungsvoll erweisen, vergleichbar der heilenden Wirkung winziger Mengen einer medizinischen Substanz, die, regelmäßig eingenommen, eine Gesundung wieder herbeiführen kann.

*Der Sonne Licht,*
*es hellt den Tag*
*nach finstrer Nacht:*
*Der Seele Kraft,*
*sie ist erwacht*
*aus Schlafes Ruh':*
*Du meine Seele,*
*sei dankbar dem Licht,*
*es leuchtet in ihm*
*des Gottes Macht;*
*du meine Seele,*
*sei tüchtig zur Tat.*[27]

Dieses Gebet, selbst ein rhythmisches Kunstwerk, zeigt uns durch Aufbau und Inhalt, wie sich die Seele am Morgen dankbar, tätig und vertrauensvoll in die Welt hineinstellen kann, eingedenk der göttlichen Macht, die im wieder erschienenen Sonnenlicht wirksam ist. Zugleich ist es ein Wortlaut, von dem sich jede Menschenseele unabhängig vom Alter getragen, gestärkt und ermutigt fühlen kann. Dies gilt gerade auch für noch kleine Kinder, die den Inhalt der Worte im intellektuellen Sinne noch nicht »verstehen«, dessen inhaltliche und rhythmisch wirksame Substanz sich ihnen jedoch sehr wohl mitteilt. Es hat sich als wohltuend erwiesen, diesen Spruch am Beginn des Frühstücks gemeinsam zu sprechen, wenn Große und Kleine die frühmorgendlichen Verrichtungen schließlich hinter sich gebracht haben, je nach Gemütslage, Temperament oder Hilfsbedürftigkeit.

Reichen sich die Beteiligten der Tischgemeinschaft nach einem Lied, Spruch oder Gebet die Hände, sich einen guten Tag wünschend, kann dies zusätzlich das Gefühl von Geborgenheit und Zusammengehörigkeit stärken, gleich welches Familienmodell gelebt wird.

## Um die Mittagszeit

Greifen wir nun das Motiv des Atmens wieder auf und übertragen es auf das Seelische. Dann könnten wir am Morgen vom Einatmen der Seele sprechen und am Abend vom Ausatmen. Auch kennen wir die Redewendung: »Dafür braucht es einen langen Atem«, wenn wir vor größeren Anstrengungen stehen. Denn einen Tag mit allen seinen Mühen und Freuden zu durchleben, erfordert viel Atem. Daher wird es gut sein, ebenso seinen Scheitelpunkt, also die Zeit zwischen spätem Vormittag und dem Nachmittag, in die Rhythmussuche einzubeziehen, wenn die Sonne den Wechsel vom Steigen zum Sinken vollzieht oder vollzogen hat.

Jetzt haben wir sozusagen Halbzeit. Der Alltag mit seinen angenehmen oder belastenden Facetten hat uns voll im Griff. Die Bezeichnungen »Brotzeit«, »bürgerliche Mittagsruhe« und »Mittagsschlaf« sowie das »Zwölfuhrläuten« mancher Kirchenglocken zeugen von der Notwendigkeit und dem gesellschaftlichen Zugeständnis einer Entspannungsmöglichkeit auf der Höhe des Tages. Wir haben bereits einen beachtlichen Teil unserer mentalen, emotionalen, sozialen und körperlichen Leistung erbracht. Seele und Bewusstsein waren ganz auf ihre jeweiligen Tätigkeiten und Erlebnisse gerichtet und von den verschiedensten Anforderungen des Tages absorbiert. Wohl dem, der sich wenigstens einem »Nickerchen« hingeben darf, sodass die Seele für eine kurze Zeit in schlafendem Zustand verweilen kann. Wer ganztägig Arbeit außer Haus leisten muss, hat es allerdings äußerst schwer, sich auch nur für einen kurzen Moment ein Innehalten zu ermöglichen, ein spürbares Lösen vom Tagesgeschäft, ein Ausatmen und stilles Einatmen zur Erholung, um die Seele wenigstens für einen Augenblick baumeln zu lassen.

Befinden wir uns in der Phase der Familienbildung mit kleinen Kindern, vielleicht sogar mit einem wie auch immer gearteten Arbeitsplatz zu Hause, lässt sich eine mittägliche Ruhe- und Besinnungszeit am ehesten einrichten. Zwei Faktoren erleichtern uns das: die Möglichkeit des gemeinsamen Mittagessens und der Mittagsschlaf der Kleinen.

Die Mahlzeit kann mit einem Tischspruch, Tischgebet oder einem Lied eingeleitet werden, in dem wir uns in dankbarer Gesinnung für einen Augenblick vergegenwärtigen, wie Erden- und Himmelskräfte ineinanderwirken mussten, um die notwendige Nahrung für uns Menschen werden zu lassen. So fügt sich irdische und geistige Nahrung zusammen und bestärkt ein gesundes Verhältnis von Leib, Seele und Geist. Ein Gebet Rudolf Steiners kann hierfür ein Beispiel sein:

*Es keimen die Pflanzen in der Erdennacht,*
*es sprossen die Kräuter durch der Luft Gewalt,*
*es reifen die Früchte in der Sonne Macht.*

*So keimet die Seele in des Herzens Schrein,*
*so sprosset des Geistes Macht im Licht der Welt,*
*so reifet des Menschen Kraft in Gottes Schein.*[28]

Auch für diesen Spruch gilt, dass die Kinder sich getragen fühlen können von der elterlichen Zuwendung zu einem solchen Wortlaut, dessen Klang und Rhythmus. Mit der Zeit kann sich eine unbewusste Empfindung dafür bilden, dass unsere Erhaltung, unsere Gesundheit ein Geschenk der Schöpfung ist, eine Gabe Gottes.

An Leib und Seele gesättigt, kann sich vielleicht ein Mittagsschläfchen anschließen, für Eltern zumindest eine Gelegenheit zur Entspannung, zum Besinnen, zur Sammlung neuer Kraft für die zweite Tageshälfte.

Aber es gibt auch ganz kleine Kinder, die vor dem Essen ihren Schlaf brauchen, während vielleicht ältere Geschwister noch im Kindergarten oder in der Schule sind. Auch dies sind Zeiträume, in denen der Erwachsene sich etwas vornehmen kann, was ihm Freude und Befriedigung und somit auch Erholung bereitet. Ich selbst habe mir in den turbulentesten Betreuungs- und Erziehungsjahren täglich zwischen elf und zwölf Uhr vormittags einen solchen kleinen Freiraum zugestanden, um einen beruhigenden Abstand zum »häuslichen Gewühl und Kampfgeschrei« zu gewinnen und neue Kraft zu schöpfen. Auch während der Ferienzeiten habe ich das weitgehend durchgehalten. Den drei älteren Kindern habe ich gesagt, dass die Mutter jetzt ein Viertelstündchen für sich braucht und in dieser Zeit nicht gestört werden will. Allerdings habe ich zuvor darauf geachtet, dass die Kinder untereinander in einer friedlichen Verfassung waren und dass alle Gefahrenquellen beseitigt waren. Auf diese Weise habe ich im Lauf mehrerer Jahre in ganz, ganz kleinen Schritten das Neue Testament vollständig gelesen. Allerdings dauerte dieses Viertelstündchen oft nur Minuten, wenn mich aus dem Kinderzimmer plötzlich Geräusche erreichten, die mein Erscheinen notwendig machten. Dann waren es eben nur drei oder vier Sätze, die ich aufnehmen konnte. Aber auch diese haben mich für Momente mit dem mich tragenden Wirken Christi verbunden.

Dennoch: Dieses ganz intime Ritual, von dessen Inhalt außer mir niemand Kenntnis hatte, erwies sich als eine Säule im Gefecht des Familienalltags: An ihr konnte ich mich orientieren, an ihr mich aufrichten und stärken. Ja, dieses Ritual wirkte sich sogar noch beim Zubettgehen aus: Ich konnte besser zur Ruhe kommen. Dieser Gewinn wurde mir an jenen Tagen besonders bewusst, an denen dieses Ritual chancenlos geblieben war.

Wir können also mit Fug und Recht sagen: Auf der Höhe des Tages verlangen Leib, Seele und Geist nach einer Atempause. »Ich muss mal durchatmen« ist eine weitere geläufige Redewendung. Wo aber eine privilegierte Situation zum Atemholen, wie sie der häusliche Rahmen sein kann, nicht möglich ist, kann eine Achtsamkeitsübung im Kleinen eine sehr wirksame Hilfe sein: Eine Ärztin gestand mir, dass sie sich täglich für ein paar Minuten in die Abgeschiedenheit des Toilettenraums zurückziehe. In dieser Unerreichbarkeit finde sie Ruhe, um den Trubel des Praxisbetriebs für einen Moment abzustreifen, die Augen zu schließen und sich dem Rhythmus des Atems bewusst hinzugeben. So verband sie sich immer wieder mit ihrem eigenen Selbst.

Wo das Bedürfnis besteht, einem solchen kurzen Innehalten auch einen Inhalt zu geben, wird sich gewiss ein liebgewordenes

Dichter- oder Evangelienwort finden lassen oder ein ganz kurzer Gebetstext, der ohne Weiteres über lange Zeiträume der gleiche sein kann. Es kann sogar sein, dass die wechselnden Tageserlebnisse mit ihren unterschiedlichen Schattierungen manches neue Licht auf den bekannten Text werfen, dass er dadurch eine reichere Bedeutung gewinnt und dazu beiträgt, diese kleine Atempause zu einem erfrischenden, ja schöpferischen Akt werden zu lassen.

### Am Abend

Wie auch immer der Tag für jedes Familienmitglied verlaufen sein mag: Müdigkeit macht sich zunehmend bemerkbar. Mussten sich morgens Leib, Seele und Geist zusammenfinden, müssen sie zur Nacht den umgekehrten Weg nehmen: Der Leib muss sich bis zu einem gewissen Grad von Seele und Ich trennen. Unser Wachbewusstsein verdämmert, verlischt, um phasenweise ein Traumbewusstsein zu durchlaufen. Gleichzeitig liegen wir als Schlafende ziemlich wehrlos gegenüber möglichen störenden oder gar bedrohlichen Ereignissen im Bett. Hinzu kommt die mehr oder weniger bewusst wirkende Ungewissheit: Wo bleibt mein seelisch-geistiges Wesen eigentlich während des Schlafes? Woher nehme ich das Vertrauen, mich dem Schlaf sorglos hinzugeben? Wie kommt es, dass ich am Morgen wieder zu mir zurückfinde und an den vorangegangenen Tag anschließen kann?

Es bleibt dem einzelnen Menschen vorbehalten, wie weit er sich unvoreingenommen und dennoch kritisch prüfend den Berichten derer, die Einblick in diese unsichtbare, unbekannte Welt des Schlafes gewonnen haben, öffnen möchte. Doch besonders unseren noch kleinen und jungen Kindern gegenüber ist wohlwollende, aufrichtige Offenheit erstes Gebot! Denn gerade sie lassen Vater oder Mutter in selbstverständlichem Vertrauen an ihren Erlebnissen mit dieser unsichtbaren Welt teilhaben, solange ihnen das Tor zum Paradies noch offensteht: Vielleicht erzählen sie, dass sie vor dem Einschlafen einen Engel gesehen haben oder was sie erlebt haben, ehe sie auf die Erde herabgesandt wurden. Das mag unserem irdischen Verstand völlig zuwiderlaufen. Wer aber einen Sinn für die Sprache echter Märchen und Mythen hat, wird solche kindlichen übersinnlichen Erfahrungen leichter zu würdigen wissen und bereit sein, von einem Kind Lebensentscheidendes zu lernen. Denn diese kindlichen Botschaften können der Sprache von Mythen und Märchen verwandt sein. Unsere Kleinsten und Kleinen sind dieser Welt der Bildersprache meist noch sehr nahe.

Indessen schälte sich aus den Gesprächen mit den Teilnehmerinnen an diesem letzten Kursabend heraus, dass ein gesunder Schlaf von drei Dingen wesentlich begünstigt werden kann.

Eine erste Voraussetzung ist ein großzügiger, verlässlich wiederkehrender Zeitplan. Es muss ja einiges darin geschafft werden: Spiel- und Arbeitsplätze müssen aufgeräumt, notwendige Dinge für den nächsten Tag bereitgelegt oder eingepackt werden. Für die Abendmahlzeit braucht es ebenso Geduld wie für das Ausziehen und Waschen der Kinder. Diese Voraussetzungen betreffen also den *äußeren und leiblichen Bereich*.

Die zweite Voraussetzung wendet sich *dem Seelischen* zu. Wie gerne hören Kinder Geschichten und Märchen! Wie schön und heimelig ist es, wenn Mutter oder Vater oder ein ihnen vertrauter Mensch sich ans Bett setzt zum Erzählen oder Vorlesen.

In dieser trauten Stimmung mag sich ein Kinderherz vielleicht öffnen, um einen bis dahin geheimen Kummer auszusprechen, von dem die Eltern möglicherweise nichts wussten, eventuell aber etwas ahnten. Vielleicht ist der Kummer ein kleiner, der gleich humorvoll aufgelöst werden kann. Zeigt sich eine eher aufwühlende Bedrückung, kann es manchmal hilfreicher sein, der Erzählung liebevoll zuzuhören und das Kind zu trösten mit der Zuversicht: Darüber sprechen wir dann morgen. Fühlt es sich mit seinem Kummer vorerst gut und verständnisvoll angenommen, ist auch dies schon ein erster erlösender Schritt.

Da wir Eltern selbst nun nicht immer in sozialer, pädagogischer und emotionaler Bestform sind, bekommen es unsere Kinder immer mal wieder mit unseren mehr oder weniger dunklen Schattenseiten zu tun. Was nun? Unsere Autorität leidet keineswegs, wenn wir unsere Kinder deutlich spüren lassen, dass uns unser Ausrutscher oder gar heftiger Ausbruch selber sehr schmerzt und wir sie dafür um Entschuldigung bitten. Am besten so bald wie möglich oder aber spätestens vor dem Schlafen. So sind wir für sie Vorbilder im aufrichtigen Umgang mit menschlichen Schwächen. Das wird ihr Vertrauen zu Vater oder Mutter nur bestärken.

Dann denke man an den großen Schatz stimmungsvoller abendlicher Volkslieder, die es für die verschiedenen Altersstufen gibt. Von den schlafenden Blümlein mit ihren nickenden Köpfchen bis hinauf zum hohen Firmament des Mondes, der Sterne und der hinabsteigenden Sonne künden sie vom Herannahen der Nacht. Die Seele des Menschen löst sich aus dem Alltag und wird aufgenommen in den Kosmos. Aber auch das Füreinander und Miteinander der Menschen kommt in den Texten dieser Lieder zur Sprache und die Beziehung zu Gott, wie dies zum Beispiel in einer Strophe des Liedes *Der Mond ist aufgegangen* besungen wird: »... und lass uns ruhig schlafen, und unsern kranken Nachbarn auch.« Gerade das Singen solcher Abendlieder fördert spürbar den Seelenfrieden und bereitet die Atmosphäre für die dritte Voraussetzung, das Abendgebet, vor.

Nun könnten Eltern sich gehemmt fühlen: Ich kann doch gar nicht gut singen und ich kenne keine Kinderlieder. Keine Sorge! Ein Kind erwartet keine ausgebildete Konzertstimme, sondern die natürliche Singstimme von Vater oder Mutter. Und was die Kenntnis von Liedern angeht, so lässt sich dieser Mangel beheben, vielleicht mithilfe von verständnisvollen Freunden und mit Liederbüchern. Ohnehin lieben besonders kleine Kinder Wiederholung, sodass dieser Lernvorgang gemächlich unternommen werden kann. Vielleicht fängt man erst einmal wie nebenbei im Tagesverlauf zu summen an, um sich mit dem Hören der eigenen Singstimme vertraut zu machen. Dann ist die Hürde zum Liedchensingen gar nicht mehr so hoch und das Vertrauen in diese Fähigkeit wächst, zur eigenen und zur Freude der Kinder!

Damit ist also die Stimmung für die dritte Voraussetzung, das Abendgebet mit dem Kind, gut vorbereitet. Mit diesem Ritual wird es hinübergeleitet in jene geistige Sphäre, aus der es einst zu uns herabgesandt wurde, an die es sich, wie wir durch so manches Kind vernehmen können, manchmal noch erinnern kann. Man kann nur jedem Kind wünschen, dass Vater oder Mutter offen und liebevoll staunend, ja ehrfürchtig zuhören, wenn sich ihr Kind über seine nicht sinnlich sichtbaren Erfahrungen ihnen anvertraut.

Da es für Kinder immer hilfreich ist, im Äußeren ein Bild von inneren Vorgängen zu haben, bietet sich für den letzten vorbereitenden Schritt zum Einschlafen das Entzünden einer Kerze an. Ist sie aus echtem Bienenwachs gezogen, hinterlässt sie nach dem Löschen der Flamme zusätzlich noch einen wunderbaren Duft im Kinderzimmer.

Für das ganz kleine Kind können wir an der Wiege, am Bettchen ein Fürbitte-Gebet sprechen. Mit Kindern, die schon sprechen gelernt haben, beginnt das Beten eines geeigneten Wortlautes, indem der Erwachsene das Gebet spricht und das Kind es allmählich wie von selbst durch Nachahmung mitsprechen lernt. Ebenso kann es bei diesem intimen, anrührenden Vorgang lernen, dass das Beten begleitet wird vom Falten der Hände. Es ist eine uralte Geste, die der Seele hilft, zur Ruhe und inneren Besinnung zu finden, oder anders gesagt, den eigenen Willen, der sich ja in unserem äußeren Regen und Bewegen der Gliedmaßen betätigt, zurückzunehmen, um sich ganz dem innerlichen Vorgang hinzugeben.

Bewährt hat sich zum Beispiel, dass man die kleinen Kinder zunächst auf dem Schoß hält und die kleinen Hände in Gebetshaltung mit den elterlichen Händen umfängt, sodass die damit einhergehende innere und leibliche Ruhe und Sammlung der Eltern auf das Kind übertragen wird. Beleuchtet die Kerze ein Engelsbild, kann durch den Aufblick zu ihm der innere Akt der Zuwendung auf kindliche Weise »verständlich« gemacht werden. Eine solche gemeinsame Gepflogenheit von Eltern und Kind nährt die Gewissheit über ein uns schützend und helfend zugewandtes Geistwesen, sodass wir uns vertrauensvoll der Nacht überlassen können.

Die Wortlaute wird man dem Alter der Kinder im Laufe der Jahre anpassen. Mit älteren Kindern kann man einen solchen Wechsel besprechen, sie mit einer kleinen Auswahl von Sprüchen oder Gebeten bekannt machen, um sie an der Entscheidung zu beteiligen.

Ein Abendgebet von Rudolf Steiner sei hier als ein Beispiel wiedergegeben.

*Mein Herz dankt,*
*dass mein Auge sehen darf,*
*dass mein Ohr hören darf,*
*dass ich wachend fühlen darf*
*in Mutter und Vater,*
*in allen lieben Menschen,*
*in Sternen und Wolken:*

*Gottes Licht,*
*Gottes Liebe,*
*Gottes Sein,*
*die mich schlafend*
*leuchtend*
*liebend*
*gnadespendend schützen.*[29]

Wie man ein Verhältnis zum Beten finden und entwickeln kann, wurde vorangehend beschrieben.

Wir sehen, dass beim Tagesrhythmus der Leib eine besondere Rolle spielt: Wir steigen in ihn ein, pflegen und nähren ihn, er ist so ausgestattet, dass er uns Gefährt und Werkzeug sein kann für unsere Wahrnehmungen an und in uns selbst, an unseren Mitmenschen und der Welt, in der wir zu leben und zu reagieren haben. Auch ist er auf höchst vielfältige Weise Werkzeug für unser immerwährendes Lernen und Arbeiten. Und: Er ist Herberge für Seele und Geist, unser Ich.

Schauen wir auf das Kind im ersten Jahrsiebt, fällt auf, dass diese Zeit wesentlich von der Entwicklung des ja noch kleinen, weiter auszubildenden Leibes und seiner Organe geprägt ist. Das Wohl für dessen Wachstums- und Entwicklungsvorgänge steht stark im Vordergrund. Alles was in der Umgebung geschieht an Wohltuendem oder Verstörendem wirkt an diesen leibbildenden Vorgängen mit. Hinzu kommt, dass Kinder frühestens gegen Ende des ersten Jahrsiebts ein konkretes Zeitempfinden und -bewusstsein entwickeln. Kleine Zeiteinheiten im Tagesverlauf sind allmählich erfassbar. So könnte man sagen: Der Tagesrhythmus des Leibes ist zugleich besonders der Rhythmus des Kindes im ersten Jahrsiebt, den es nach und nach mit seinem erwachenden Bewusstsein erfassen kann.

## Zum Wochenrhythmus

Die sieben Wochentage tragen bemerkenswerte Namen. Sie verweisen uns, auch über unseren eigenen Sprachraum hinaus, auf Beziehungen zu Planeten und Göttern.

Ein sehr großer kosmischer Atem äußert sich in der Abfolge der sieben Schöpfungstage Gottes, erzählt am Beginn des Alten Testamentes. Die Schilderungen dieser mythologisch zu verstehenden Tageseinheiten schließen jeweils mit den Worten: »*Da ward aus Abend und Morgen der erste (der andere, der dritte ...) Tag.*« Am Anfang des zweiten Kapitels heißt es weiter: »*Und also vollendete Gott am siebenten Tage seine Werke, die er machte, und ruhte am siebenten Tag von allen seinen Werken, die er machte. Und Gott segnete den siebenten Tag und heiligte ihn, darum dass er an demselben geruht hatte von allen seinen Werken, die er machte.*« Es basiert somit unser ganzes Erdendasein, Leben und Schicksal auf diesem gewaltigen, schöpferischen siebengliedrigen Urrhythmus. Wie ein gleichnishafter Abglanz des Schöpfungsmythos im Kleinen kann uns unsere Woche mit ihren sieben Tagen von vierundzwanzig Stunden erscheinen. Ein dem Menschenleben und -arbeiten entsprechendes Zeitmaß.

Um den göttlichen Ruhetag zu ehren und zu würdigen, mündete in der Zeit des Alten Testamentes für das Judentum die Woche in den geheiligten Sabbat, für dessen Begehen es streng einzuhaltende Regeln gab. Mit dem Erscheinen Jesu Christi auf Erden trat ein mächtiger Umschwung von kosmischer Dimension ein. Als Er verurteilt und gekreuzigt worden war, verfinsterte sich die Sonne drei Stunden lang. Und mit Eintritt des Todes riss der Vorhang vor dem Allerheiligsten im Tempel entzwei. Als der Leichnam Jesu vom Kreuz genommen und in der Grabkammer beigesetzt worden war, glitten die hochdramatischen Ereignisse hinein in die große, kosmische Grabesruhe. Es war Sabbat, der siebente Tag der Karwoche, die auch Große oder Stille Woche genannt wird.

Jeder einzelne dieser sieben Tage war geprägt durch jene Taten und Worte Jesu Christi, durch die Er seine Gefangennahme, Geißelung, Verurteilung, Kreuzigung und Grablegung selbst zielbewusst gefördert hat, um Seiner Sendung als Sohn des Vatergottes gerecht zu werden. Im Haus der Ihm wohlgesonnenen Essäer-Ordensbrüder versammelte Jesus Christus am Gründonnerstagabend seine Jünger. Zunächst wusch Er ihnen selbst die Füße zum Vorbild für den zukünftigen dienenden Umgang untereinander. Diese reinigende Handlung bereitete auch den Empfang des Abendmahls mit Brot und Wein vor: Jesus Christus feierte mit seinen zwölf Jüngern das Ursakrament der Christenheit: »*Vollzieht hinfort diese Handlung zu meinem Gedenken*« (Lukas 22, Vers 19).

Nachdem Judas, einer der Jünger, unmittelbar danach den Kreis verlassen hatte, um Jesus Christus zu verraten, erhielten die elf Jünger eine intime, von allergrößter Liebe und Fürsorge getragene Unterweisung. Innerhalb dieser Unterweisung sprach Er zu ihnen: »*Einen neuen Auftrag gebe Ich euch: Liebet einander! Gleich wie Ich euch geliebt habe, sollt auch ihr einander lieben. Daran werden alle erkennen, dass ihr meine Jünger seid, wenn ihr einander Liebe erweist*« (Johannes 13, Vers 34).

Diese letzte Unterweisungsstunde wurde überhöht durch das sogenannte Hohepriesterliche Gebet des Christus, das große Fürbitte-Gebet, das Er an den Vatergott richtete in Sorge um die Ihm anvertrauten Menschen. Es umfasst das ganze 17. Kapitel des Johannes-Evangeliums und schließt mit den Worten: »*Und ich habe ihnen Deinen Namen zu erkennen gegeben und werde ihn weiter zu erkennen geben, auf dass die Liebe, mit der Du mich geliebt, in ihnen sei und Ich in ihnen.*«

Danach verließ Jesus Christus als ein Wissender um Seinen schweren Weg mit seinen Jüngern das schützende Haus der

Freunde, um den Willen des Vatergottes zu erfüllen. Mit der Gefangennahme, Verurteilung und dem Opfertod Jesu Christi am Kreuz an jenem hohen Karfreitag besiegelte Er seine Liebe zum Vater, zu den lebenden Menschen und zu den Seelen der Verstorbenen, die noch in der Gewalt des Todes gefangen waren. Ja – indem Sein Blut vom Kreuz herabfloss und Sein Leichnam im Felsengrab geborgen wurde, nahm selbst die Erde Seinen Leib und Sein Blut als mit Jesus Christus Kommunizierende auf.

Die Folgen des Sündenfalls von Adam und Eva im Paradies in immer tiefere Verstrickungen mit der Erdenwelt hatten ihren Tiefpunkt erreicht und mit der Auferstehung Christi am Ostermorgen überwunden. Der Sieg des Christus über die Macht des Todes leitete eine grundlegend neue Epoche in der Erden- und Menschheitsentwicklung ein: eine aufsteigende, die mit Tagesanbruch am ersten Tag der Woche ihren erschütternden Anfang nahm. Mit diesem einmaligen Ereignis wurde in der christlichen Religion der dem Vatergott geheiligte Sabbat abgelöst vom *Sonntag, dem ersten Tag der Woche.*

Von welcher tiefen, entscheidenden Bedeutung dies war und ist, geht aus den Schilderungen des Neuen Testaments hervor. Denn keiner der vier Evangelisten verzichtete darauf, uns zu berichten, was die Frauen an jenem ersten Ostersonntagmorgen erlebt hatten, als sie nach Einhalten der Sabbatruhe zum Grab kamen, um den Leichnam Jesu nach jüdischem Brauch für die Bestattung zu salben: »*In der Nacht nach dem Sabbat, im frühen Morgenlicht des ersten Tages der Woche …*« (Matthäus 28, Vers 1). »*In der Morgenfrühe des ersten Tages der Woche kommen sie zum Grabe, als eben die Sonne aufging …*« (Markus 16, Vers 2). »*Am ersten Tage der Woche beim frühen Morgengrauen gingen sie zum Grabe …*« (Lukas 24, Vers 1). Im 20. Kapitel des Johannes-Evangeliums (in den Versen 11–18) wird uns dann von der ersten Menschenbegegnung mit dem Auferstandenen berichtet: »*Dies geschah im Frühlicht des ersten Tages der Woche …*«

Seither ist jeder Sonntag eine Oktave auf den ersten Ostersonntag der Welt! Ein bemerkenswertes Faktum! Dennoch gibt es heute außer dem Taschenkalender des Urachhaus-Verlages kaum einen Kalender, der dieser tiefgreifenden Tatsache Rechnung trägt. In den allermeisten Fällen führt der Montag als erster Arbeitstag die Woche an. Es bedarf wohl einer bewussten und gezielten Umgewöhnung des Lebensgefühls, will man den Sonntag als den aus dem Christentum begründeten ersten Tag der Woche erleben und als solchen auch benennen.

Diesem vom Sonntag ausgehenden Wochenrhythmus im Familienleben eine Gestalt zu geben, ist unter unseren heutigen gesellschaftlichen, stressbetonten Leistungs- und sozialen Lebensverhältnissen eine zusätzliche Herausforderung für Eltern. Aber die wiederkehrende Erfahrung, dass Rhythmus Kraft gibt, birgt eine beachtliche Chance zur besseren Bewältigung der alltäglichen Leistungen, wenn man sich dies zunutze macht.

Wird dieser Rhythmus außerdem auf den Sonntag hin angereichert mit freudigen, erfüllenden, Geist und Seele nährenden Erlebnissen, wird nicht nur eigene Kraft gespart, sondern es kann sich dieses rhythmische Leben als stille Kraftquelle für jedes Familienmitglied erweisen. Darüber hinaus wird auch der Zusammenhalt der Familiengemeinschaft Nahrung bekommen, wie auch immer diese sich schicksalhaft zusammengefunden haben mag. Behandelt man den Sonntag quasi als einen lieben zu erwartenden Gast, mit dem man regelmäßig Freundschaft pflegt, um diese außerordentlich kostbare Beziehung aufrecht und lebendig zu erhalten, werden die Kinder mitfühlen, dass man diesen Gast in einem – den eigenen Möglichkeiten entsprechenden – geordneten, gepflegten Zuhause und in frischer Kleidung empfangen möchte, damit er sich auch wirklich freudig erwartet weiß.

Vielleicht können den sonntäglichen Frühstückstisch ein Blumenstrauß und eine brennende Kerze schmücken. Bei uns wanderten der Blumenstrauß und die Kerze danach auf den Wohnzimmertisch für eine kurze Sonntagsfeier: Unsere kleineren Kinder durften sich immer zwei Lieder wünschen, die das Vorlesen eines Märchens umrahmten und es damit in eine heiter-fromme Atmosphäre tauchten. Waren sie Schulkinder geworden, feierten sie nach dem Frühstück in der kirchlichen Gemeinschaft den Kindergottesdienst mit.

War der Vormittag mit seinen feierlichen Momenten einem seelisch-geistigen Einatmen zu vergleichen, so folgte nach dem Mittagessen und der Mittagsruhe das ausgleichende Ausatmen bei Spielen, Spaziergängen, Ausflügen oder Besuchserlebnissen.

Wo es möglich gemacht werden kann, dem Sonntag eine für Leben und Seele freudige, erholsame als auch aus dem Religiösen geschöpfte besondere Tagesqualität zu verleihen, wird er sich allmählich als wiederkehrender Brückenpfeiler erweisen, der den Bogen über die Wochentage verlässlich tragen wird – auch dann, wenn nicht immer alles so läuft und gelingt, wie wir uns das vorgenommen und gewünscht haben, ja sogar das eine oder andere immer wieder gründlich schiefgeht. Denn die entstehende sonntägliche Tragekraft begründet sich aus dem uns wohlgesonnenen, sonnenhaften Wesen des Christus. Dieser nimmt die gutwillige Treue wahr, mit der wir versuchen, dieses göttliche Wesen als unseren Gast in unserem Herzen willkommen zu heißen, und sei das entsprechende Ritual auch noch so klein oder scheinbar ganz unbedeutend.

Man wird immer wieder überrascht, wenn Menschen aus ihrer Kindheit erzählen, dass gerade solche Einzelheiten wie zum Beispiel eine weiße, mit Blumenmuster bedruckte Tischdecke sich als etwas Besonderes des Sonntags dem Schatz liebgewordener Erinnerungen eingeprägt haben. Solche Erzählungen sind dazu angetan, Mut zum Kleinen in diesen Dingen zu haben!

Den *Rhythmus des Geistes* erfahren wir im Kreis der christlichen Jahresfeste. In einem ganz großen Atem können wir, wenn wir es wollen, die entscheidenden Stationen des Erdenlebens und Wirkens des Jesus Christus miterleben. In diesen Rhythmus des Geistes werden die heranwachsenden Kinder vor ihrer Konfirmation eingeführt, sodass sie das, was sie als kleine und junge Kinder im besten Sinne naiv mitgefeiert haben, jetzt durch den Konfirmanden-Unterricht anfänglich denkend erfassen lernen. Voraussetzung dafür ist, dass sie das auch selber wollen.

Auf diesen Jahresrhythmus haben wir nur hinweisend geschaut. Wie ein Leben in diesem Rhythmus gestaltet werden könnte, blieb einem eigens dafür angebotenen Kurs zum Verständnis und Feiern der christlichen Jahresfeste vorbehalten.[30]

## Erde, Wasser, Luft und Feuer

Unsere Zeit hat keine Zeit zum Staunen –
wir aber werden staunen!

Ein Abendkurs von fünfmal 1½ Stunden
von Roswitha M. Gädeke und Susanne Lange

Ende der Sechzigerjahre hörte ich als Gast an der Universität München eine geschichtliche Vorlesung. Es war die Zeit der Studentenunruhen und auch diese Vorlesung war davon geprägt. Wovon der Stoff handelte, wie der Professor hieß, weiß ich nicht mehr. Aber ein Satz ist mir zeitlebens in Erinnerung geblieben, den der Vortragende in einem hochemotionalen Moment souverän aussprach: »Meine lieben Freunde – erhalten Sie sich das Staunen!« Verblüffte Stille. In der noch verbliebenen Zeit konnte er seine Vorlesung ungestört zu Ende führen.

Die Bedeutung dieser Aufforderung ist mir im Laufe meines Mutterseins langsam klargeworden. Ich muss meinen Kindern, bei den kleinsten angefangen, viel Zeit lassen: damit sie sich noch ganz vorurteilsfrei einer Wahrnehmung hingeben können, sich hineinvertiefen können gerade auch in Erlebnisse mit der sie umgebenden Natur.

Im ruhigen Staunen über die Schönheit der Schöpfung und der in ihr zu erahnenden Weisheit können wir den Kindern nahe sein, können wir mit ihnen im gemeinsamen Erleben und Gesprächsaustausch wieder entdecken, was wir Erwachsene vielfach kaum oder vielleicht nur noch flüchtig zur Kenntnis nehmen.

Dabei hat sich mir das Staunen auch als entlastende pädagogische Methode erschlossen. Mein erstes Kind war temperamentvoll. Während der Trotzphasen flog denn auch das eine oder andere Schöne oder Wertvolle wie gewollt auf den Boden und zerbrach, was bei mir überzogene Reaktionen auslöste. Bis ich mich eines Tages fragte: Warum schimpfst du jetzt eigentlich mit deinem Kind? Wenn du selber ruhig bleibst, kann es staunend erleben, was es mit seiner Handlung bewirkt hat. Dann können wir gemeinsam um den Verlust eines geliebten Spielzeugs oder eines anderen schönen Gegenstandes trauern. So beginnt das Kleine ganz von selbst zu erahnen, dass es Gesetzmäßigkeiten auf dieser ihm ja noch nicht vertrauten Welt gibt, die es allmählich begreifen und deren Handhabe es mit der Zeit erlernen kann. Auf diese Weise habe ich erfahren dürfen, dass das Staunenlassen auch das Verhältnis zwischen Erwachsenem und Kind entspannen, ja hilfreich und zuverlässig befrieden kann.

Das Vertiefen gerade auch in Erlebnisse mit der umgebenden Natur, der wir auf tausendfältige Weise unser Leben verdanken, entzündet die Freude an den Erscheinungen der Welt, fördert die Lust an Entdeckungen und führt zu Ehrfurcht und Dankbarkeit gegenüber den Schöpfermächten. Daraus mag sich später ein verantwortliches Denken und Handeln für einen ausgeglichenen Umgang mit der Natur entwickeln.

Diesem Thema entsprechend gedachten wir Referentinnen vor Beginn der Ausarbeitung des Kursus eines Wortes aus den Tagebuch-Aufzeichnungen von Dag Hammarskjöld: »Im Zentrum unseres Wesens ruhend, begegnen wir einer Welt, in der alles auf gleiche Art in sich ruht. Dadurch wird der Baum zu einem Mysterium, die Wolke zu einer Offenbarung und der Mensch zu einem Kosmos, dessen Reichtum wir nur in Bruchteilen erfassen. Für den Einfachen ist das Leben einfach, aber es öffnet ein Buch, in welchem wir nie über die ersten Buchstaben hinauskommen.«[31]

## Am ersten Abend: Das Element Erde

Nach der Begrüßung trugen alle Beteiligten kurz ihre Gedanken und Anliegen zum Kursthema vor. Ein gemeinsam gesungenes Lied, *Meine Brüder* von Elisabeth Baumann, verband uns mit der Lebensstimmung eines sich gesund und wohl fühlenden Kindes:

*Auf der Erde steh ich gern*
*fest mit beiden Beinen,*
*kräftig schreit ich hin und lern*
*von den festen Steinen.*
*A–A.*

*Und im Wasser schwimm ich gern*
*in den Silberwellen,*

*dass ich von den Fischlein lern:*
*auf und ab zu schnellen.*
*E–E.*

*Lustig spring ich in die Luft,*
*hätte gerne Flügel,*
*flöge wie die Vöglein leicht*
*bis zum fernsten Hügel.*
*Ü–Ü.*

*Auf zur Sonne schau ich gern,*
*schenkt sie lichte Strahlen,*
*die mit Farben duftig hell*
*bunte Blumen malen.*
*A–A.*

*In mein Herzlein leg ich froh*
*eure Gaben nieder,*
*Erde, Wasser, Luft und Licht,*
*seid ja meine Brüder!*
*Ü–Ü.*[32]

In den folgenden fünfzehn Minuten zerstreuten wir uns auf dem Kirchengelände, jede für sich allein darum bemüht, mit den offenen Sinnen eines Kindes wahrzunehmen, was uns das Element Erde an diesem Tag an Eindrücken, Erfahrungen und Erlebnissen zu entdecken bereithielt. Die Wetterlage der vergangenen Tage präsentierte uns einen ganz trockenen Grund. Damit wurde der mineralische Charakter dieses Elements schon betont.

Von einem weithin hörbaren Glockenton in den Seminarraum zurückgerufen, ließen wir uns gegenseitig an den Wahrnehmungen teilhaben, die uns begegnet waren: Große, schwer lastende Findlinge aus Urgestein lagerten als Grenzsteine vor dem Kirchenplatz. Deren natürliche Formen und Zeichnungen von Farbtönen traten wenig hervor. Der ungepflasterte, ausgetrocknete Zufahrtsweg zum Parkplatz zeigte sich hellgrau. Beim Befahren wurde die oberste trockene Schicht als feinen Staub aufgewirbelt. Die Erde in den Blumenbeeten fühlte sich ein bisschen krustig an. Der Sand im Sandkasten würde sich zum »Kuchenbacken« überhaupt nicht eignen! Er ginge nicht »schwer reißend« vom Löffel, sondern rieselte ganz leicht zwischen den Fingern davon. Wo der lehmige Boden nicht bewachsen war, zeigte er feine Schrunden: Er erinnerte ein wenig an die ausgetrocknete Haut eines alt gewordenen Leibes.

Mir selbst begegnete gleich ein heranwachsendes Mädchen aus unserer Gemeinde. Ihre Großmutter war gerade gestorben. Auf ihre Mutter wartend, erzählte mir das Mädchen ganz von selbst, wie es das Sterben und den Tod der Großmutter erlebt hatte.

Dieses Zusammentreffen haben wir als dem Thema des Abends verwandt empfunden: Ein hochbetagter Mensch, mit der Natur innig verbunden gewesen, legte seinen Leib nach vollendeter Erdenreise ab. Diese abgestreifte Leibeshülle würde nun nach der Bestattung dem Erdenelement zur Auflösung überlassen sein, aus dessen Kräften sie einst gefügt worden war.

Wir gedachten auch der verschiedenen Landschaftsbildungen mit sandigem oder steinigem Strandboden, Sanddünen, Formationen auf dem Meeresboden, hügeliger Bildungen und den mächtig aufgefalteten Gebirgen. Materie, Gewichte, Farbtöne, Bildungen, Gestaltungen – alles vom feinsten Stäubchen bis zur Riesenlast der Hochgebirge ließen wir kurz durch die Seele ziehen. Zuletzt gedachten wir der Tatsache, dass wir diesem Element Erde Struktur, Gestalt und Halt unseres physischen Leibes verdanken.

Für den Fall, dass noch Zeit für einen kleinen Turmbau bleiben sollte, wie ihn Kinder so lieben, lagen rundlich geformte, mehr oder weniger flache Steine vom Strand bereit, um der Schwerkraft nachzufühlen, die Spannung zu erleben: Wie muss ich diesen schiefen Stein auf einen anderen schiefen legen, damit er nicht herunterrutscht? Wie würde die Siegesfreude unserer Kinder ausfallen, sollte das Auftürmen eine unerwartete Höhe erreichen?

Was wir erfahren und erlebt hatten, erzeugte in uns freudiges und ehrfürchtiges Erstaunen. Es wurde uns die allumfassende Arbeit hoher Schöpfergeister bewusst bis hinunter zu den mitwirkenden Naturwesen. Alte bildliche Darstellungen und Dichtungen, Sagen oder Märchen geben Kunde von ihrem Dasein, Leben und Treiben in den Elementen. In früheren Zeiten wurden sie von den Menschen noch geschaut, zum Beispiel als Zwerge, Gnomen, als Flussgott, Seejungfrau, Undine oder Salamander. Manches Kind kann auch heute noch von Begegnungen mit solchen Wesen erzählen, und wir Eltern tun gut daran, ihnen diese Erfahrungen nicht ausreden zu wollen.

Zum Abschluss lasen wir die Worte aus dem Matthäus-Evangelium zur Grablegung Christi am Karfreitag (Kapitel 27, Vers 57–61).

## Am zweiten Abend: Das Element Wasser

Zum Auftakt sangen wir unser Lied und hielten kurz Rückblick auf die Erlebnisse des ersten Abends. Wiederum verteilten wir uns für eine Viertelstunde auf dem Gelände, um Entdeckungen am Element Wasser zu machen.

Zurück im Haus, stellten wir staunend fest: Auch an diesem Kurs wollte der Wettergott anscheinend teilnehmen! Er hatte es zuvor regnen lassen, ließ aber dann der Sonne wieder den Vortritt.

Ihr reflektierendes Licht half uns, selbst ganz kleine Einheiten von Nässe zu bemerken. Die Wege waren jetzt dunkel durchfeuchtet, von aufwirbelnden Staubwolken keine Spur. Die großen Findlinge ruhten sauber gewaschen auf ihrer Stelle. Jetzt konnten wir Zeichnungen und Farbtöne deutlich erkennen, die Kunde von verschiedenen mineralischen Einschlüssen und Strukturen gaben. Zwischen den Grashalmen auf der Wiese glitzerte es. Die Blumenbeete wirkten farbenfroher und die Pflanzen aufrechter. Einzelne Tropfen hingen noch an den Zweigen von Bäumen und Sträuchern, die hin und wieder über dem Ufer des großen Teiches einen schwer gewordenen Tropfen auf die Wasseroberfläche fallen ließen, wo er kleine, zarte, dann wachsende Wellenkreise hervorzauberte. Insekten liefen in schnellen, ruckartigen Bewegungen über die Wasseroberfläche. Demnach hatte das Wasser eine Oberflächenspannung, eine Neigung zur Gestaltbildung trotz seines fließenden Charakters. Schaute man sich die silbergrünen Frauenmantelblätter an, glitzerten überall in den Blattachseln die schönsten Wasserperlen. Mäandernde Fließbewegungen konnten wir in äußerst spärlichen Resten von Regenrinnsalen auf dem leicht abfallenden Parkplatzareal entdecken.

Eine Erfahrung, die wir für die Gemeinsamkeit im Haus aufgespart hatten, bildete einen Höhepunkt: Vor uns lag eine »Unechte Rose von Jericho«, ein Moosfarngewächs der Wüste. Sie hatte die Größe einer kleinen Faust und ähnelte zunächst einer Knolle. Bei näherem Hinsehen zeigten sich jedoch eng übereinandergeschichtete graubraune, fein ziselierte Farnteile, ausgehend von einem Sprosspunkt. Sie war ganz leicht und fast völlig ausgetrocknet. Wir legten sie in eine Schale mit Wasser und schauten erwartungsvoll zu, was jetzt passierte: Nach einer kleinen Weile begannen kaum wahrnehmbare, winzige, plötzliche Bewegungen durch das Gebilde hindurchzuziehen. Die Verzweigungen lösten nach und nach von außen her ihre anschmiegsamen

Krümmungen, reckten und streckten sich, um in aller Ruhe ein schalenartiges Auffächern des gesamten Pflanzengebildes herbeizuführen. Sahen wir anfangs die Unterseiten der einzelnen Schichten, blickten wir jetzt auf die offenliegenden oberen Seiten. Wir wurden ganz still. Vor unseren Sinnen und Seelen vollzog sich ein Gleichnis. Schweigend konnten wir empfinden, warum dieses Entfaltungswunder der Pflanze einen weiteren Namen verliehen hat: »Auferstehungsrose«! Leider blieb uns nicht mehr genug Zeit, um das langsam einsetzende zarte Ergrünen dieses Pflanzengebildes zu verfolgen.

Das Staunen über diese Wiederbelebung der tot erscheinenden Pflanze, die anfangs eher an das mineralische Erdelement erinnerte, leitete über zum Nachdenken über die Bedeutung des Wassers für unseren menschlichen Leib: Seine Entstehung im mütterlichen Organismus vollzieht sich bereits in schützendem Fruchtwasser, und der Körper selbst wird hochgradig von wässrigen Flüssigkeiten der verschiedensten Art und spezifisch ausgerichteter Funktionen durchzogen. Ohne dieses Element wären wir nicht lebensfähig. Geben wir zu viel Flüssigkeit ab oder nehmen zu wenig auf, werden wir mehr oder weniger bewusst eines empfindlichen Ungleichgewichts gewahr, weil dies den Grad unseres Wohlbefindens spürbar beeinflusst.

Es blieben nur noch wenige Minuten, um uns wenigstens anfänglich die sehr verschiedenen Erscheinungsformen des Wasserelementes zu vergegenwärtigen: Wolken, Regen, Hagel, Nebel, Dampf, Schneekristalle, Quellen, Rinnsale, Bäche, Flüsse, Ströme, Seen und Meere – und das mit ihnen verbundene vielfältige Leben. Gemessen an der unendlichen Fülle von Erscheinungsformen des Wasserelements waren unsere realen Wahrnehmungsmöglichkeiten äußerst gering. Aber mit den Augen unserer Kinder geschaut, ist es das ihnen sich darbietende natürliche Maß.

Dennoch vermittelte dieser Abend uns allen: In diesem Element wirken Leben spendende und Leben erhaltende, Organ bildende Kräfte. Sie durchziehen den physischen Leib und bewahren ihn vor dem vorzeitigen Zerfall, sodass er uns Menschen das nötige Gefährt bis zur Erfüllung unseres Erdenschicksals bleiben kann.

Zum Beschließen dieses Abends lasen wir im 3. Kapitel des Matthäus-Evangeliums von der Taufe Jesu Christi im Jordanfluss (Verse 1–17).

## Am dritten Abend: Das Element Luft

Noch ehe wir uns erneut zusammenfanden, hatte der Kurs eigentlich schon in gewissem Sinne begonnen: Es wehte bereits ein spürbarer, warmer Wind!

Zunächst tauchten wir noch einmal kurz in den vorangehenden Erlebnisabend ein: Wir beschauten die nun ergrünte Rose von Jericho, die in der Wasserschale auf diesen Abend gewartet hatte. Das Wasserelement hatte also nicht nur die Gestalt dieses Pflanzengebildes aus der trockenen Starre erlöst, sondern mit dem hineingezauberten Grün den Namen »Auferstehungsrose« vollends nachvollziehbar werden lassen.

Dann besprachen wir, worauf wir bei unseren heutigen kleinen Ausflügen aufs Gelände achten wollten. Denn mit der Luft hatten wir es mit einem Element zu tun, das wir nicht direkt sehen und auch nicht anfassen, wohl aber fühlen und dessen Wirkungen wir beobachten konnten.

Nach der bewährten Viertelstunde für die luftigen Erkundungen erzählten wir uns wiederum das Erlebte und fügten auch Erfahrungen hinzu, die wir außerhalb dieser Erkundungszeit machen konnten.

Das Wort »Lufthauch« wies uns in die Richtung der von uns gemachten Erfahrungen. Er strich uns um die Nase, wehte über und zwischen allem, was uns umgab, trieb die mehrfarbigen Wolken über den Himmel, während er sie gleichzeitig umgestaltete. Im Herbst wirbelte er das gefallene Laub lustig herum, trieb es zusammen, ließ es liegen zur Freude der Kinder: Wie schön raschelte es, wenn man da hineinlief und selber Wind spielte, um es wieder auseinanderzutreiben. Wenn auch nur gelinde, so spürten wir an diesem schon fast frühsommerlichen Wetter doch den Druck der Luftbewegungen, besonders am Gesicht und an der ständig wechselnden Umgestaltung unserer Frisuren, wenn die Windsbraut da hineingefahren war.

Einen weiteren Charakter offenbarte die Luft unserem Geruchssinn und Gehör: Die Jahreszeit war voller Pflanzendüfte. Zu diesen Blütendüften gehörten das Summen der Insekten und die vielfältigen Vogelstimmen. Wie weit trug die Luft die Tonfolgen kleinster gefiederter Wesen, denen doch nur eine winzige Kehle gegeben ist! Ganz anders das geradezu aufdringliche Geschrei der Kanadagänse, die das Kirchengrundstück mit seinem Teich zu bestimmten Tageszeiten überflogen und mit ihrem Flügelrauschen die Luft erfüllten. Wie geheimnisvoll, nur dem zielgerichteten Sehen und Lauschen zugänglich, hörte sich das ganz feine knisternde Geräusch eines großen, schwarzen Käfers an, der sich umständlich und langsam auf dem Grund der Erde zu schaffen machte. Da in unmittelbarer Nähe hinter einem schmalen Waldgürtel ein Tierheim liegt, trug die Luft auch immer wieder das Bellen großer und kleiner Hunde herüber.

Aber auch die ganze Fülle menschlicher Lebens- und Arbeitsäußerungen durchdrang mit ihren Lauten und Gerüchen die Luft und erinnerte uns daran, in was für einer von Technik bestimmten Zeit wir leben: Ein aufheulendes, davonjagendes Motorrad, die lärmenden An- und Abfahrten an der Straßenkreuzung,

Rasenmäher und das laut knatternde Geräusch eines über uns hinwegeilenden Rettungshubschraubers bewahrten uns vor dem Abdriften in eine Idealwelt. Aber auch Gesprächsfetzen von Radfahrern und Fußgängern trug die Luft an unsere Ohren.

Dann machten wir uns noch weitere Gedanken. Anders als das feste Element, das normalerweise nicht so einfach von außen in uns dringt, oder das Wasserelement, das wir absichtlich mit der Nahrungsaufnahme in den Leib hereinlassen oder in ihm baden, sind wir mit dem Luftelement mit jedem Atemzug ständig im Austausch. Dieser beginnt unmittelbar nach der Geburt mit dem für die Eltern und die weiteren anwesenden Mitmenschen zu Herzen gehenden ersten Atemzug und Schrei des Neugeborenen, und dieses Atmen währt dann bis zum letzten großen Ausatmen am Ende des Lebens. Hauchte ein Mensch sein Leben aus, wurden in früheren Zeiten die Fenster geöffnet, damit die Seele davonfliegen kann, die Seele, die das Menschenkind am Beginn seines Lebens mit dem ersten Atemzug tief eingeatmet hat.

Allerdings wird unser gesamtes Wohlbefinden entscheidend davon abhängen, in welcher Qualität von Luft wir heranwachsen, leben und arbeiten dürfen, können oder müssen, kurzfristig, mittelfristig oder gar über lange Zeiten.

Wie sehr das Atmen mit unserem Seelenleben verquickt ist, zeigen uns so manche Redensarten. Stoßen wir zum Beispiel zu einem in Konflikt befindlichen Menschenkreis, empfinden wir »dicke Luft«. Wir spüren eine »Atembeklemmung«. Sobald sich der Störfaktor aber hat auflösen lassen, weicht die bedrückende Spannung und »die Luft ist wieder rein«. »Die Seelen können wieder frei atmen, aufatmen.« Wir atmen also nicht nur gesunde oder schädliche Stoffe mit der Luft ein, und sie ist nicht nur von angenehmen oder lästigen Gerüchen, Tönen und Geräuschen erfüllt, sondern offenbar ist sie auch Träger von seelischem und geistigem Leben. Es gibt Persönlichkeiten, von denen etwas Stärkendes und Heilsames in die Luft einzuströmen scheint, in deren Nähe wir uns selber innerlich gesunder und geklärter fühlen.

Für das Beschließen des Abends ließen wir auch dieses Mal Worte aus dem Matthäus-Evangelium zu uns sprechen: Im 8. Kapitel in den Versen 23–27 wird uns von der Stillung des Sturmes durch Christus berichtet, womit er großes, ehrfürchtiges Verwundern darüber hervorrief, dass Er sogar den Winden und den Wogen Einhalt gebieten konnte.

So konnte uns das Staunen auch an diesem Abend vielfältig erlebbar werden.

## Am vierten Abend: Das Element Feuer

An diesem Abend lag die Betonung unseres Liedtextes auf dem Licht, das mit dem Feuer eng verschwistert ist. Rückblickend auf die vorangegangene Arbeit, berichteten zwei Mütter voller Erstaunen: Ohne dass ihre Kinder etwas von den Kursen wussten, tauchte in deren Spielen und Äußerungen immer wieder etwas von dem auf, was uns an diesen Abenden bewegte. Wie unmittelbar und tief dieses elterliche Bemühen auf die Kinder überging, gab uns sehr zu denken, sodass ein Augenblick der Stille eintrat, ehe wir uns im Seminarraum dem vierten Element von Licht und Feuer zuwendeten.

Zunächst bedachten wir gemeinsam, wo und auf welche Weise wir Feuer erleben und wahrnehmen können: Erinnerungen an Funken sprühende, nächtliche Lagerfeuer in der Jugendzeit tauchten auf, das Feuern in einem uralten, qualmenden Küchenherd auf der Almhütte, das mit Spannung von den Kindern erwartete Johannifeuer im Garten, das winterliche Heizen in alten Wohnungen mit Kachel- oder sogenannten kleinen Kanonenöfen oder das gemütliche Vorlesen am knisternden Kaminfeuer; wir dachten an das Aufkommen der Gasherde mit ihren geregelten bläulichen Flammen unter den Kochtöpfen, die ganz bequem je nach Hitzebedarf groß oder klein zu stellen sind, die wiederum von Elektroherden der verschiedensten Generationen abgelöst wurden. Das bildhafte Sprichwort »auf heißen Feuern gekocht« büßte bei Letzteren seinen Wirklichkeitsgehalt ein.

Wo früher Kienspan, Fackeln, Öllampen oder Kerzen Licht spendeten, haben wir heute eine ungeheure Fülle verschiedenster elektrischer Leuchten mit einer unglaublichen Farben-, Form- und Größenvielfalt bis hin zur umfassenden Beleuchtung öffentlicher Straßen, Plätze und Gebäude. Der Begriff »Lichtverschmutzung« wurde offiziell geprägt als Ausdruck der von Herzen kommenden Klage über die dadurch entstandene weitreichende Einschränkung der Wahrnehmung des leuchtenden Sternenhimmels in dunkler Nacht. Zu bedenken waren allerdings auch die gefürchteten zerstörerischen Brände und Feuersbrünste, entweder durch menschliche Unachtsamkeit, Mutwillen oder durch Naturgewalten entfesselt, deren Rauchentwicklung sowohl die Sonne als Urquelle von Licht und Wärme verdüstern oder dem Nachthimmel gespenstisch wirkendes Leuchten verleihen kann.

Wir hatten es mit einem Element zu tun, das zu entfachen, zu nutzen, zu bewachen und zu bezähmen die Menschheit erst mühsam erlernen musste, nachdem es der griechischen Sage nach von Prometheus vom Funken sprühenden Sonnenwagen des Gottes Helios mittels eines riesengroßen Fenchelstängels zur Erde gebracht worden war. Seither haben sich Menschen um Licht und Wärme spendendes, wohltätiges Feuer versammelt. Mehr und mehr ist es im Lauf der Entwicklung aus unserem Alltag zurückgewichen, zurückgedrängt worden. Es machte einfacher zu bedienenden Licht- und Wärmequellen Platz, die unser heutiges Alltagsleben erleichtern oder gar erst ermöglichen.

Jetzt war es Zeit, wenigstens an ganz kleinen Feuern diesem Element beobachtend – mit Kindersinn – zu begegnen. Dafür zündeten wir ein Streichholz nach dem anderen an und schauten fasziniert zu, was sich vor unseren Augen abspielte. Auf eine Schilderung dieser Wahrnehmungen soll hier verzichtet werden, denn für die geneigten Leserinnen und Leser ist es gewiss kurzweiliger, eigene Entdeckungen zu machen.

Nur eines soll hervorgehoben werden, weil es uns besonders anrührte: Die zu Kohle gewordenen, ursprünglich ganz hellen Hölzchen waren einheitlich schwarz gefärbt. Aber dieses durch und durch tiefe Schwarz wirkte ganz rein, und in all den winzigsten Abteilungen der gerade noch erkennbaren ursprünglichen Holzstruktur glänzte die Oberfläche hell auf: Das zu Kohle verbrannte Hölzchen war ein Spiegel des frühsommerlichen Abendlichtes geworden!

Ein letztes Streichholz brannte auf, um den Docht einer neuen, echten Bienenwachskerze anzuzünden. Wiederum entwickelte sich zunächst eine auflodernde Flamme, die sich aber sofort nach unten sinkend so eng zusammenzog, dass nur noch ein kleiner, blauer Punkt übrig blieb: Verlischt sie jetzt ganz? Hätten wir nicht unseren Atem von der Kerze ferngehalten, wäre das sicher passiert. So aber konnten wir einen spannenden Augenblick verfolgen: Die im Docht vorhandene kleine Menge an Wachs musste nach dem ersten Aufbrennen und schnellen Absinken der entzündeten Flamme ausgereicht haben, um neues Wachs für den Docht zu schmelzen. Plötzlich wurde über dem Blau wieder Gelb sichtbar, indem das Flämmchen rasch zur Flamme emporwuchs. Währenddessen schwärzte sich der Docht bis auf ein, zwei Millimeter direkt über dem flüssigen Wachs. Stand er anfangs gerade, so wurde er jetzt zur Seite hin gekrümmt, weil ein Faden im Dochtgeflecht strammer gezogen ist. Dadurch kann das äußerste Ende des Dochtes ohne zu qualmen an der heißen Peripherie der

Flamme verglühen, einen ganz kleinen fortwährend rot leuchtenden Punkt erzeugend – ein sinniger Eindruck!

Die voll entwickelte Flamme selbst zeigte uns drei Farbbereiche: Wo der Docht nahe dem Wachsteller schwarz zu werden beginnt, schimmerte der Flammengrund rundlich in reinem Blau auf. Darüber konnten wir, der kegelartigen Gestalt der Flamme folgend, einen etwas ausgedehnteren braungrauen Bereich erkennen. Erst über diesem erhob sich die klare Flamme, je höher, je heller und heißer, mit einem leuchtend hellen, schmalen Rand den dunkleren Teil umschließend. Jetzt wirkten Feuer und Licht wärmend und erhellend in wohltätiger, ruhiger Weise zusammen.

Aber es gab noch mehr wahrzunehmen: Brennt die Kerze in einem dunklen Raum und lässt man den Blick in ihrem unmittelbaren Umkreis ruhen, wird man Zeuge einer hauchzarten, sensiblen kreis- bis kugelförmigen Aura, von grünlich-bläulichen und rötlich-gelblichen Farbringen gebildet. Je ruhiger die Flamme im Mittelpunkt steht, desto deutlicher ist dieses das Gemüt berührende Phänomen zu sehen.

Was aber macht Kindern einen Riesenspaß, wenn Kerzen brennen? Das Auspusten! Je kleiner die Kinder sind, desto spannender ist es, ihnen dabei zuzuschauen. Auspusten will gelernt sein!

Es konnte nicht ausbleiben, dass bei solcher Betrachtung die Geburtstagskerze als Gleichnis für das in uns und unseren Kindern wirkende Lebenslicht in der Seele auftauchte und erst recht die beseligende Fülle lebendigen Lichtes, das von einem mit echten Kerzen besteckten Weihnachtsbaum ausgeht. Eine Erfahrung, die längst nicht mehr alle Kinder machen können.

Mit Staunen bemerkten wir, wie sehr wir Erwachsenen berührt und erfüllt waren von unseren harmlosen, eigentlich sogar banal zu nennenden Experimenten.

Was aber hat nun dieses Element mit uns selbst zu tun? Leiblich genießen wir Wohlbehagen, wenn unser Körper durch Nahrungsaufnahme, Stoffwechseltätigkeit und Bewegung ein ausgeglichenes Maß an Eigenwärme entwickelt und hält. Gleichwohl kann es in unserem Organismus auch zu gesteigerter Wärme kommen: sowohl lokal bei Entzündungen als auch im ganzen Körper bei Fieber, um Krankheitskeime zu überwinden. Als ungemütlich empfinden wir den Mangel an eigener Körperwärme durch fehlende Wärme von außen. Auf diesem Gebiet spielen sich ja recht deutliche Beziehungskämpfchen zwischen Eltern und Kindern ab. So soll einmal ein kleiner Junge gefragt haben: »Warum soll ich denn eine Jacke anziehen, wenn Mama friert?«

Für unser seelisches Verhältnis zu Licht und Wärme oder deren Mangel fanden wir bildhafte Ausdrucksweisen: »einen kühlen Kopf bewahren«, »sich als Hitzkopf gebärden«, »eine hitzige Debatte führen«. In deren Verlauf mag der Satz fallen: »Für diesen Gedanken kann ich mich erwärmen« oder »Das lässt mich kalt«, oder man »zeigt die kalte Schulter«. Quälen wir uns mit nicht zu durchschauenden Sachverhalten oder Situationen herum, »tappen wir im Dunkeln«.

Ganz wörtlich wird das Element benannt, wenn jemand »Feuer und Flamme« für eine Idee ist, »für eine Sache brennt«. Wollen wir aus gutem Grund für eine Persönlichkeit eintreten, über deren Verhalten vielleicht ein Hauch von Fragwürdigkeit gebreitet ist, so »legen wir für diese die Hand ins Feuer« oder »gehen« gar selbst »für sie durchs Feuer«.

Was es im äußersten Ernstfall heißen kann, eine »Feuerprobe« zu bestehen, erfuhren wir aus dem Schicksal des böhmischen Theologen und Reformators Johannes Hus, der als gefangen genommener Ketzer während des Konzils von Konstanz (1414–1418) von der römisch-katholischen Kirche zum Tode verurteilt wurde. Ein zentraler Punkt seiner von der Kirche als ketzerisch verworfenen theologischen Ansichten war das Eintreten für die Darreichung des Abendmahles für das Kirchenvolk nicht nur in

Gestalt des Brotes, sondern auch in Gestalt des Weines, im Gedenken an Leib und Blut Christi. Zu Recht konnte Jan Hus aus dem Evangelium nicht entnehmen, dass das Trinken aus dem Kelch den Priestern allein vorbehalten sein sollte. Folgerichtig trat er konsequent für Gewissensfreiheit ein. Dafür musste er am 6. Juli 1415 auf dem Scheiterhaufen den Feuertod erleiden. Drei Qualitäten von Feuer griffen hier ineinander: das lodernde Erkenntnis- und Bekenntnisfeuer eines freien Geistes, das im Klerus wütende Feuer tödlichen Hasses gegen einen selbstständig denkenden und bekennenden Theologen und Priester und das natürliche Feuer zur Auslöschung dieses der Macht der Kirche gefährlich erscheinenden Geistlichen; die Seele des Hingerichteten würde nun zur Strafe den brennenden Qualen des reinigenden Fegefeuers ausgesetzt sein.

Zum Abschluss dieses Abends hörten wir die Worte aus dem Lukas-Evangelium im 12. Kapitel, Vers 49: »*Feuer auf die Erde zu werfen, bin ich gekommen, und wie wollte ich, es wäre schon entzündet! Aber ich muss mit einer Taufe getauft werden, und es bedrängt mich sehr, dass sie vollendet werde.*«

Das Matthäus-Evangelium im 3. Kapitel berichtet über Johannes den Täufer. Er taufte die Erwachsenen durch vollständiges Untertauchen im Jordan-Fluss. Im Zustand dieser existenziellen Todesnähe konnten sie innere Erfahrungen über ihre moralische Verfassung machen, die die Bereitschaft zur Sinnesänderung hervorriefen. Mit dieser Taufe bereitete Johannes Menschen auf das Erscheinen des Christus auf Erden vor. So lauten die Verse 11 und 12: »*Ich bin es, der euch im Wasser tauft, euren Sinn zu wandeln. Der nach mir Kommende ist stärker als ich […] Er wird euch in Heiligem Geiste und im Feuer taufen. Seine Worfschaufel ist in seiner Hand, und Er wird seine Tenne reinfegen und sein Korn in die Scheune bringen, die Spreu aber verbrennen in einem Feuer, das nicht zu löschen ist.*«

## Der abschließende Abend

Ein letztes Mal erklang unser kleines Lied. Uns allen hatte sich durch die vergangenen Wochen deutlich gezeigt, wie sehr das Staunen die Qualität der Lebenswahrnehmung zu steigern und zu bereichern vermag, wenn man ein wenig Zeit zu opfern bereit ist. Nur in Ansätzen war es uns angesichts der kosmischen Dimension unseres Themas möglich, das sich Berühren und Durchdringen der Elemente zu fassen. Ein kleines Beispiel aus der Natur konnte aber jederzeit auch mitten in der Stadt beobachtet werden: Wenige Krümel von Erde zwischen zwei Bordsteinen, von Regenwasser befeuchtet, von Licht und Wärme bestrahlt: Dieses Zusammenspiel ermöglicht einem durch die Luft angewehten und haften gebliebenen kleinen Pflanzensamen die Entfaltung. Er beginnt Feuchtigkeit in sich aufzunehmen, zu quellen, feinste Würzelchen in dieses winzige bisschen Erde zu senden, die dem sich entwickelnden Pflänzchen Halt und Nahrung spenden. Ein winziger Trieb mit den hauchzarten Anlagen der Keimblättchen bildet sich aus und durchbricht die Erdkrume. Aus solchem stillen Zusammenwirken der Elemente entsteht in unermesslicher Zahl das Wunder einer Pflanze mit Wurzel, Stängel, Blatt und Blüte, Frucht und Samen. So kann sich beispielsweise ein ganz kleiner Löwenzahn entwickeln, dessen leuchtende Blüten eine Biene oder eine Hummel anlocken. Der, eines Tages zur kugelförmigen weißen Pusteblume gediehen, unseren Kindern die Freude bereiten mag, die Samenschirmchen davonfliegen zu lassen. Da stehen sie dann mit offenem Mund und strahlenden Augen und schauen zu, wie diese in der sonnendurchwärmten Luft emporgetragen werden in den Himmel hinein! Und was muss alles von unsichtbaren Kräften und Mächten im Verein geleistet werden, dass wir Menschen mit Leib, Leben, Seele und Geist auf dieser Erde da sein und arbeiten können!

Was wir an diesem Abend an Zusammenhängen und Durchdringungen der Elemente in der Natur und in uns Menschen zu erfassen vermochten, steigerte bisweilen das Erlebnis des Staunens in eine Empfindung von Dankbarkeit und Ehrfurcht vor der Weisheit, Größe und Schönheit der Schöpfung des Vatergottes.

Inzwischen war es Pfingsten geworden. Mit diesem Fest gedenken wir noch heute der Taufe der Apostel – der Ausgießung des Heiligen Geistes, eines seelisch-geistigen Flammenerlebnisses. Durch diese Taufe wurden die Apostel mit dem Licht der Erkenntnis über das Leben und Wirken des Christus Jesus begabt. Aber auch mit dem Herzensmut, sich in einer ihnen feindlich gesonnenen Zeit zu Christus und seiner Lehre zu bekennen, ihr Leben für Sein Wirken als Auferstandener einzusetzen.

Wie diese geistig erfahrene Taufe sich zugetragen hat und erlebt wurde, erzählt uns das 2. Kapitel der Apostelgeschichte. Sie berichtet uns über die Bildung und Entwicklung erster Gemeinden als auch über die Schicksale der Jünger. Dieses 2. Kapitel lasen wir uns vor. Die ersten vier Verse lauten: *»Und als dann das Fest des fünfzigsten Tages, das Pfingstfest, gekommen war, waren sie alle in Eintracht versammelt. Und plötzlich ertönte vom Himmel her ein Schall wie das Brausen eines Sturmwindes und erfüllte das ganze Haus, in dem sie saßen. Und es erschienen ihnen Feuerzungen, die sich verteilten und sich auf jeden einzelnen von ihnen niederließen. Und alle wurden vom Heiligen Geist erfüllt und begannen, in fremden Zungen zu reden, wie ihnen der Geist die Worte eingab.«*

Mit dem Eintauchen in die Pfingstgeschehnisse, in deren Konsequenz sich ein Schicksal wie das von Johannes Hus entfalten sollte, ließ sich erahnen: Dieses pfingstliche Feuerelement wurde mit unserem höchsten Menschsein verbunden: mit unserem ewigen Wesenskern, mit unserem Ich.

Aus der Verbindung mit diesem Pfingstfest dürfen auch wir Eltern Einsicht, Kraft und Mut fassen, unseren Kindern eine geistgemäße Kindheit und Jugend zu bereiten, so gut wie wir es eben unter den heutigen gesellschaftlichen Verhältnissen vermögen. Damit ebnen wir ihnen den Weg, ihre aus dem vorgeburtlichen Dasein mitgebrachten Impulse verwirklichen zu können, das zu leben, wofür sie auf Erden angetreten sind.

Ehe wir uns aus dieser Zusammenarbeit verabschiedeten, griffen wir das Motiv des Kelches noch einmal auf, das uns bei Jan Hus begegnet war. Denn ein Kelch ist ein kultisches Schmiedekunstwerk, das auf seine Art das Zusammenwirken der Elemente repräsentiert: Seine Substanz von Gold und Silber ist mineralischer Natur, also aus dem Erdelement gewonnen. Wird das Gold zu einer Form getrieben, muss es durch die Anwendung von Feuer immer wieder erhitzt und danach im Wasser gekühlt werden. Ist schließlich nach vielen mühsamen Arbeitsgängen ein Gefäß entstanden, das durch Substanz und künstlerische Gestaltung für würdig erachtet wird, Wasser und Wein für den Vollzug des christlichen Kultus aufzunehmen, wird es mit einer Weihe seiner Bestimmung übergeben.

Ist dieser Kelch nicht gefüllt, erklingt durch die Luft ein wunderbar schwingender Ton, wenn das Metall durch Anklopfen für eine erstaunlich anhaltende Weile zum Klingen gebracht wird. Dieses Gefäß anschauen und hören zu dürfen, wurde uns von priesterlicher Hand gewährt. Mit diesem intimen Erlebnis in der Sakristei unserer Kirche fand der Elemente-Kurs einen stillen, andachtsvollen Abschluss voller Staunen.

Unerwarteterweise erhielt ich während des Schreibens über diesen Kurs die Biografie von Rachel Carson geschenkt, der Pionierin der Ökologiebewegung in den USA. Sie lebte mit ihrer Mutter und dem kleinen Sohn ihrer verstorbenen Nichte zusammen. 1962 erschien ihr weltweit aufrüttelndes Buch *Der stumme Frühling.*[33] Aber schon 1956 hatte sie einen Essay mit dem Titel *Help your child to wonder* verfasst, aus dem in der Biografie zitiert wird. Mit Worten aus diesem Essay möchte ich das Kapitel beschließen, weil sie genau das zum Ausdruck bringen, was uns mit diesem Kurs zum Staunenlernen am Herzen lag: »Eltern fühlen sich oft überfordert, wenn sie auf der einen Seite mit dem begierigen und empfindsamen Geist eines Kindes und auf der anderen mit einer Welt von komplexer Natur konfrontiert sind, einer Welt, die von so mannigfaltigem und fremdartigem Leben bewohnt wird, dass es hoffnungslos scheint, sie zu Ordnung und Wissen reduzieren zu können. [...] Ich bin völlig überzeugt, dass sowohl für das Kind wie auch für die es anleitenden Eltern das Wissen viel weniger wichtig ist als das Fühlen. Wenn Fakten die Samen sind, aus denen später Wissen und Weisheit sprießen, dann sind die Emotionen und die Sinneseindrücke der fruchtbare Boden, auf den die Samen für ihr Wachstum angewiesen sind. Die Jahre der frühen Kindheit sind die Zeit, in der der Boden vorbereitet werden muss. Sobald einmal die Gefühle geweckt sind – ein Sinn für das Schöne, die Begeisterung ob dem Neuen und Unbekannten, ein Gefühl von Sympathie, von Mitleid, von Bewunderung oder von Liebe –, dann entsteht der Wunsch, etwas über das Objekt zu wissen, das uns emotional anspricht. Was wir dabei finden, bekommt eine dauerhafte Bedeutung. Es ist wichtiger, dem Kind den Weg zur Wissbegier zu ebnen, als es mit Fakten zu füttern, für deren Aufnahme es nicht bereit ist.«[34]

# Wie bewältigt man den Familienalltag?

Eine fortlaufende, Perspektiven aufzeigende Textarbeit
von Roswitha M. Gädeke

Eines Tages überbrachte mir eine Dame aus unserer Gemeinde ein Buch mit der Bitte um ein Echo. Sie wusste nicht, was sie davon halten sollte. Schon die ersten Seiten veranlassten mich, mir sofort ein eigenes Exemplar zu besorgen, um es gründlich durcharbeiten zu können.

Es handelt sich um das Werk des weltweit bekannten Autors Stephen R. Covey (1932–2012) *Die 7 Wege zur Effektivität.*[35] Covey hat dieses Werk nach mehr als dreißig Jahren Berufserfahrung im Geschäftsleben, an der Hochschule und in der Ehe- und Familientherapie verfasst. 1989 erstmals in den USA erschienen, gilt es nach wie vor als hochaktuell.

Der Autor, Ehemann und Vater einer großen Kinderschar, lässt seine Leserschaft gleich zu Beginn an einem ernsten Entwicklungsproblem eines Sohnes teilnehmen, das seiner Frau und ihm anhaltend zu schaffen machte. Da die Techniken des Konzeptes zum positiven Denken unwirksam blieben, gelangte das Elternpaar schließlich zu der Einsicht, ihre eigene Weise der Wahrnehmung ändern zu müssen.

Während Coveys Forschungen zur Wahrnehmung befasste er sich ausführlich mit der neueren amerikanischen Literatur über Erfolg. Er schreibt dazu: »Unser eigener Schmerz und jener vergleichbare, dem ich im Laufe der Jahre im Leben und in Beziehungen von vielen Menschen begegnet war, gaben mir mehr und mehr das Gefühl, dass viele Veröffentlichungen der letzten fünfzig Jahre oberflächlich waren. Sie bezogen sich auf die Wahrnehmung des sozialen Images, boten Techniken und Patentlösungen – soziale Pflaster und Aspirin für akute Probleme. Manchmal half dies sogar vorübergehend, aber die grundlegend chronischen Probleme schmerzten weiter und brachen immer wieder auf.«[36]

In eklatantem Gegensatz zu dieser oberflächlich veranlagten *Image-Ethik* stehen für Covey Eigenschaften, wie sie in der Literatur 150 Jahre davor genannt und als *Charakter-Ethik* vorgestellt werden: Integrität, Demut, Treue, Mäßigung, Mut, Gerechtigkeit, Geduld, Fleiß, Einfachheit und Bescheidenheit.

Aus Coveys Buch, einem klaren Bekenntnis zur Charakter-Ethik, spricht absoluter Respekt vor dem freien, selbst bestimmten Willen eines jeden Menschen. Er schildert sowohl erschütternde Lebenskrisen aus der Literatur als auch schwere Schicksale aus eigenem Erleben und deren eindrucksvolle Bewältigungen. So gewinnt man den Eindruck, als wäre man mit dem Autor im Gespräch. Die Hauptmotive dieses Werkes sind Selbsterkenntnis, Wandlung, Frieden stiftende Verständigungs- und Gemeinschaftsfähigkeit, aber auch Mut zur Kreativität. Sie haben mich von Beginn an immer wieder an jenen Wegbereiter erinnert, der das Erscheinen des Christus in unserer Erdenwelt vorzubereiten hatte: an Johannes den Täufer.

Dies alles führte mich zu dem Entschluss, die Arbeit an Coveys Werk für alle folgenden Trimester in die Programme unseres Elternseminars aufzunehmen. Denn ich empfand die von Covey erkannten und zugrunde gelegten Prinzipien der sieben Wege zur Effektivität als stimmig und spirituell wirksam.

Es ist nicht möglich, die Inhalte des Buches von Stephen Covey hier ausführlich wiederzugeben. Es soll aber festgehalten werden, dass diese über zwei Jahre währende Gemeinschaftsarbeit sowohl von Müttern als auch von Vätern sehr gut angenommen wurde und sich die damit erarbeiteten Prinzipien bei elterlichen Fragestellungen als hilfreich erwiesen.

Alle Teilnehmerinnen und Teilnehmer lasen vor dem Treffen die jeweils vorgenommenen Kapitel, immer zwei von ihnen bereiteten eine Inhaltsangabe als Einstieg in das gemeinsame Gespräch vor, dem die meiste Zeit vorbehalten war. So haben wir uns dieses Werk von Covey während acht Trimestern an vierzig Abenden zu eigen gemacht. Es war keine Frage, ab dem nächsten Trimester erneut dieses Arbeitsangebot in die Programme aufzunehmen.

Zu den vielfältigen Ergebnissen unserer Arbeit gehörte beispielsweise das deutlich formulierte Bedürfnis, sowohl in der Erziehung als auch in der Bewältigung und Gestaltung des täglichen Lebens vieles anders machen zu wollen als die eigenen Eltern. Die in der eigenen Kindheit erlebte Art Advent, Weihnachten und Ostern zu feiern wurde immer wieder auf den Prüfstand gehoben.

Auch stellte sich die Frage: Muss ich als Mutter oder Vater alles mitmachen, was der Mainstream vorgibt? Wie weit traue ich mir zu, selbst zu bestimmen, wozu ich mein Kind anhalten will oder wovor ich es zumindest vorerst vielleicht lieber bewahren möchte? Oder umgekehrt: Kann ich mein Kind auch ermutigen, manches anders zu machen, trotz des zu erwartenden Protestes: »Wieso Mama, das machen doch *alle* so?«

Coveys Prinzip der persönlichen Führung ermöglichte insbesondere Antworten auf Fragen, die sich einer Mutter, einem Vater immer wieder stellen: Wo bleibe ich selbst zwischen beruflicher Arbeit und familiären Gegebenheiten, Notwendigkeiten und Zwangslagen, Tag für Tag, phasenweise auch noch nachts, Jahr für Jahr? Worum geht es mir eigentlich? Was liegt mir am Herzen? Was will ich wann erreichen, letztlich in diesem Leben, für mich selbst, für die Gemeinschaft? Auf die Erziehung bezogen, kristallisierte sich für uns das Ziel heraus, die Kinder so zu führen, zu lieben, zu pflegen, dass sie als heranwachsende Menschen frei, stark und tapfer genug sind, ihr eigenes Lebensziel zu erahnen, zu finden und Schritt für Schritt zu verwirklichen.

Stephen R. Covey stellt in seinem Buch ein Ziel vor, das uns alle ansprechen dürfte, für das zu brennen es sich lohnen würde: »Synergie könnte ein neues Skript für die nächste Generation schaffen – das mehr am Dienen und Beitragen orientiert und weniger bevormundend, feindlich und selbstsüchtig ist; eines, das offener, vertrauensvoller, großzügiger und weniger abwehrend, protektiv und interessegeleitet ist; eines, das liebevoller und fürsorglicher, weniger possessiv und urteilend ist.«

# Elternseelsorge – Wohin mit der Last elterlichen Versagens?

Eine Gemeinschaftsarbeit (begrenzt auf 5 Teilnehmer) von dreimal 1½ Stunden, geleitet von Roswitha M. Gädeke

Eines Tages, meine älteren Kinder waren in der ersten und zweiten Klasse, wurde ich von der Mutter eines Klassenkameraden zu einem gemütlichen Plauderstündchen in den sommerlichen Garten eingeladen. Doch bald nahm dieses Treffen ernste, Vertrauen suchende Formen an, und so kam es schließlich zu einem Geständnis: Ich hatte in einer verzweifelten, völlig verfahrenen Lage einmal meinem Kind einen kleinen Tritt verpasst, nicht schlimm, aber eben doch. Umgehend nahmen Mimik und Blick meiner Gesprächspartnerin den Ausdruck ungläubigen Staunens an, und es rang sich der Satz hervor: »Sie, Frau Gädeke, haben Ihr Kind getreten?«

Ich dachte: Jetzt verliert sie jedes Vertrauen in mich, in die Pfarrersfrau aus der *Christengemeinschaft* – warum habe ich ihr das bloß gesagt? Doch ehe ich verzweifeln konnte, öffnete sie ihre von Schuldgefühlen bedrückte Mutterseele. Ahnungslos hatte ich mit meinem Bekenntnis eine Seelentür aufgestoßen, und in diesem Augenblick wurde mir bewusst: Wir brauchen eine Mütterseelsorge! Diese aus der Not geborene Erkenntnis ruhte über viele Jahre wie ein Samenkorn in meinem Gemüt.

Als dann das Elternseminar ins Leben gerufen war und sich bewährte, machte ich mir Gedanken über eine mögliche Form der Elternseelsorge. Hintergrund war: Wir alle gehen meist ungeschult in dieses mütterliche, väterliche Erziehungsabenteuer mit der logischen Folge, immer wieder Fehler zu machen, mit mehr oder weniger schmerzlichen Konsequenzen für Kinder und Eltern. Eltern bedürfen zum Umgang mit ihren Schuldgefühlen einer Methode, die man sich selber aneignen und immer wieder anwenden kann im Sinne fortwährenden Lernens und Reifens. Das müsste der Untertitel eines entsprechenden Angebotes vermitteln, damit sich überhaupt jemand zutraute, sich einer solch intimen, hochsensiblen Gesprächsarbeit auszusetzen. Deshalb stellte ich bei den Ankündigungen dieser Gemeinschaftsarbeit folgende Formulierung hinzu: »Sich aussprechen dürfen, sich angenommen fühlen, den erlösenden Goldgrund hinter der Schuldenlast suchen, ist das Ziel gemeinschaftlicher Arbeit«. Entsprechend behutsam müsste auch die Einführung für das erste Treffen vorbereitet und gestaltet werden.

Im Umgang mit meinen eigenen mütterlichen Seelenlasten fielen mir eines Tages wiederkehrende Abläufe auf, die den Charakter von Gesetzmäßigkeiten erkennen ließen: die missglückte Reaktion gegenüber dem Kind – Auftreten des Schuldgefühls – einsetzende Erlösungssehnsucht – Bemühen um Erkenntnisgewinn und Wiedergutmachung: ein Geschehen in vier Phasen. Daraus ergab sich ein tragfähiges, zuversichtlich stimmendes Konzept für eine Elternseelsorge: Schritt für Schritt durch bestimmte Fragen einen bewussten Zugang zu diesen vier Phasen zu ermöglichen. Aber jeder dieser Abende bedurfte unbedingt eines künstlerisch gestalteten Inhaltes zum friedvollen Beschließen, damit sich die elterlichen Seelen mit ihrem persönlichen Leid im Allgemein-Menschlichen wiederfinden, sich verstanden, getröstet und geborgen fühlen könnten.

Als Ziel dieser Abende erhoffte ich für alle Beteiligten einen Vertrauensgewinn in ihre elterlichen Entwicklungsmöglichkeiten, eine überzeugende Erfahrung und Bekräftigung innerlich wirkender Gesetzmäßigkeiten in der Aufarbeitung. Und vor allem ein Erahnen und Erspüren helfender Kräfte in unserer ringenden Elternseele.

Gleichwohl sollte und durfte das keineswegs eine gegebenenfalls notwendige fachliche sozialpädagogische Unterstützung oder psychotherapeutische Behandlung ersetzen, was den Eltern auch deutlich gesagt wurde.

## Am ersten Abend

Mit Rücksicht auf die Intimität dieses sensiblen Unternehmens stellte ich nach der persönlichen Begrüßung mein Angebot in aller Offenheit als ein noch unerprobtes Experiment vor. Ich gab ein paar Minuten Bedenkzeit, sollte sich jemand lieber wieder zurückziehen wollen. Aber alle Beteiligten nahmen das Angebot in vollem Umfang an und förderten dieses Vorhaben durch aktive, aufrichtige Mitarbeit.

Doch hatte unsere Arbeit bereits unbemerkt begonnen: Das Lesen des Kurstitels »Wohin mit der Last elterlichen Versagens« in den Ankündigungen hatte in den elterlichen Seelen bereits an eine empfindliche Saite gerührt: Warum passiert es mir immer wieder, dass ich mich meinem Kind gegenüber nicht so verhalte oder verhalten kann, wie ich das eigentlich möchte? In der stillen Trauer darüber mag eine hoffnungsvolle Sehnsucht nach heilenden Möglichkeiten aufgekeimt sein.

Um einen runden Tisch versammelt, wurde in der sogenannten »Stillen Arbeit« diese Stimmung aufgenommen. Auf handschriftlich vorbereiteten Papierbögen standen die Themen, die in den folgenden fünfzehn Minuten bearbeitet werden sollten. Es waren drei Fragen, denen wir uns in drei Arbeitseinheiten widmeten.

Die erste Aufgabe lautete: Stellen Sie sich bitte eine real erlebte Versagenssituation vor, die gut überschaubar ist und mit wenigen Worten aufgeschrieben werden kann.

Das Ergebnis dieser ersten Aufgabe behielten die Teilnehmenden während aller Abende für sich. Es war ihr ganz persönliches, intimes Beispiel für die Weiterarbeit an allen drei Abenden.

Die zweite Aufgabe: Versuchen Sie sich zu erinnern: Welche seelischen Prozesse haben Sie durchlaufen, bis Sie die Anerkenntnis der Schwäche, des Fehlers, des Schuldigseins in Ihrem Bewusstsein ganz haben zulassen können?

Im Anschluss daran ließen wir uns gegenseitig am Ergebnis der zweiten Aufgabe teilnehmen: Zunächst war da die Flucht vor der Situation, die Rechtfertigung vor einem selbst, man beschönigte alles erst einmal und sagte sich, dass das elterliche Verhalten in dieser Weise notwendig und richtig war. Und trotzdem war da das schlechte Gewissen, weil zum Beispiel ein Versprechen nicht eingehalten worden war. Es dauerte ganz lange, bis man das Geschehene wirklich annehmen konnte. Und es gab aber immer wieder Einbrüche, man suchte immer wieder nach einer Rechtfertigung.

In einem dritten Schritt schauten wir nun das Vorgebrachte unter allgemein menschlichen Gesichtspunkten an.

Zwei Ströme waren deutlich zu erkennen: der Strom der Fehler, die vielleicht mit mehr Wachheit, Ruhe oder besserem Überschauen der Situation hätten vermieden werden können, sowie ihrer Folgen auf den verschiedensten Ebenen, sich selbst und dem betroffenen Kind gegenüber. Wir nannten ihn den *Unterstrom.* – Als mahnende Stimme unseres höheren Selbst meldete sich nun unser Gewissen und fragte: Bist du so weit, dass du dein Versagen, deinen Fehler auf dich nehmen kannst? Diese mahnende Stimme des Gewissens nannten wir den *Oberstrom* in unserer Seele.

Die Tatsache, dass das mühsame Durchringen zu einem Selbstbekenntnis zutiefst menschlich ist, erinnerte uns an das Märchen der Gebrüder Grimm vom *Marienkind*, das gegenüber der Gottesmutter immer und immer wieder eine verbotene Tat leugnete, bis es schließlich auf dem Scheiterhaufen verbrannt werden sollte: Endlich, als die ersten Flammen es umzingelten, rief es in seiner Herzensnot: Ja, Maria, ich habe es getan! Auf dieses Bekenntnis hin rauschte ein Regen vom Himmel und löschte das Feuer. Dieser Schluss ist ein sprechendes Bild für das reinigende Brennen der Gewissensqual.

Nun fassten wir ein Bild ins Auge: die bleibende Gewissenslast als Wunde zu verstehen, die aber zum Wahrnehmungsorgan des Herzens werden kann.

Wir dachten auch an das reibende Sandkorn in der Muschel, das sie zwar nicht wieder entfernen, doch durch eine wunderbare Reaktion der Natur mit dem Perlmutt der Muschelschale umgeben kann, sodass dieses störende Sandkorn zum Mittelpunkt eines wunderbaren Gebildes wird.

Zum friedvollen Beschließen des aufwühlenden Abends las ich aus dem Johannes-Evangelium vor (Kapitel 8, Vers 2–12): *»Früh am Morgen fand Er [Jesus] sich im Tempelbezirk wieder ein. [...] Da bringen die Schriftgelehrten und Pharisäer eine Frau herbei, die beim Ehebruch ergriffen war, stellten sie in die Mitte und sagten zu Ihm: Meister, diese Frau ist auf frischer Tat beim Ehebruch ergriffen worden. Im Gesetz hat Moses geboten, solche Frauen zu steinigen; was sagst nun Du dazu? Mit diesen Worten stellten sie Ihm eine Falle, um einen Grund zur Anklage gegen ihn zu haben. Doch Jesus beugte sich nieder und schrieb mit dem Finger in die Erde. Als sie ihre Frage wiederholten, richtete Er sich auf und sprach: Wer von euch ohne Sünde ist, werfe als Erster einen Stein auf sie. Und wieder bückte Er sich nieder und schrieb mit dem Finger in die Erde. Auf dieses Wort hin gingen* *sie davon, einer nach dem anderen, die Ältesten zuerst; und Jesus blieb allein zurück mit der Frau, die in der Mitte stand. Und Jesus richtete sich auf und fragte sie: Frau, wo sind sie, hat dich keiner verurteilt? Sie sagte: Keiner, Herr. Da sagte Jesus: Auch ich verurteile dich nicht. Geh deinen Weg und sündige von jetzt an nicht mehr! Von Neuem verkündigte ihnen Jesus: Ich Bin das Licht der Welt. Wer mir nachfolgt, wird nicht wandeln in der Finsternis, sondern wird das Licht des Lebens haben.«*

## Am zweiten Abend

Vor uns stand nun die dritte Phase des seelischen Prozesses. Die Aufgabe der »Stillen Arbeit« lautete: Greifen Sie die von Ihnen gewählte Versagenssituation vom ersten Abend wieder auf. Sie wurde bis zu dem Umschlagpunkt bearbeitet: »Jetzt kann ich mein Versagen ganz vor meinem Bewusstsein zulassen.« Versuchen Sie nun zu erinnern und in wenigen Worten zu beschreiben, was dieses Bekenntnis zum schmerzlichen Fehlverhalten in der Folge an veränderten Stimmungen, Gefühlen, vielleicht auch an ersten Impulsen zur Wiedergutmachung hervorgerufen hat.

Im nächsten Schritt ließen wir uns wiederum an unseren Ergebnissen teilhaben: Durch den bewussten Umgang mit dem eigenen Versagen kann man ein Gespür für destruktive Kräfte entwickeln, die man irgendwie genährt hat wie ein Gespenst, das jetzt aber verhungert. Man lernt Warnsignale leichter zu erkennen. Das hilft, um jeden Tag neu beginnen zu können.

Scham und Reue lassen Kräfte wachsen zum Leben mit der Schuld. Das fördert das Annehmen der eigenen Schwächen wie der Schwächen des anderen und zugleich die Fähigkeit zur Brüderlichkeit. Man muss verzeihen wollen. Wenn man sich selbst und anderen verzeihen kann, entsteht eine neue Freiheit, die die Angst vor der Zukunft nimmt. Das Vertrauen in die göttliche Welt hilft, bei sich selbst zu sein.

Auch kann man erfahren, dass verfestigte Urteile, die nicht mehr angemessen sind, hinterfragt und aufgelöst werden können. Oft sitzen sie tief im Gewohnheitsleben. Ein derartiger Prozess kann bis in tiefe Schichten der Seele reinigend und heilend wirken. Die Wunde des Herzens wird mehr und mehr ein Wahrnehmungsorgan und setzt zugleich heilende Kräfte frei.

In allen Äußerungen, bei denen auch Wut auf sich selbst erwähnt wurde, zeigten sich Gemeinsamkeiten. Die Selbstrechtfertigung schwächte sich allmählich ab, zunehmend machten sich Scham und Reue bemerkbar. Anfangs steckte man gewissermaßen wie im Gefängnis des Selbstschutzes der Rechtfertigung. Eine deutlich spürbare Energielosigkeit machte sich ungut bemerkbar. Aber gerade dadurch konnte sich die Sehnsucht nach Befreiung entwickeln: Erst der Verzicht auf diesen Drang zur Rechtfertigung lieferte den Schlüssel zur Befreiung aus dieser Selbstbefangenheit und ebnete den Weg zur erlösenden Selbsterkenntnis. Der Drang zur Rechtfertigung wandelte sich in einen Drang zu verzeihen, zur Wiedergutmachung, zur Versöhnung mit sich selbst und dem betroffenen Kind. – Die entstandene Schuldsituation erlebt jedes Kind anders. Jugendlichen gegenüber muss man gegebenenfalls auch von Mitverantwortung sprechen. Das setzt aber voraus, dass sie an den Eltern ein Vorbild haben.

Zum Abschluss des Abends schauten wir auf den Zukunftsaspekt der vierten und abschließenden Phase unseres Arbeitsthemas. Und es zeigte sich, dass wir zusammen mehrstimmig einen Kanon von Joseph Haydn singen konnten:

*Tod ist ein langer Schlaf,*
*Schlaf ist ein kurzer, kurzer Tod;*
*der lindert dir und jener tilgt*
*des Lebens Not.*
*Tod ist ein langer Schlaf.*

Denn im Schlaf weilt unsere Seele in der geistigen Heimat. In deren Wahrheitslicht schaut sie auf das Tagesleben zurück, auch wenn wir davon direkt nichts merken. Sind wir jedoch dafür offen, können wir entdecken, dass aus dem Schlaf klärende Gedanken, helfende Stimmungen und Willensregungen mitgebracht werden können, erst recht, wenn man sich auf die Nacht innerlich vorbereitet. Wir erinnerten uns auch an das Sprichwort »Der Schlaf ist der kleine Bruder des Todes«. Denn was wir im Kleinen auf unser Tagesleben und Wirken bezogen in der Nacht durchmachen, das erwartet uns, wenn man es denn annehmen will, im Großen im nachtodlichen Dasein als Lebensernte.

## Am dritten Abend

Wir betrachteten zunächst unsere Arbeit unter dem Gesichtspunkt von Vergangenheit, Gegenwart und Zukunft: Der Vergangenheit ordneten wir unser Versagensbeispiel zu und welche Wirkung es in uns hervorgerufen hat. In Bezug auf die Gegenwart erlebten wir den Übergang zur Selbstbesinnung, indem wir uns allmählich unserem Fehlverhalten stellten, es ganz auf uns nehmen konnten. Der dritte Abend sollte nun dem Zukunftsaspekt gewidmet sein.

Für die »Stille Arbeit« stellte ich die Aufgabe: Sie sind an dem Punkt der Energielosigkeit, der Trauer über sich selbst, der Reue über Ihr Versagen angekommen, die das Bedürfnis nach Wiedergutmachung und Verzeihen mit sich brachte. Fassen Sie kurz zusammen, was Sie als Gewinn betrachten, den Sie aus der durchlebten Schuldsituation und der nachfolgenden Bearbeitung für die Zukunft mitnehmen.

Noch einmal vertrauten wir uns gegenseitig die Ergebnisse der »Stillen Arbeit« an: Aus den Fehlern konnte viel gelernt werden. Das Schuldigwerden verhalf dazu, Schattenbereiche in der eigenen Seele und ihre Dynamik erstmals genauer wahrzunehmen, ein besonders wichtiges Ergebnis, weil es das Potenzial zur Vorbeugung enthält. Aus der wachsenden Brüderlichkeit entstand ein tieferes Verständnis von Barmherzigkeit, was das Annehmen des anderen mit seinen Schwächen und Schattenseiten förderte. Man konnte Frieden schließen mit sich selbst und dem betroffenen Kind. Eine Tür tat sich auf zu einem erneuten unbeschwerten Miteinander.

Zum Beschließen unserer Arbeit lenkten wir den Blick auf eine höhere Ordnung. Was wir an den drei Abenden miteinander und dadurch auch füreinander durchlebt hatten, voller Toleranz und Achtung gegenüber dem Seelenringen der anderen Beteiligten, bestätigte überzeugend die hoffnungsvollen Ankündigungen am ersten Abend. Dennoch trennten wir uns noch nicht, sondern schauten auf eine umfassende spirituelle Gliederung, wie sie sich in der Heiligen Messe und im Gottesdienst der *Christengemeinschaft,* der Menschenweihehandlung, in ihren Hauptteilen zeigt, eingebettet in ihre Anfangs- und Schlussgebete:

- Evangelienlesung als Heilsverkündigung
- Opferung
- Wandlung
- Vaterunser-Gebet
- Kommunion.

Denn die Frage war, ob die inneren Gesetzmäßigkeiten der durchlebten Prozesse, die sich in jedem Einzelnen von uns zeigten, ein abgeschatteter Ausdruck einer höheren Gesetzmäßigkeit sind, die auch den Gottesdienst trägt. So kann die Ankündigung unseres Kursangebotes, die bereits das seelische Heilungsbedürfnis ansprach, dem Lesen des Evangeliums im Gottesdienst gegenübergestellt werden, in dem die Heilsbotschaft verkündet wird. Der erste Abend, den wir dem Schuldigwerden und der Selbstrechtfertigung gewidmet hatten, stünde in einer Beziehung zu dem Gottesdienst-Element der Opferung, der Hinwendung zu Gott im Bewusstsein schmerzlicher Verfehlung. Der zweite Abend mit seinem Lösungsbeginn, dem Übergang von der Selbstrechtfertigung zu Trauer und Reue, entspräche der im Gottesdienst vollzogenen Wandlung im Sinne von Tod und Auferstehung. Der dritte Abend, der im Zeichen des Friedenschließens, des Sich-neu-Verbindens aus dem höheren Ich stand, fände sein Gegenüber in der am Altar vollzogenen Kommunion, der Gemeinschaftsbildung aus der Gnade Christi.

Wir waren inzwischen in der Passionszeit angelangt und gedachten ihrer Motive in den gottesdienstlichen Gebeten: Das Menschenherz wird sich seiner Stellung zwischen den Mächten des Bösen und der eigenen schwachen inneren Kraft schmerzlich bewusst; so erbittet die trauernde Menschenseele, dass das zu Boden liegende Ich seelisch-geistig wieder erhoben werde durch die Kraft der Götter.

Wir sahen: Es ist nicht einfach das Problem des einzelnen Menschen, sich immer wieder unreifen, überzogenen, leichtfertigen oder unguten Regungen und deren verstörenden Wirkungen ausgesetzt zu sehen, sondern wir haben es mit einer menschheitlichen Dimension zu tun. Es geht um das Entwicklungsziel der Menschheit, sich in der vielfältigen Auseinandersetzung mit dem

Bösen, seinen Ablenkungen und Versuchungen hier auf Erden zu einem freien Ich-Wesen zu entwickeln. Das heißt: Wir können und dürfen frei entscheiden, ob wir uns für das Wahre, Schöne und Gute, für das Heilsame und Friedenstiftende in unserem Leben einsetzen wollen, bis in die kleinsten, scheinbar unbedeutendsten Situationen hinein. Wir sind aber damit nicht allein gelassen, sondern Jesus Christus geht uns als Mensch gewordener Gottessohn auf seinem Leidensweg, durch Tod und Auferstehung voran. Er weiß um die alltägliche Not und das Leiden eines jeden Menschen. Deshalb auch wurden die uralt heiligen und heilenden Formen gottesdienstlicher Handlungen der Menschheit als innere Heil- und Stärkungsquelle, als seelisch-geistige Orientierungshilfe von den Eingeweihten aus der geistigen Welt übermittelt.

Natürlich ist uns dieses große Ziel keineswegs allgegenwärtig, und darum geschieht es ja auch, dass wir immer wieder aus der Spur geraten. So ist jede Wunde, die geschlagen ist, nicht mehr rückgängig zu machen. Und doch können diese Wunden, gut behandelt, unser Inneres fast unbemerkt mehr und mehr zur Reifung bringen und Wahrnehmungsorgan werden für die große Mühsal unserer Mitmenschen. Wir können schwesterlicher und brüderlicher werden von einem Fehler zum anderen, ganz in dem Sinne, wie es im letzten Arbeitsschritt als schöne Frucht zum Ausdruck kam.

## Gemeinsamer Rückblick

Weil dieses Angebot ein erster Versuch war, ein gewagtes Experiment, bat ich um einen weiteren Abend ein paar Wochen später, um aus einem gewissen Abstand gemeinsam zurückzublicken, verbunden mit der herzlichen Bitte um offene, kritische Äußerungen zu allen Vorgängen. Darauf ließen sich alle Beteiligten sofort ein, und es wurde ein Termin festgelegt. Zuversichtlich bereitete ich meine Fragen für dieses Treffen vor. Einige Ergebnisse dieses Abends sollen hier herausgegriffen werden.

Es fiel auf, dass die weibliche Seite mehr von Schuld, Sühne, Beschützen, Auf-sich-Nehmen sprach, die männliche Seite mehr von Recht und Unrecht. Kann man auf Recht auch einmal verzichten?

Das ganze Unternehmen wurde als risikoreich empfunden, das Gelingen sei ganz vom Moderieren abhängig. Die hier erprobte Seelsorgearbeit könne auf jeden Fall genau so wieder angeboten werden.

Es wurde angeregt, Kurse über »Männlich und Weiblich« anzubieten zum besseren Verständnis von Töchtern und Söhnen, aber auch für die elterliche Partnerschaft. Denn Väter und Mütter können auf ein und dieselbe Sache völlig anders reagieren und gegebenenfalls agieren.

Nach solchem Zuspruch hätten wir uns voneinander verabschieden können. Aber ich ließ noch einen heiteren Akt von etwa einer Stunde folgen nach dem Motto: Ist nicht der Humor der Assistent in der Praxis des Heilenden Geistes?

Eine ganz unerwartete Folge der Ankündigung dieses Kurses in der Gemeinde war, dass vermehrt Mütter bei unserer Priesterin um ein individuelles Seelsorgegespräch baten.

# Spielerisch-Künstlerisches zur Sinnenfreude

Mit den folgenden Angeboten ermöglichten wir den Eltern einen mehr praktisch orientierten Zugang zu unserem Elternseminar. Nicht jede Mutter oder jeder Vater mag sich einer nur gedanklich geprägten Arbeit anschließen. Ein sichtbares oder spielerisch-hörbares Ergebnis gemeinsamen Tuns kann als freilassender erlebt werden, und man kann gegebenenfalls auch noch etwas Handfestes mit nach Hause nehmen. Deshalb war es uns ein Anliegen, praktisch Erfahrbares mit dem Religiösen zu verbinden. Gleichzeitig ermöglichten es die folgenden Angebote, die Sprache zum Thema zu machen, dieses lebensentscheidende, kostbare Gut, das am besten im Schoß der Familie erfahren und erlernt wird – vom ersten Lebenstag an, wenn alles seinen guten Gang geht.

Wie wohltuend ist es für ein Kind, wenn erzählt wird, wenn kleine Reime, Geschichtchen, schließlich Märchen oder die Gute-Nacht-Geschichte sein Herz erfüllen. Wie schön, wenn Sprache auch in kleinen und schließlich umfangreicheren Liedern das junge Gemüt erfüllt. Und was sind es für ergreifende Augenblicke, wenn erste Silben und dann immer mehr Worte selbst hervorgebracht werden! Und vor allem: wenn unser Kind immer wieder ein offenes Ohr findet und ein liebevolles elterliches Herz, dem es sich mit seinen Erlebnissen und Stimmungen in dem ihm jeweils schon möglichen Sprachvermögen mitteilen kann, begleitet von der dazugehörigen Gestik und Mimik.

Da der Einsatz von kleinen und großen Puppen, Tieren, Phantasiegestalten und Gegenständen in verschiedensten Handhabungen in allen pädagogischen Einrichtungen für Kinder zum Handwerkszeug gehört, haben auch wir entsprechende Kurse angeboten. Zu ihrer Durchführung konnten wir die Kindergärtnerin Susanne Lange, die Puppenmacherin Anne-Rose Börner sowie die Heilpädagogin Anita Brahmst und unsere Pfarrerin Susanne Gödecke gewinnen. Von einigen solcher Angebote soll hier erzählt werden.

## Träum, Kindlein, träum

Wir zaubern eine kleine Puppenfamilie und spielen eine Gute-Nacht-Szene

Ein Kurs von Susanne Lange

Unter der kundigen Anleitung Susanne Langes zauberten wir am Vormittag mithilfe verschiedenfarbiger Märchenwolle, einer Filznadel und eines großen, harten Scheuerschwamms als Arbeitsunterlage ein Mütterchen, ein Väterchen und ein kleines Kind. So lernten wir, wie man mit Trockenfilzen sehr schnell allerlei stabile Figürchen zaubern kann: eine herzige, kleine Schar entstand![37]

Am Nachmittag lernten wir eine einfache Bühne aufzubauen: Ein Stuhl mit Rückenlehne wurde ganz mit einfarbigen Baumwolltüchern verhüllt, die Sitzfläche mit Bauklötzchenreihen samt angedeuteten Fensternischen umrahmt und so als Kinderzimmer erkennbar gemacht. Auf dem Boden lagen ein paar winzige Spielsachen. Dies war die Ausgangslage für ein Abendritual, mit dem die Puppeneltern ihr kleines Kind zu Bett brachten.

Nachdem uns Susanne Lange durch Vorbild in diese spezielle Theater-Kleinkunst eingeführt hatte, saß jeweils eine Akteurin hinter dieser Stuhllehne. Man sah ihre Kopf- und Brustpartie, Arme und Hände agierten von den Seiten der Stuhllehne aus, ohne störende Ärmelteile, ablenkende Armbanduhr und Schmuck. Auf ihrem Schoß, geschützt vor den Augen der Zuschauer, lagen entsprechende Utensilien bereit samt den »Hauptpersönchen«, die nun vor dem Publikum auftraten und uns in eine abendliche familiäre Szene entführten: Ein warmer, geheimnisvoller Glockenton schlug eben sieben Uhr! Wohnte das Püppchen etwa in der Nähe einer kleinen Kirche? Ein kleines Kind kam mit Mama herein, und zusammen räumten sie die Spielsachen auf. Danach wurde Klein-Hans von Mama ins Bettchen gehoben, den Schlafanzug hatte er ja schon an. Dann kam der Vater hinzu. Als das Bienenwachskerzlein angezündet war, sangen Mutter und Vater ein Abendliedchen und sprachen ein Abendgebet:

*Wenn die Kinder schlafen ein, wachen auf die Sterne,*
*und es steigen Engelein nieder aus der Ferne,*
*halten wohl die ganze Nacht*
*bei den frommen Kindern Wacht.*[38]

Küsschen und Streicheln und Gute-Nacht-Wünsche befriedeten das kleine Kindergemüt. Das Lichtlein wurde ausgepustet und hinterließ einen wunderbaren Duft. Eine friedvolle Stimmung war entstanden. So umsorgt, kann man auch als Wollpüppchen gut einschlafen.

Dieses uns anrührende Seminar hielt eine überraschende Erfahrung bereit: Obwohl wir die agierende Person mit Gesicht, sich bewegenden Armen und Händen beim Sprechen und Singen beobachten konnten, lenkte ihre ganz dem Spiel hingegebene ruhevolle Konzentration unsere Aufmerksamkeit ungeteilt auf das, was sie zu vermitteln bemüht war: Wir wurden Zeuge eines echt wirkenden Eltern-Kind-Aktes. Dieses Erlebnis war so überzeugend, dass wir später weitere Kurse anboten, die einmal wöchentlich vormittags für zwei Stunden stattfanden und von mehreren jungen Müttern mit sichtlicher Begeisterung besucht wurden. Zwei sehr kleine mitgebrachte Kinder genossen friedlich die heiter-gemütvolle Atmosphäre.

Diese Art von Vorstellung eignet sich für jedes Spielchen, mit dem man kleinen Kindern eine Freude machen oder sie für etwas begeistern will oder mit dem man sie vielleicht auch auf etwas vorbereiten kann, das demnächst in ihrem kleinen Leben neu sein wird.

Ebenso kann man spielerisch ein störendes oder schmerzliches Vorkommnis auf die kleine Bühne bringen, das auf kindgemäße Art Frieden stiftend, angstlösend behandelt werden sollte. Man kann auch einfach Heiteres aus dem Erlebnisumfeld des Kindes vorführen oder eine kleine Geschichte.

Dieses Spielen ist also auf jeden Fall Gewinn bringend und an kein festes Thema gebunden: Menschen, Tiere, Pflanzen, Muscheln, Steine, Elfen, Kobolde, Zwerge aus dem Spielzeugkorb oder vom Regal der Kinder können wunderbare Akteure sein. Gegenstände, mit denen das Kind schon gespielt hat, wird es mit besonderer Freude begrüßen!

Wir Eltern werden dabei selber wieder zu Kindern – und das ist gut so.

# Vermittler, Tröster, Erzieher

Sinngebung, Herstellung, Erfahrungen mit der Handpuppe

Ein Kurs von Anne-Rose Börner
und Roswitha M. Gädeke

*Handpuppe mit Zwerg.*

Wir hatten das Glück, in unserem Kollegium mit Anne-Rose Börner eine Mutter unter uns zu haben, die sich bestens auf die Herstellung von Puppen und Handpuppen verstand. Sie wusste aus eigener reicher Erfahrung, welchen Helfer man in der Erziehung mit der Puppe haben kann, wenn sie als Mediator zwischen Eltern und Kindern vermittelt: Solch eine kleine Helferin kann ein Lied davon singen, mit wie vielen Stimmungen und Situationen man es zwischen Eltern und Kind als vermittelndes Puppengeschöpf täglich zu tun bekommt! Es ist zum Weinen und zum Lachen! Aber ein erfahrenes Puppenkind weiß damit umzugehen. Denn es versteht, die Elternseele im besten Sinne selber wieder Kind werden zu lassen.

Ein solches Puppenkind kam am ersten Kurstag zu Besuch und ließ uns mit einigen vorgeführten Szenen an seinen Erfahrungen mit kniffligen Situationen teilhaben.

Wie kann ich als Puppe Eltern und Kind helfen, wenn es krank ist? Wenn es abends noch nicht ins Bett will? Oder wenn das Kind sich einfach ärgert und Sachen durch die Gegend fliegen? Oder eine totale Bockigkeit sich seiner bemächtigt? Oder wenn es als Schulkind Ärger wegen nicht mehr ganz aktuell bedruckter T-Shirts bekommt? Oder sogar noch in etwas fortgeschrittenerem Alter mächtig angibt mit angeblich bereits bestens erledigten Hausaufgaben?

Wir konnten uns dem Charme dieses Geschöpfes, seiner Würde und Lebensweisheit, seiner köstlichen Naivität und Schuldlosigkeit nicht entziehen! Zum Abschied legte es uns mit Nachdruck ein nicht zu übertretendes Gesetz ans Herz: »Kein Moralisieren, nachdem ich, die Puppe, gesprochen habe!«

Dieser herzbewegenden Begegnung mit dem Puppenkind folgten vier weitere Kurseinheiten mit Anne-Rose Börner. Unter ihrer praktischen Vorbereitung und Anleitung fanden fünf Handpuppen ins Leben. Trotz gleicher Arbeitsmuster und weitgehend gleicher Materialien schauten uns fünf durchaus individuell geprägte Puppenkinder an.[39]

Als eine Teilnehmerin äußerte: »Wenn ich gewusst hätte, was diese Handpuppe bewirken kann, hätte ich meinen Kindern und mir viele Tränen ersparen können«, wurde uns klar: Ein weiteres Kursangebot für das nächste Trimester ist angesagt! Denn jetzt galt es, das uns Vorgeführte und Mitgeteilte über den pädagogischen Einsatz der Puppe zu vertiefen.

Zuletzt haben wir uns verschiedene Szenen aus dem Kinderalltag vorgeführt und anschließend in offener, vertrauensvoller Art ein hilfreiches Echo gegeben. So sind wir allmählich, aber freudig hineingewachsen in dieses kleine, feine Theaterspiel.

## Wo man singt, da lass dich ruhig nieder

Ein Kurs von Daniela Rosenbaum,
Susanne Lange und Roswitha M. Gädeke

Um den Kurs zu charakterisieren, fügten wir den Ankündigungen folgenden Text hinzu: »Froh zu sein bedarf es wenig: Lust zu singen, Freude an den Tänzchen der Kleinen und an der Begegnung bei Kaffee, Tee, Saft und mitgebrachtem Kuchen«. Jeweils an einem Sonntagnachmittag im Trimester konnten Familien gemeinsam am Leben des Elternseminars teilnehmen. Wir verbanden mit diesem Angebot auch die Hoffnung, unbekannten Eltern den Zugang zu einer fremden Kirchengemeinde zu erleichtern. Zu unserer Freude erfüllte sich diese Hoffnung: Zwei neue Familien kamen hinzu.

Diesen Kurs anbieten zu können, verdankten wir der Bereitschaft der Musiklehrerin der Waldorfschule, Daniela Rosenbaum, und unserer Kindergärtnerin Susanne Lange. Für die praktischen Vor- und Nacharbeiten sorgte ich selbst, je nach Situation auch unter Mithilfe von Eltern.

Es lag uns am Herzen, mit Reigentänzchen, Singspielen für die Kinder und elterlichem Chorsingen das Erleben des Jahreskreislaufs zu vertiefen.

Gleich zu Beginn sangen wir unter Anleitung von Daniela Rosenbaum einige bekannte jahreszeitliche Lieder. Ein munteres Kaffeetrinken und Kuchenessen förderte besonders für die Kleineren eine Atmosphäre der heiteren Geborgenheit. Das erleichterte Susanne Langes Vorhaben, die Kinder zu Reigentänzchen und Singspielen auf die Gemeindewiese zu locken, unterstützt von dem einen oder anderen Elternteil. Unterdessen erklangen vom Foyer her mehrstimmige Lieder und Chorsätze aus den Kehlen der Eltern.

Zum Beschließen dieses heiteren Nachmittags lockte Susanne Lange die Kinder wieder ins Foyer: Auf einer Minibühne führte sie mit kleinen Püppchen, Naturkulissen und Tierchen ein kurzes zu Herzen gehendes, oft in Versform vorgetragenes Theaterstück auf. Manchmal gab es zum Abschied auch ein Reigentänzchen mit Groß und Klein oder ein gemeinsam gesungenes Lied.

Eine Mutter, erstmals mit ihren Kindern hinzugekommen, sagte beim Abschied: »Das ist ja wie Urlaub!«

# Weihnachtsfiguren aus Wolle, Stoff und Filz – Die Heiligen Drei Könige

Ein Kurs von Anne-Rose Börner und Roswitha M. Gädeke

*Die Heilige Familie.*

*Figurenwerkstatt.*

In vorangegangenen Kursen hatten wir unter Anleitung von Anne-Rose Börner mit viel Freude Josef, Maria, das Kind und die Hirten gebastelt. Zum Auftakt dieses Kurses las ich die Geburtsgeschichte Jesu aus dem Matthäus-Evangelium vor und schilderte das Lebensgefühl der Menschen in Palästina um die Zeitenwende. Wir machten uns damit bewusst, in welcher innerlich dunklen Zeit die Geburt Christi geschah. Vor diesem Hintergrund näherten wir uns nach und nach auch dem Verständnis der Heiligen Drei Könige, auch Priesterweise genannt. Wer waren sie, welche Bedeutung hatten sie, was repräsentierte jeder von ihnen? Wie könnte die Krone eines solchen Königs aussehen? Was sagen die drei Gaben von Gold, Weihrauch und Myrrhe, die sie dem Jesuskind verehrten, über sie aus?

Eingestimmt durch diese Viertelstunde inhaltlicher Besinnung, konnte es dann an die praktische Arbeit gehen.[40]

## Ich back' ein Knusperhäuschen!

Ein Nachmittag für Kinder ab 5 Jahren
von Anita Brahmst, Susanne Lange und Anne-Rose Börner

Ebenso großen Anklang fand der Kurs »Ich back' ein Knusperhäuschen!«. Ausgangspunkt war die Idee von Anita Brahmst, einen Nachmittag in der Adventszeit mit Kindern ab fünf Jahren zu verbringen, um damit den Eltern ein paar adventliche Mußestunden zu ermöglichen. Die Eltern konnten sich aber auch, wenn dies ihrem Anliegen entgegenkam, mit anderen Müttern und Vätern am Kamin der Pfarrwohnung nebenan bei warmen Getränken und Gebäck treffen, um sich mit Roswitha Gädeke vorweihnachtlichen Motiven zuzuwenden. Dies wurde von den meisten Eltern gerne wahrgenommen.

In wenigen Stunden konnte jedes Mädchen und jeder Junge sein Knusperhaus erstellen, reichlich mit allerlei leckeren und bunten Zutaten verzieren und stolz nach Hause tragen. Im Kreis der Eltern bewegten wir Fragen wie: »Wer war eigentlich der Nikolaus?« In einem anderen Jahr widmeten wir uns den kompositorischen und inhaltlichen Geheimnissen des Märchens *Hänsel und Gretel*, mit dem ich mich besonders beschäftigt hatte. Wieder ein anderes Mal ging es um »Hirte und Schaf« im Evangelium.

# Erzählen lernen – Wie fange ich bloß an?

Ein Kurs von Susanne Gödecke

In der Begrüßungs- und Vorstellungsrunde nach ihrer Motivation zur Teilnahme an diesem Kurs befragt, nannten die Teilnehmerinnen folgende Gründe:

»Vorlesen ist etwas Schönes, erzählt bekommen ist allerdings noch schöner. Aber wie macht man das?«

»Wenn ich mit meinem zweijährigen Töchterchen durch den Wald gehe, erzähle ich zwar, aber ich habe das Gefühl, die Sprache ist zu hoch angesetzt und sollte sich dem Alter des Kindes entsprechend verändern.«

»Als meine Kinder die Adventsgeschichten für die Kleineren nicht mehr hören wollten, habe ich es in einem Jahr geschafft, mich vom Vorlesen zu lösen und aus dem Stegreif zu erzählen – sehr zum Vergnügen der bereits anfänglich pubertierenden Kinder. Warum habe ich danach den Mut zur freien Erzählung nicht mehr gehabt?«

Zunächst suchten wir nach den Gründen, die das Erzählen so anziehend machen: Wenn man etwas erzählt bekommt, fühlt man sich angenommen und gestärkt. Die Sprachfähigkeit des Erzählenden und des zuhörenden Kindes wird angeregt und kann sich daran weiterentwickeln. Eine vorhandene Stimmung kann aufgegriffen, vielleicht sogar bearbeitet werden, oder man kann eine Stimmung erzeugen, die zum Beispiel für eine besondere pädagogische Situation wünschenswert, ja hilfreich und erlösend wirken kann.

Jetzt fragten wir: Wer ist es eigentlich, der da erzählt, hat das einen Einfluss auf die Erzählung?

Ein und dieselbe Erzählung kann sehr verschieden ausfallen, denn Alter, Temperament, Lebenserfahrung und Lebensbereiche der Erzählenden zaubern ganz verschiedene Tönungen der Geschichte hervor. Ja, die zuhörenden Kinder selbst beeinflussen die Art des Erzählens.

Eine aufregende Frage bewegte uns zuletzt: Wo finden wir den Ideen- und Kraftquell zum lebendigen Erzählen?

Die Antwort lautet: Im Kind selber! Denn in ihm wirken Schöpferkräfte. Wie sonst könnte ein Kind noch immer wachsen und sich in seiner allmählich erwachenden Persönlichkeit weiterentwickeln?

Das gab uns zu denken: Könnte unsere Hemmung beim freien Erzählen vielleicht in dem mehr oder weniger bewusst erlebten Gefühl liegen, der so anders gearteten lebensvollen Kinderseele mit ihrer reichen Phantasie nicht mehr gewachsen zu sein? Haben wir uns als Erwachsene dieser phantasiereichen Welt des Kindes mit ihren ganz eigenen Wahrheiten viel tiefer entfremdet, als uns das bewusst ist?

Diesen auch in uns Erwachsenen vorhandenen, aber verschütteten Schatz an bildhafter Sprachfähigkeit gilt es wieder zu erwecken und mutig hinaufzuheben in unsere Seelen, in unser Selbstverständnis.

Diese Einsichten führten uns an den inneren Quell unseres eigenen Suchens nach der rechten Sprache im Umgang mit unseren Kindern: Eine Erzählung wird sowohl für Kinder als auch für uns Erwachsene ein tiefes Erlebnis, wenn wir der persönlichen Stimme eines Erzählers lauschen und zugleich dessen begleitende Mimik und Gestik wahrnehmen können. Eine solche Erzählung zaubert in den alten wie jungen Zuhörern deren ganz eigene Vorstellungsbilder hervor.

Um diesen Prozess phantasievollen Wahrnehmens und Erlebens als Einstieg zum Erzählenlernen behutsam einzuleiten, wurden die Teilnehmerinnen ermuntert, ein geheimnisvolles Objekt in einem großen, umgekehrten Einmachglas in Ruhe zu betrachten. Dieses Glas beherbergte ein von unten nach oben schräg aufragendes Rindenstück. Ein golden glänzendes, sehr zartes Stoffgewebe war auf nicht erkennbare Weise an der einen Längsseite des Rindenstückes befestigt, das dieses auf der einen Seite verdeckte und zugleich an der anderen Seite eher freigab. Was war das? Schaute man dieses gläserne Mysterium von verschiedenen Seiten an, wandelten sich von Drehung zu Drehung die zu gewinnenden Bildeindrücke, und unser so sehr vom Intellekt geleiteter, schnell urteilender Verstand hatte erst einmal das Nachsehen: Es stellte sich kein Begriff ein, mit dem dieses undefinierbare Objekt hätte belegt und damit abgetan werden können. Und das war gut so! Die Qualität des Erzählens, um die es hier ging, konnte und durfte nicht an der Oberfläche der Dinge haften bleiben. Denn das Erzählen ist immer auf der Suche nach dem Wesentlichen, das sich in einer Geschichte aussprechen will, soll sie uns wirklich wesenhaft berühren.

Die spannende Frage war nun: Wie findet man in dieses wesenhafte Erzählen hinein?

Als große Hilfe erwies sich das beherzte Eintauchen in die Stimmung und Sprache der echten Volksmärchen. Als Beispiel hörten wir das Märchen der Gebrüder Grimm von der *Bienenkönigin*. Es führte uns auf die Spur geheimnisvoller, wichtiger Begebenheiten. Was und wie da erzählt wird, brachte uns mit den in uns selbst schlummernden Schöpferkräften erst ahnend, dann allmählich deutlicher und bewusster wieder in Verbindung.

Nun hatten wir wohl Vertrauen fassen können zu unserem eigenen Quell schöpferischer Phantasie. Aber wie man an die Technik des Erzählens herankommt, musste ebenfalls gelernt und geübt werden. Hierbei waren uns die vier Elemente Lehrmeister: Erde, Wasser, Luft und Feuer.

Das Erdelement kann uns zur exakten Beobachtung von

Dingen und Vorgängen erziehen. Diese genau wahrzunehmen, zu beschreiben, jedes kleinste Detail mit ungeteiltem Interesse und allen Sinnen zu beobachten, führt zur intimen Kenntnis der Erscheinungen der Welt, eine unersetzliche Voraussetzung für ein lebendiges Erzählen. Daher erhielten die Teilnehmerinnen die Hausaufgabe, einen Gegenstand zu wählen und diesen ganz exakt wahrzunehmen, zu beobachten und das Ergebnis zu Papier zu bringen, damit es in der folgenden Stunde den anderen vorgelesen werden konnte. So lernten wir zugleich einen ersten Schritt von der stillen schriftlichen Erzählung zur Weitergabe an Zuhörer durch das gesprochene Wort.

Eine zweite Übung dieser Art galt der Beschreibung einer Szene mit dem Element des Wassers. Dieses Element, soweit es sich fließend zeigt, diente als Gleichnis für die Wirkung und Bedeutung des Sprachflusses.

Während einer dritten Übung zum Luftelement standen wir im lockeren Kreis. Jede von uns bekam einen kleinen Ball aus bunter Wolle in die Hand. Möglichst genau zeitgleich und in der gleichen Richtung sollten wir den Ball unserer Nachbarin zuwerfen und zunächst ein einsilbiges Wort mitschicken, dann ein zweisilbiges, ein mehrsilbiges und schließlich einen ganzen Satz. Hierin äußerte sich ein gleichnishaftes und reales Nachvollziehen des Luftstroms im Atem, dessen sich die Sprache bedient. Sie ist wie ein Medium, das die Vokale trägt, während die Konsonanten die Luft bewegen, wie der Wind die Welle formt.

Das Feuer schließlich lebt in der Begeisterung, mit der wir erzählen. Es lebt in der Wärme des Herzens, mit der wir uns den zu erzählenden Dingen und Ereignissen öffnen, mit der wir uns vor allem aber dem zuhörenden Kind selber zuwenden. Eine Erzählung, sei sie auch noch so klein, wird vom Kind umso offener und freudiger aufgenommen, je durchwärmter sie vorgetragen wird.

Im Zentrum unserer Schulung stand natürlich auch das Kind selbst. Da stellten sich Fragen, die unsere Aufmerksamkeit schulten: Wie genau kennen wir die Welt der Kinder in ihren verschiedenen Altersstufen und Interessen? Wie erzählen sie denn selber? Was beschäftigt sie? Wie hören sie uns zu? Woran merken wir das? Das lehrte uns »Kerlchen«, Susanne Gödeckes Handpuppe. Kerlchen hat viel Erfahrung mit Kindern: Er kennt ihre Freuden, ihre Traurigkeiten, Hoffnungen und Ängste. Aber er weiß auch um ihre schöpferischen Fähigkeiten, ihre reiche Phantasie, ihre Lust auf Späße und auch um ihre Neigung zum Geheimnisvollen.

So wurden wir im Laufe dieser drei ersten Abende, die ihrer Natur nach sowohl sehr heitere als auch sehr innige Seiten hatten, allmählich vertrauter mit den Grundlagen des Erzählens. Was wir jeweils an anrührenden Versuchen hervorbrachten, fiel uns nicht leicht mitzuteilen, obwohl wir ja nur ein kleiner, aber eben auch schutzbedürftiger Kreis waren. Das Angebot eines weiteren Kurses ermöglichte uns, die neu gewonnenen Einsichten und anfänglich wiederentdeckten und zu stärkenden Fähigkeiten weiterzuentwickeln.[41]

## Eine Märchenbühne kommt hinzu

Einen Gewinn von besonderer Art stellte die Verbindung zu einer seit Jahren bestehenden Puppenbühne dar, von Waldorfeltern für die ersten Klassen ihrer Kinder gegründet, um ihnen mit Handpuppen Märchen der Gebrüder Grimm aufzuführen. Als die Kinder diesem Alter entwachsen waren, spielten sie nur noch an den Basartagen der Schule. So lag die Frage an unser Kollegium nahe, ob die Märchenbühne nicht eine Heimat im Elternseminar finden könnte. Eine größere Freude hätte man uns kaum machen können! Dieses Angebot eröffnete ganz neue Möglichkeiten: Mit einer Märchenbühne könnten wir die Kinder direkt erreichen! Kindern echte, ungekürzte Volksmärchen vorzulesen oder wortgetreu zu erzählen, erachteten wir als wesentlichen Teil der Familienkultur, den wir unbedingt unterstützen wollten. Denn die echten Volksmärchen, überliefert von den Gebrüdern Wilhelm und Jakob Grimm, ernähren und stärken die Seelen von Kindern und Erwachsenen durch ihren Gehalt an aufrichtiger Frömmigkeit, Lebens- und Schicksalsweisheit. Dies gelingt aber nur unter der Bedingung, dass diese alten Märchen nicht in Sprache und Bildern unserem heutigen, vielfach oberflächlichen Verständnis angepasst werden. Denn damit wird ihr tiefer Wahrheits- und Schönheitsgehalt und dessen seelenstärkende Wirkung infrage gestellt.

*Aufführung des Märchens »Die sechs Schwäne«.*

Die Puppenspielerinnen hatten Lust, das Märchen *Die sechs Schwäne* aufzuführen. Gleichzeitig boten wir ein Seminar für Erwachsene an, in dem wir uns tiefer mit den Märchenmotiven auseinandersetzen wollten.[42] Es sollte die Geburtsstunde einer uns alle tief und freudig erfüllenden inhaltlichen Arbeit an den Grimm'schen Märchen werden. Wir verwendeten die Winkler-Ausgabe von 1966, um der Originalsprache so nahe wie möglich zu sein.[43] Bewusst verzichteten wir weitgehend auf die anfangs angedachte Einbeziehung von Fachliteratur zugunsten unserer eigenen Entdeckerfreude an der Kostbarkeit des Märchenschatzes. Mit dieser Art von Umgang schufen wir einen tragenden Grund für die Proben und Aufführungen mit den bereits vorhandenen Handpuppen.

In der Vorgehensweise einigten wir uns auf eine schrittweise Erschließung des Textes in vier Arbeitsschritten. Zuvor wurde er einmal als Ganzes vorgelesen.

Im Folgenden sollen die Geschehnisse des Märchens kurz nachgezeichnet werden. Am besten ist es natürlich, sich dieses Märchen im Originaltext zu Gemüte zu führen.

Zu Beginn geht es um einen König auf der Jagd, der unbemerkt seine Gefolgschaft hinter sich ließ und gegen Abend erkannte, dass er sich verirrt hatte. Eine Hexe, die ihm als alte Frau erschien, war bereit, ihm den Weg aus dem Wald unter der Bedingung zu zeigen, dass er ihre wunderschöne Tochter heiratet, andernfalls würde er im Wald hungers sterben. Voller Angst willigte der König ein.

Aus erster Ehe hatte er sechs Söhne und eine Tochter, die er aus Sorge vor der Stiefmutter in ein einsam gelegenes Schloss im Wald in Sicherheit brachte. Der Königin aber fielen seine häufigen Abwesenheiten auf. Sie gab den Dienern viel Geld, um von ihnen die Ursache zu erfahren und auch, mit welchen Mitteln das verborgene Schloss zu finden wäre, und kam so hinter das Geheimnis des Zauberknäuels, das den Weg anzeigte, indem es sich abwickelte. Nun nähte sie heimlich sechs seidene Zauberhemdchen, mit denen sie die Brüder verwandeln wollte. Von einer Schwester wusste sie nichts. Das ihr zugespielte wegweisende Zauberknäuel rollte sich vor ihr ab bis zum Schloss im Wald. In Erwartung des Vaters sprangen ihr die Brüder freudig entgegen. Sogleich warf sie jedem ein Hemdchen über, das sie sofort in Schwäne verwandelte, und sie flogen über den Wald hinweg.

Anderntags fand der König im Schloss nur seine Tochter vor. Sie erzählte ihm, was geschehen war, und zeigte ihm die Federn, die die Schwäne hatten fallen lassen. Der König trauerte zwar, aber ohne einen Verdacht gegen die Königin zu schöpfen. Er wollte nun das Mädchen mit fortnehmen. Es bat aber aus Angst vor der Schwiegermutter, nur noch diese Nacht im Schloss bleiben zu dürfen, was der Vater ihr erstaunlicherweise gewährte.

Wieder allein, fasste die Schwester den Entschluss, ihre Brüder zu suchen. Nach einem erschöpfenden Marsch durch Nacht und Tag in den Wald hinein fand sie eine Wildhütte mit sechs kleinen Betten und legte sich zum Schlafen bescheiden unter eines davon.

Kurz vor Sonnenuntergang kamen sechs Schwäne zum Fenster hereingeflogen, bliesen sich alle Federn ab und streiften auch die Schwanenhaut ab wie ein Hemd. Voller Freude über das Wiederfinden der Brüder kroch das Mädchen unter dem Bett hervor. Auch die Brüder freuten sich, sagten aber, dass dies eine Räuberhöhle sei, sie selbst nur eine Viertelstunde vor Sonnenuntergang ihre menschliche Gestalt erhielten und die Schwester also nicht beschützen könnten. Sie weinte. Aber dennoch geistesgegenwärtig, fragte sie nach einer Erlösungsmöglichkeit. Nach einem Zögern eingedenk der harten Bedingungen antworteten die Brüder: »Du darfst sechs Jahre lang nicht sprechen und nicht lachen und musst in der Zeit für uns sechs Hemdchen aus Sternenblumen zusammennähen. Kommt ein einziges Wort aus deinem Munde, so ist alle Arbeit verloren.« Nach diesen Worten war die Zeit um und die Brüder flogen als Schwäne zum Fenster hinaus.

Das Mädchen aber fasste den festen Entschluss, die Brüder zu erlösen, »und wenn es auch sein Leben kostete«. Es verließ die Wildhütte, setzte sich mitten im Wald auf einen Baum und brachte da die Nacht zu. Am Morgen sammelte es Sternblumen und begann zu nähen. Reden konnte es mit niemandem, zum Lachen hatte es keine Lust. Es sah nur auf seine Arbeit.

Nach langer Zeit jagte der König dieses Landes in diesem Wald, und seine Jäger entdeckten das Mädchen auf dem Baum. Sie konnten aber trotz fortwährenden Fragens über ihr Leben hier im Wald nichts aus dem Mädchen herausbringen. Um die Jäger zufriedenzustellen, warf es schließlich nacheinander alles herab, was es entbehren konnte: Schmuck, Gürtel, Strumpfbänder, bis es nur noch sein Hemdlein behielt. Die freundlichen Jäger hoben es schließlich vom Baum herab und führten es vor den König, der es in allen ihm bekannten Sprachen befragte. Aber das Mädchen antwortete mit keiner Silbe. Seine Schönheit und Sittsamkeit rührten jedoch des Königs Herz. Er hüllte es in seinen Mantel, hob es auf sein Pferd, brachte es auf sein Schloss und ließ ihm reiche Kleider antun. Er fasste eine große Liebe zu diesem Mädchen, und nach einigen Tagen vermählte er sich mit ihm.

Dieser König hatte eine böse Mutter. Sie war mit der Heirat unzufrieden und sprach schlecht von der jungen Königin, bezeichnete sie gar als Dirne. Nach der Geburt ihrer ersten beiden Kinder nahm sie ihr diese jeweils weg, bestrich ihr im Schlaf den Mund mit Blut und verklagte sie beim König als Menschenfresserin. Die junge Königin jedoch schwieg und nähte beharrlich an ihren Sternenhemdchen. Der König glaubte an seine Frau: Könnte sie reden, würde sie sich verteidigen. Als aber das dritte Kind auch verschwand und die Königin sich nicht verteidigte, konnte der König nicht anders: Er musste sie dem Gericht übergeben. Sie wurde verurteilt, den Feuertod zu erleiden.

Als das Urteil vollzogen werden sollte, war dies zugleich der letzte Tag ihrer sechsjährigen Prüfungszeit. Die sechs Sternenhemdchen waren fertig genäht bis auf das letzte, dem noch der linke Ärmel fehlte. Auf dem Weg zum Scheiterhaufen legte sie die Hemdchen auf ihren Arm. Als sie oben stand und das Feuer angezündet werden sollte, sah sie sechs Schwäne heranziehen: Sie freute sich, weil ihre Erlösung nahte. Sie warf ihnen die Sternenhemdchen über, und da standen ihre Brüder leibhaftig vor ihr. Nur der jüngste hatte statt des linken Ärmels einen Schwanenflügel. Da ging die Königin zu ihrem Gemahl, um ihm alles zu erklären: denn jetzt durfte sie wieder sprechen. Ihre drei Kinder wurden zur großen Freude des Königs herbeigeholt. Die böse Schwiegermutter aber wurde zur Strafe auf den Scheiterhaufen gebunden und zu Asche verbrannt. Der König und die Königin mit ihren sechs Brüdern lebten lange Jahre in Glück und Frieden.

*Im ersten Schritt* verpflichteten wir uns, ganz genau hinzusehen, was da tatsächlich geschrieben stand. Wir bemerkten dabei immer wieder, wie wir unversehens schon ins Interpretieren gerieten und dadurch entscheidende oder zumindest bemerkenswerte Einzelheiten übersahen. So spürten wir zum Beispiel dem Wort nach, dass die Schwester der sechs in Schwäne verwandelten Brüder an sechs Sternenhemdchen »nähete« anstatt »nähte«, wie wir es normalerweise aussprechen. Ein einziger Buchstabe mehr veränderte die Qualität des angesprochenen Vorganges auf feine Weise: Zum einen wurde das »h« zwischen Umlaut und Vokal überhaupt erst hörbar durch das sich anschließende eingefügte »e«, zum anderen entstand damit ein beseelter Rhythmus, der das Auf und Ab der Stiche mitschwingen ließ, die da von der Hand des Mädchens zur Erlösung ihrer Brüder zu vollführen waren. Das kurze »nähte« hingegen klang sachlich-knapp und erinnerte eher an den Takt einer Nähmaschine. Dieser jeweilige Eindruck verstärkte sich noch, sprach man das Wort mehrmals hintereinander aus. Staunend lernten wir nach und nach, wie schon ein einziger Buchstabe mehr oder weniger unterschiedliche Stimmungen und Vorstellungen, also innere Bilder, in der Seele hervorrufen kann. Aber genau darauf kommt es bei den echten Märchen an!

Wir richteten unsere Aufmerksamkeit aber auch auf die Stellung von Worten innerhalb des Textes: Wie oft und an welchen Stellen kommt etwa das Wort »Sonne« vor oder das Wort »Herz«? Warum wechselt die Prosa auf einmal zur Versform? Wo wiederholt das Märchen Wortlaute mit oder ohne Abwandlungen? Mit welchen Worten wird ein Wesen oder eine Person beschrieben? Es ging also zunächst um eine disziplinierte exakte Wahrnehmung des Wortleibes und einen treulichen Umgang mit ihm.

*Der zweite Schritt* verlangte erneut, den Drang zum Interpretieren weiterhin zurückzuhalten. Jetzt näherten wir uns dem Beleben der einzelnen Worte: Was für Bilder stiegen in jedem von uns auf, wenn wir Worte lasen oder hörten wie Wald, König, Prinzessin, Zauberin, Wollknäuel, Schloss, Schwan, Feder, Diener, Gericht …?

Mussten wir uns im ersten Schritt alle an die Fakten des Textes halten, war jetzt die Vielfalt dessen gefragt, was für jede Teilnehmerin unserer Arbeitsgruppe mit den einzelnen Worten und Begriffen verbunden war. Obwohl die Begriffe objektiv definierbar sind, haben sie für jeden Menschen zusätzlich eine subjektive Beimischung. Für einen Hungernden bedeutet Brot etwas ganz anderes als für jemanden, der es täglich essen kann. Jeder persönliche, individuell gefärbte Beitrag bereicherte und vertiefte also die Bedeutung eines Wortes, erweiterte seinen Wirkensumkreis. Und so kam es: Wo vorher aneinandergereihte Worte standen, begann sich vielfältiges Leben in Bildern zu regen. Erneut staunten wir, welche Fülle von Schätzen unserer Sprache eigen ist, lässt man sich erst einmal auf ihre Tiefe ein. Was wir dabei erlebten, spiegelt am besten ein Gedicht von Joseph von Eichendorff wider, das wir auch einmal auf der Rückseite eines Programms abgedruckt hatten:

*Schläft ein Lied in allen Dingen,*
*die da träumen fort und fort,*
*und die Welt hebt an zu singen,*
*triffst du nur das Zauberwort.*[44]

*Im dritten Schritt* betrachteten wir die agierenden Personen und Geistwesen, wie sie nacheinander im Märchen erscheinen und Beziehungen untereinander aufnehmen. Was verkörpern zum Beispiel die beiden Könige, welche Bedeutung hat das Mädchen?

Gleich zu Beginn des Märchens fiel auf, dass es sich bei diesem ersten König um irgendeinen König handelt, der zwar in einem Schloss wohnt und eine Gefolgschaft hat, jedoch kein regierender König eines Landes ist. Seine Jagdleidenschaft ist zügellos, wodurch er den Zusammenhalt mit seiner Gefolgschaft verliert. Letztlich steht er da als hilfloser Mann, der sich nicht einmal selbst zu regieren versteht, sich folglich in seinem eigenen Wald verirrt. Von Todesangst erfüllt, nimmt er das Rettungsangebot einer Hexe an, die er als solche nicht durchschaut. Der Preis: Er muss ihre Tochter heiraten und zur Königin machen. Den Schutz seiner geliebten Kinder vor dieser unheimlichen Stiefmutter betreibt er mit mangelnder Umsicht mit den beschriebenen Folgen. Als Vater verwendet dieser König keinen Gedanken daran, ob und wie die Söhne wiederzufinden und zu erlösen sein könnten.

Er trauert nur. Fraglos erfüllt er zuletzt der Tochter den Wunsch, noch eine Nacht allein im Schloss verbringen zu dürfen. Wo bleibt das die Tochter schützende, väterliche Machtwort dieses Königs?

Wer ein richtiger, guter König sein will, der das Wohl seiner Untertanen und seines Landes im Sinn hat, muss eine Persönlichkeit sein, die sich selbst führen kann, die sich auf Durststrecken bewährt und sich in allen Situationen als souverän erweist. Ein König muss sein Land kennen, klar denken und Kräfte durchschauen können, um die richtigen Entscheidungen zu treffen. Ebenso muss er sich Gewissheit verschaffen, dass seine aus Lebensweisheit und Klugheit getroffenen Weisungen und Anordnungen auch beherzigt und ausgeführt werden. Das verschafft ihm Respekt und bewahrt ihn am ehesten vor untreuen Dienern.

Diese Charaktereigenschaften sind aber bei diesem ersten König nicht zu bemerken. So versinkt diese Märchengestalt in die Bedeutungslosigkeit. Dieser König wird im weiteren Verlauf des Geschehens gar nicht mehr erwähnt und am Ende nicht in das allgemeine Glück der Erlösung aufgenommen.

Es bleibt die Frage: Um was für ein Königtum handelt es sich hier eigentlich?

Wenden wir uns der Tochter zu. Es fällt sogleich auf, dass die Königin von ihr nichts weiß. Warum nicht? Hat sie als Mädchen schlicht keinen Status, mithin keine Bedeutung, sodass sie den Dienern keiner Erwähnung wert ist? Es bleibt offen. Aber gerade sie ist es, die geistesgegenwärtig und fürsorglich die Federn aufhebt und bewahrt, die die verwandelten Brüder als Schwäne »in dem Hof hatten fallen lassen«. So kann sie diese dem Vater zeigen, der sich aber erstaunlicherweise gar nicht dafür interessiert. Er will nur die Tochter fortnehmen, weil sie an diesem Ort nicht mehr geschützt ist.

Sie selbst sieht sich nun zwischen zwei Wege gestellt: entweder im Umkreis der bösen Stiefmutter leben zu müssen oder eine selbstständige, entsagungs- und gefahrvolle Zukunft zu wählen. In der letzten ihr verbleibenden Nacht im Schloss flieht die Tochter: »Ich will gehen und meine Brüder suchen.« Diesen Willen setzt sie umgehend in die Tat um. Eine erste Stufe der an sie gebundenen Entwicklung beginnt.

Nach der Flucht im Schutze der Dunkelheit geht das Mädchen »gerade in den Wald hinein«, findet vermeintlichen Schutz in einer Wildhütte, trifft auf wundersame Weise ihre Brüder wieder und erfährt von den harten Bedingungen, unter denen sie sie erlösen könnte. In der totalen äußeren und inneren Einsamkeit und Schutzlosigkeit steht diese junge Menschenseele vor einer Entscheidung, die sie nun zu fällen hat: Jetzt heißt es nicht mehr einfach: »Ich will meine Brüder suchen«, sondern: »Das Mädchen aber fasste den festen Entschluss, seine Brüder zu erlösen, und wenn es auch sein Leben kostete.« Damit setzt eine zweite Stufe der Entwicklung ein: ein bedingungsloser Entschluss auf Leben und Tod aus Liebe zu den Brüdern. »Es verließ sofort die Wildhütte, ging mitten in den Wald und setzte sich auf einen Baum und brachte da die Nacht zu.« Am anderen Morgen beginnt es unverzüglich mit der Arbeit an den Hemdchen.

Es heißt dann weiter, dass es »schon lange Zeit da zugebracht hatte …«, ehe eine gravierende Veränderung ihrer Lebens- und somit auch Prüfungsbedingungen eintritt: Eine dritte Gestalt erscheint, die wir betrachten wollen: Es geschieht, »dass der König des Landes in dem Wald jagte und seine Jäger zu dem Baum kamen, auf welchem das Mädchen saß.« Es tritt also ein weiterer König auf, jedoch ganz anders als der erste: Auch er jagt, aber er hält Kontakt zu seinen Jägern. Es ist hier nicht von einem Wild die Rede, dem besinnungslos nachgejagt wird, sondern die Jäger machen eine erstaunliche Entdeckung: ein einsames Mädchen auf einem Baum! Damit setzt die dritte Stufe der Entwicklung ein: Natürlich fragen sie: »Wer bist du?« Einfühlend deuten sie das Schweigen des Mädchens als Angst, weshalb sie ihm versichern, dass sie ihm nichts zuleide tun wollen. Sie richten immer weitere Fragen an das Mädchen, auf die es schließlich auf die ihm mögliche Weise reagiert, um sie »zufriedenzustellen«: Es wirft ihnen nach und nach seine goldene Kette, seinen Gürtel usw. herab, »sodass es nichts mehr als sein Hemdlein behielt«. Von den freundlichen Jägern vor den König gebracht, fragt dieser nicht nur: »Wer bist du?« Er stellt auch die Frage nach ihrem Tun: »Was machst du auf dem Baum?«, in allen Sprachen, die er wusste. Auch dieser offensichtlich sprachbegabte König hebt nun anlässlich der Jagd ein schönes Mädchen aufs Pferd, aber freiwillig und aus großer Liebe und er legt ihm seinen Mantel um. Er bedarf keiner fremden Hilfe, um aus dem Wald herauszufinden. Im Schloss angekommen, lässt er dem Mädchen »reiche Kleider antun und es strahlte in seiner Schönheit wie der helle Tag, aber es war kein Wort aus ihm herauszubringen«.

Doch auch dieser König ist von einem bösen Menschen umgeben: seiner Mutter. Als diese durch ihre Machenschaften seine junge Frau als Menschenfresserin anklagt, schenkt er ihren Worten keinen Glauben. Er lässt sich nicht von dieser bösen Frau beirren, obwohl sie seine Mutter ist. Er erkennt und ehrt die hohe Moralität der jungen Königin und steht uneingeschränkt zu ihr. Wenn er dennoch den Tod auf dem Scheiterhaufen nicht von ihr abwendet, geschieht das nicht aus Unsicherheit, Schwäche oder Wankelmütigkeit, sondern weil er sich als König den Gesetzen der Gerechtigkeit unterordnen muss. Diese sind unantastbarer Bestandteil eines wohlgeordneten Reiches: Sie gelten für alle Angeklagten, ohne Ansehen der Person.

Wir sehen also in diesem König eine hochstehende, gebildete

Persönlichkeit, in welcher Liebe, Umsicht, Weisheit, Entschlussfähigkeit und Gesetzestreue walten. Indem er sehenden Auges seine unschuldige Frau dem Gericht übergibt, weil ihr Schweigen ihr die Verteidigung verbietet, macht auch er eine schwere Seelenprüfung als liebender Ehemann durch: Er widersteht der denkbar naheliegenden Versuchung, seine königliche Macht zu missbrauchen, um das Recht zugunsten seiner Königin zu beugen. Er erkennt das Richteramt als Ausdruck einer höheren Macht an, vor der sich auch ein König zu verneigen hat.

Was für ein Königtum wird in dieser Gestalt vorgeführt? Ein Königtum »von Gottes Gnaden«? Besteht vielleicht eine unausgesprochene Verwandtschaft zur christlichen Religion, bedenkt man ein Christuswort aus der Offenbarung des Johannes (1. Kapitel, Vers 6): *»Ja, zu Königen und Priestern hat er uns gemacht«?* Welchen selbst auferlegten Weg musste dieses Mädchen gehen, um eine Königin zu werden – im Gegensatz zur Tochter der Hexe, die »beim Feuer saß« und ihren König »empfing, als wenn sie ihn erwartet hätte«?

Blicken wir nun auf die weiteren Prüfungen der Schwester der Schwäne. Bis zum Eintreffen der Jäger des Königs gibt sie sich ungestört und selbstbestimmt dem Nähen der Sternenhemdchen hin. Trotz aller Befragungen vergisst sie nicht, dass sie sechs Jahre nicht lachen und nicht reden darf. Was für eine ungeheuer große Leistung nach der langen Zeit der Waldeseinsamkeit, jetzt zu schweigen und damit den Spekulationen über ihre Person Tor und Tür zu öffnen!

Die vierte, fünfte und sechste Stufe der Prüfungen bereitet ihr die Schwiegermutter. Sie mag sich als des Königs Mutter durch das Erscheinen der schönen jungen Königin, die die fraglose Liebe ihres Sohnes gewonnen hat, gekränkt und zurückgesetzt fühlen. So wuchern in ihrer Seele böse Regungen, um die junge

Königin vom Thron zu stoßen. Drei Kinder hat die junge Frau geboren. Dreimal nimmt die böse Schwiegermutter ihr das Neugeborene weg, beschmiert der Gehassten im Schlaf den Mund mit Blut und behauptet dann jedes Mal, die junge Königin, die sie als Dirne diffamiert, sei eine Menschenfresserin. Was für eine furchtbare Prüfung, dies alles durchzustehen, ohne auch nur eine Silbe der Verteidigung über die Lippen kommen zu lassen! Erinnern wir uns jetzt an den in aller inneren und äußeren Einsamkeit gefassten Entschluss, die Brüder zu »erlösen, und wenn es auch sein Leben kostete«. Diesen Entschluss fasste die Schwester, noch ehe sie die harten Bedingungen kannte. Diese alleräußerste Bereitschaft, das eigene Leben – auch in ihrem späteren Dasein als eine vom Gemahl geliebte Königin – zu opfern für die Erlösung der Brüder, wird nun vom Schicksal im siebten und höchsten Prüfungsschritt auf die Probe gestellt: Ihr König und Gemahl, von ihrer Unschuld tief überzeugt, muss sie den Gesetzen entsprechend dem Gericht übergeben, das Todesurteil hinnehmen und seine geplante Vollstreckung zulassen.

Die junge Königin wird demgemäß zum Scheiterhaufen geführt. Doch im letzten Moment erscheinen die Schwäne, das Mädchen kann ihre Verzauberung mit den Hemdchen – bis auf den einen Schwanenflügel – rückgängig machen und den Betrug der Alten offenbaren. Diese erhält nun selbst jene Strafe, mit der sie sich ihrer Schwiegertochter entledigen wollte. Bemerkenswert ist hierbei, dass die Königsmutter auf den Scheiterhaufen »gebunden« wird. Von der jungen Königin jedoch heißt es, dass »sie geführt wurde« und dann »oben stand«. Denn sie ging freiwillig den dornenreichen Weg bis ans Ende, an den sie sich durch ihren festen unerschütterlichen Entschluss aus innerer Freiheit und Liebe zu ihren Brüdern selbst gebunden hatte. Folglich musste sie nicht losgebunden werden, um die Brüder herzen zu können und zum König zu gehen.

In diesem dritten Erkundungsschritt zeigte sich uns, wie *Seelenqualitäten und Seelenregungen* in den einzelnen Figuren Gestalt annehmen und so ihren jeweiligen Charakter verdeutlichen. Ob eine Seele sich von Hass, Neid und Eifersucht regieren lässt oder von Besonnenheit, Selbstlosigkeit, liebender Fürsorge bis hin zur Opfer- und Todesbereitschaft, bringt dann folgerichtig die diesen Seelenhaltungen entsprechenden Handlungen und Verhaltensweisen hervor. Nichts erschien uns zufällig so erzählt.

*Beim vierten Schritt* fragten wir uns: Warum spricht uns das in Wochen und Monaten Erarbeitete in einem Märchen so tief an? Was ist die Botschaft, die Weisheit, die sich dieser besonderen Sprache bedient, in der kein Wort zu viel und kein Wort zu wenig gesprochen wird? Was ist das für eine Sprache, die darauf verzichtet, ins brutal wirkende Detail zu gehen, wenn Härten oder gar Grausamkeiten erzählt werden? Wir erfahren ja nicht, wie viel Blut die böse Schwiegermutter der jungen Königin um den Mund schmiert, auf welche Weise sie zu diesem Blut gekommen ist, wie sie es an den Ort ihrer Tat transportiert und wie sie es schließlich auf den stummen Mund aufträgt. Warum muss es überhaupt so grausam zugehen? Was bedeutet es, dass sich schöne und gute sowie üble oder dumme Charaktereigenschaften und Verhaltensweisen bei männlichen wie weiblichen Handelnden gleichermaßen zeigen? Was hat es mit dem Alter der Gestalten auf sich?

Und wie erklärt es sich, dass sich die Teilnehmerinnen der Märchenrunde nach eineinhalb Stunden abendlicher Erkundungsarbeit erfrischt fühlten, obwohl sie alle einen langen, mühevollen, ermüdenden Arbeitstag hinter sich hatten? Waren wir vielleicht im Gespräch mit einem unsichtbaren Wesen, das durch die mehrschichtige Sprachhülle eines Märchens inspirierend zu uns Menschen sprechen will?

Was wir als Ernte aus dieser Märchenarbeit gewannen, erwies sich uns als vielfältige Seelen- und Schicksalskunde. Die Sprache, in der uns diese vermittelt wird, scheint innerlich verwandt zu sein mit der Sprache von Wahrträumen: In Bilder gekleidet, erleben wir uns träumend entweder als handelnde Person oder als erleidender Part seltsamster Vorgänge und Unterhaltungen in erstaunlichen Umgebungen. Im Licht des Wachbewusstseins betrachtet, könnten diese ebenso wenig den Gesetzmäßigkeiten des Alltags standhalten wie die im Märchen geschilderten unglaublichen Ereignisse. Und doch hat die Schlafforschung herausgefunden, dass jeder Mensch im Schlaf auf diese Traumphasen existenziell angewiesen ist. Die Traumbilder können im Bewusstsein haften bleiben oder aber unbewusst verdämmern – und dennoch den Grad der Erholung tiefgreifend fördern, auf die wir zur Bewältigung der Alltagsanforderungen dringend angewiesen sind.

Leibliche Erfrischung und Gesundung schenkt uns also der traumumfangene Schlaf. Schicksale und Schicksalsführungen kündigen sich in Traumbildern an. In bildhaften Gleichnissen wird die Menschheit von Göttern belehrt. Warum sollten wir den Bildern der Phantasie und Poesie, durch die ein Märchen sich ausspricht, misstrauen? Sind sie vielleicht als Seelennahrung durch Inspiration aus der geistigen Welt Menschen geschenkt worden? In der Vorrede ihres Märchenbuches, das die Brüder Grimm im Juli 1819 veröffentlichten, heißt es: »Was so mannigfach und immer wieder von Neuem erfreut, bewegt und belehrt hat, das trägt seine Notwendigkeit in sich und ist gewiss aus jener ewigen Quelle gekommen, die alles Leben betaut, und wenn es auch nur ein einziger Tropfen wäre, den ein kleines, zusammengehaltenes Blatt gefasst hat, so schimmert er doch in dem ersten Morgenrot.«[45]

Seelen- und Schicksalskunde als unser Ertrag aus der Märchenarbeit. Denn es erschien uns das ganze Potenzial seelischer Empfindungen, polarer Reaktionsweisen und gedanklicher Abläufe, wie sie in jeder Menschenseele veranlagt sind, aufgefächert in die einzelnen Rollen des Märchens.

Das Motiv König und Königin tritt im Märchen in den Vordergrund. Was verkörpert eigentlich der zweite König? Aus dem weiteren Verlauf des Märchens ergab sich uns eine Deutungsmöglichkeit: Der erste König hat kein Land zu regieren, wird aber dennoch König genannt. Könnte dieses Königtum so verstanden werden, dass wir Menschen alle potenziell als königliche Geschöpfe gedacht sind? Bringen wir vielleicht alle eine bestimmte Grundausstattung für ein innerliches königliches Leben und Wirken mit, wenn wir geboren werden? Werden wir damit im Verlauf unseres gesamten Lebens auf Erden wiederholt auf die Probe gestellt, wie wir mit diesem Potenzial umgehen? Erweisen wir uns dieses – erst einmal geliehenen – Königstitels als würdig? Haben wir gelernt, uns selbst zu regieren? Haben wir die Kräfte und Mächte erkannt, die uns von unserem Entwicklungsziel abhalten wollen, in die Irre führen wollen, Macht über uns gewinnen wollen? Wollen oder können wir unser königliches Potenzial erhalten und steigern, weil wir es als den großen Schatz unseres Daseins auf Erden erkannt haben? Fühlen wir uns verpflichtet, diesen Schatz im Sinne des Gemeinwohls, der Gerechtigkeit und Menschenliebe zu hüten, zu pflegen oder sogar zu vermehren? Dann stellt sich die ungeheuerliche Frage: Bedürfen wir der Widerwärtigkeiten und Versuchungen durch das Böse als unumgängliche Voraussetzung, um uns für das Heilsame im Menschen und auf der Erde zu entscheiden, uns dafür einzusetzen?

So gesehen, können wir in den unverfälschten Volksmärchen unsere Lehrmeister erblicken: Welche guten Kräfte und Mächte leben in unseren Seelen, in unseren Gedanken, in unserem Willen? Welche Gestalt können die bösen Kräfte annehmen, mit was für Mitteln wollen sie uns einfangen, gefügig oder machtlos machen? Wie und aus welcher Kraft können wir sie wahrnehmen, durchschauen, entlarven, ihnen die Macht über uns nehmen? Was sind wir bereit auf uns zu nehmen an Arbeit, Mühsal, Durststrecken und Prüfungen, um das wahre innere Königtum letztlich als Entwicklungsziel des Menschen in uns wachzuhalten und zu fördern?

Wir alle sind als Menschen zwischen Gut und Böse gestellt, jede Menschenseele ist ein Kampfplatz. Aber gerade die echten Märchen legen mit Ernst, Heiterkeit und Humor Zeugnis davon ab, dass wir uns und unsere Kinder auf diesen Kampf auf eindrucksvolle Weise vorbereiten können.

Die Quintessenz aus unseren Arbeitsschritten könnte lauten: Die aus den Märchen strömende Gewissheit, dass das Leben auf der Erde einen tiefen Sinn hat, vermittelt eine stärkende Kraft. Und letztlich sind wir nie allein gelassen auf unserem Weg mit seinen Höhen, Tiefen und Abgründen, wenn wir jenem ewigen Quell immer wieder vertrauen.

## Gründung einer Krabbelgruppe

Auf Initiative von Susanne Lange konnten wir nach einigen Jahren eine kleine vormittags stattfindende Krabbelgruppe für Kinder von 0 bis 3 Jahren mit ihren Eltern, Großeltern oder Betreuerinnen eröffnen. Diese Art der Mitarbeit im Elternseminar entsprach Susanne Langes veränderter Lebenslage nach der Geburt ihres zweiten Kindes. Damit ergab sich eine weitere Form unserer Arbeit mit Eltern, eine erfreuliche Entwicklung!

Mit der Eröffnung dieser Krabbelgruppe stellten sich uns ganz neue Fragen: Wie können wir zu zweit im zeitlichen Rahmen von eineinhalb Stunden einmal wöchentlich dem Sinn des Elternseminars »Fortbildung für religiöses Familienleben« gerecht werden? Mit welchen Inhalten können wir das Vertrauen dieser Rat und Unterstützung suchenden Eltern gewinnen und die Zuneigung ihrer Kleinen? Wie sollte die Arbeitsteilung aussehen? Außerdem mussten wir Gewissheit haben, dass im Bedarfsfall ein Schaden von der Gemeinde-Versicherung abgedeckt wäre.

Nach reiflicher Überlegung wagten wir ein Konzept, für dessen pädagogischen Teil Susanne Lange die Verantwortung übernahm, während es mir zufiel, die religiösen Themen im Gespräch mit den Eltern zu bewegen sowie für die wichtigsten räumlichen Vor- und Nachbereitungen zu sorgen, wobei die Eltern während des Vormittags unaufgefordert bei notwendigen Handgriffen mit anpackten, soweit es die gerade herrschende Verfassung ihrer Kinder zuließ.

Als Raum diente uns das ebenerdige Foyer des Gemeinde-Zentrums. Auf dem Fußboden breiteten wir eine große, weiche Decke für die Kinder aus. Ein kleiner runder Holztisch und ein großer rechteckiger abwaschbarer standen uns zur Verfügung einschließlich bequemer Stühle. Freundliche Baumwollvorhänge in verschiedener hellrosa Tönung rahmten nach Süden und Osten breite, große Fenster und die Terrassentür ein und schützten bei Bedarf vor allzu viel Sonne.

Im kleineren Kursraum nebenan konnten Kinder gewickelt, gegebenenfalls in Ruhe gestillt oder in ihren Kinderwagen schlafen gelegt werden. In der Teeküche nebenan bereiteten wir unsere kleinen Brotmahlzeiten vor. So viel zum äußeren Rahmen.

Dem Ablauf gaben wir folgende Struktur: Für die *Begrüßung* setzten wir uns für eine Viertelstunde um den kleinen Tisch, die Kinder auf dem Schoß der Erwachsenen, um erst einmal mit Leib und Seele anzukommen. Dabei zeigte sich meist schon, in welcher Verfassung das eine oder andere Kind war und wie sich die Erwachsenen selbst fühlten, je nach der Woche, die sie hinter sich gebracht hatten, oder nach dem, was vor ihnen lag. Wir führten die Erwachsenen in unser Tagesvorhaben ein, und es wurde ein erstes Liedchen gesungen, zum Teil von Fingerspielchen oder Wiegen begleitet, oder wir tanzten einen kleinen Reigen.

*Hauptteil:* Für eine Einführung in das jeweils gewählte Thema setzten wir uns an den großen Tisch, wo schon alles für die anschließende kleine kunsthandwerkliche Tätigkeit bereitlag. Manche der Kleinen hatten sich schon von der elterlichen Betreuung gelöst: Sie räkelten sich auf der Decke, brabbelten und spielten vor sich hin. Kleine Spieltiere oder Autos wurden an Schnürchen umhergezogen, hie und da wurden auch mal kleine Machtkämpfchen ausgefochten, denn man musste ja erst lernen, dass man auf dieser Erdenwelt nicht alles gleichzeitig haben kann. Begleitet wurde das Ganze mal von entzückten, mal auch von verärgerten oder von Mühen herrührenden Tönen und Lauten: ein vielstimmiges Kinderkonzert, das aber unvermittelt übergleiten konnte in erstaunlich konzentrierte Spielruhe. Das eine oder andere Kind schlüpfte zwischendurch gerne mal auf den elterlichen Schoß.

Für das inhaltliche Gespräch mit den Eltern wählten wir das Thema »Licht« und dessen Beziehung zum religiösen Leben. Wir sprachen erst einmal über die verschiedenen Lichtqualitäten, die uns mehr oder weniger bewusst begleiten: Das hell strahlende, Leben spendende Licht der Sonne und seine Wandlungen im Tages- und Wetterverlauf, das fast melancholisch stimmende, zu- und abnehmende Mondlicht, die unterschiedlich hell strahlenden Sterne am dunklen Nachthimmel. Wir dachten an das in jedem Menschen wirkende Lebenslicht, an das Licht eines klaren Gedankens, der uns buchstäblich einleuchtet, an das wärmende Herzenslicht in der Liebe zu Gott und zu unseren Mitmenschen sowie an das umfassende göttliche Licht der Wahrheit und der unendlichen göttlichen Liebe.

Schließlich stellten wir uns das aufbrennende und verlöschende Licht einer Kerze vor: eine großartige kulturelle und vielfach religiös eingesetzte Errungenschaft des Menschen.

Was lag nun näher, als mit dem Verzieren von weißen Kerzen die vorgenommene kleine kunsthandwerkliche Tätigkeit zu beginnen: Wir entschieden uns für einfache Motive aus der Schöpfungsgeschichte. Dafür verwendeten wir farbiges Bienenwachs, seiner Entstehung nach selbst dem Licht verwandt. Im Beisein der Kleinen konnte es sich natürlich nur um bescheidene Tätigkeiten handeln, die bei nächsten Treffen oder gegebenenfalls zu Hause fertiggestellt werden konnten.

Zu den verschiedenen Jahres- oder Festeszeiten entstanden aus Märchenwolle Raupen und Schmetterlinge, auch kleine Elfen; wir bastelten Laternen und Transparente für die Feierlichkeiten von St. Martin, Advent und Weihnachten; im Winter ließen wir aus hauchdünnen, weißen Papierscheibchen einer Schneeflocke ähnliche Gebilde entstehen, die wir mit Klebestreifen an den Fensterscheiben befestigen konnten. Diese gerne unternommenen Tätigkeiten wurden meist begleitet von entspannten Gesprächen, die das Thema weiterführten. Auch wurden Fragen gestellt, die sich bei der einen oder anderen Mutter in der Stille aufgetan hatten, oder es wurden Erlebnisse mit den Kindern erzählt.

Um inhaltlich den Zugang zur religiösen Seite des Lichtes zu erleichtern und zu vertiefen, gelangen uns sogar kurze, aber konzentrierte Bildbetrachtungen zu den Jahresfesten. Hierfür stellten wir einen Kunstdruck auf einen Notenständer abseits der Tische. Eine Mutter verschob die auf dem Fußboden liegende Decke für die Kinder vor unsere Stühle, damit die Kleinen ganz nahe bei uns spielen oder liegen konnten oder notfalls der schützende Schoß ganz nahe war. Es war überraschend zu erleben, wie ruhig und zufrieden die kleinen Kinder sich in diesen Situationen verhielten. Mütter merken immer wieder, dass die Kleinen sich geborgen fühlen, wenn die Eltern etwas Schönes, Wohltuendes erleben oder tun, ohne selbst schon zu verstehen, um was es dabei eigentlich geht.

Zum Beispiel bemühten wir uns mit einem Bild des Malers Matthias Grünewald, dem schwer zu verstehenden Ereignis der Auferstehung Christi näherzukommen, der eigentlichen Osterbotschaft. Sie fand im Licht der aufgehenden Sonne am ersten Tage der Woche als zentrales Ereignis der Entstehung des Christentums statt. Eine Mutter äußerte sich freimütig über dieses ihr bis dahin fremde Bild: »Am Anfang hat es mir gar nichts gegeben, jetzt aber sagt es mir auf einmal viel aus.«

Nach einer Dreiviertelstunde war es Zeit für eine kleine Mahlzeit mit Butterbroten. Mit einem Tischgebet von Martin Tittmann konnten wir das Lichtthema auf besondere Weise aufgreifen: Unsere Seelen wendeten sich bittend an die göttliche Welt, dieses in Korn und Brot segensreich wirkende schöpferische Licht auch in unseren Menschenherzen walten zu lassen. So falteten wir unsere Hände, die noch ganz kleinen wurden in die elterlichen bergend aufgenommen, dann wurden wir recht stille und sprachen und hörten diese urbildhaften Gebetsworte:

*Das Brot vom Korn, das Korn vom Licht,*
*das Licht aus Gottes Angesicht.*
*Die Frucht der Erde aus Gottes Schein,*
*lass Licht auch werden im Herzen mein.*[46]

Man muss nicht meinen, dass die Kleinen das noch gar nicht verstehen. Wörtlich erfassen sie es wohl kaum. Aber sie erleben staunend die Geste des Dankens mit, eine Urerfahrung des Menschen, dass für ihn mit diesem Brot gesorgt wird.

Eine Mahlzeit einzunehmen war eine wunderbare Möglichkeit, Gemeinschaftsbildung zu erfahren und zu erlernen: Man setzte sich gemeinsam um einen Tisch, der zuvor von liebevollen Händen gedeckt wurde, und man erlebte: Die Natur schenkt uns ihre Früchte, aus denen Menschen eine Mahlzeit bereiten, Wasser und Kräuter werden zu Tee, der den Durst löscht, man bittet und dankt, reicht dem Nachbarn den Brotkorb weiter. Das Essen würdig einzunehmen als etwas Kostbares, als ein Geschenk von Sonne und Erde, von lieben Menschen zubereitet, lernen die Kinder weitgehend aus dem Vorbild der Erwachsenen. Aber sie können dafür durchaus auch einen eigenen, ursprünglichen Sinn mitbringen. Gerade von den ganz Kleinen können wir Erwachsenen noch einmal lernen, auch einen winzigen Brotkrümel liebevoll anzuschauen, ehe er im Mündchen verschwindet.

Am Schluss der Mahlzeit, für die wir immer zwanzig Minuten einplanten, wurde ein Vers halb gesungen, halb gesprochen, während sich alle an den großen und kleinen Händen fassten und damit die Tischgemeinschaft würdig und fröhlich gelöst wurde:

*Wir reichen uns die Hände,*
*das Essen ist zu Ende.*
*Wir danken sehr, wir danken sehr.*
*Hab Dank, hab Dank*
*für Speis und Trank.*

Danach liefen, krabbelten, sprangen und rutschten die Kinder noch einmal herum, bis mithilfe der Eltern die Spuren der Mahlzeit in der Küche verschwanden und das Ende der Krabbelgruppen-Zeit herangerückt war. Zum Beschließen unseres Treffens tanzten wir manchmal einen Reigen oder sangen ein Abschiedslied. Besondere Freude kam auf, wenn sich ein Stuhl mithilfe von farbigen Tüchern und mit Dingen aus der Natur in eine kleine Theaterbühne verwandelte: Dann spielten Tierchen und Püppchen eine kleine Szene von höchstens zehn Minuten, meist in Versform, manchmal auch zum kleinen Lied vertont. Regie hatte Susanne Lange: Sie saß hinter der verhüllten Stuhllehne, leitete mit ihren Händen die Akteure, sprach oder sang die dazugehörigen Verse.

Mit fröhlichen Bildern, Tönen und Tänzchen in der Seele traten Kinder und Erwachsene winkend den Heimweg an.

Vielleicht kommen jetzt Zweifel auf, wie die einzelnen Akte innerhalb der recht kurzen Zeitspannen überhaupt ein wirksames Leben zu entfalten vermochten, und das sogar mit positiver Resonanz: Tatsächlich konnte dies nur aufgrund optimaler Planungen und Vorbereitungen bis in die kleinsten Kleinigkeiten hinein gelingen. Gleichwohl gab es auch Tage, an denen es einmal schwierig werden konnte: wenn zum Beispiel gleich mehrere Kinder nicht so gut gestimmt waren, weil vielleicht hervorbrechende Zähnchen Beschwerden verursachten oder ein anderes Ungemach die Kleinen in ihrem Befinden störte.

Notierte Äußerungen von Müttern legen Zeugnis von unseren offenen Gesprächen ab, die sowohl innerhalb der Gemeinschaftsarbeit geführt werden konnten oder in besonderen Momenten unter vier Augen gesucht wurden: Ist das Kind nicht zu zart für sein Alter? – Wie verträglich ist es für ein Kind, sich von der Mutter zu trennen? – Haben Kinder einen Auftrag, den sie aus der Zeit vor der Geburt mitbringen? Wie erkennen wir ihn? Wie können wir dem Raum geben? – Wie bewahrt man das Vertrauen in das Schicksal, wenn Durststrecken vor einem liegen?

Dankbar hervorgehoben wurde mit dem Wort »süß« die Höhe der Teilnahmegebühr: Ein möglichst niedriger Preis entsprach unserem Anliegen, den meist nicht begüterten Familien eine Teilnahme zu ermöglichen. Das war auch deshalb vertretbar, weil alle Mitarbeit im Elternseminar ehrenamtlich verrichtet wurde, also keine Gehälter bezahlt werden mussten.

# Den Kreis erweitern

*Eine kleine Ausstellung anlässlich des Informationsabends.*

Als die ersten beiden mühsamen Jahre des Elternseminars geschafft waren, keimte Zuversicht für eine weitere positive Entwicklung auf. Also kündigten wir einen öffentlichen Informationsabend an. Wir machten diesen Abend über die örtlichen Tageszeitungen, pädagogische Zeitschriften usw. bekannt sowie durch den Aushang von Plakaten, und unsere Programme lagen wie immer in den uns befreundeten Einrichtungen aus. Eine Mitarbeiterin prophezeite eine Besucherzahl zwischen 0 und 6. Aber wir hielten uns an unser Motto: Wir sind auch für nur *einen* interessierten Menschen da! Wir waren dann insgesamt zwölf Menschen; da der Teilnahme-Zuwachs für das Seminar aber erst in der Folge erkennbar wurde, hielten wir diese Unternehmung gleichwohl für einen Gewinn.

Einige Jahre später nahmen wir das Angebot der Redakteurinnen der Zeitschrift *Kinderkram,* für unser Elternseminar Werbung zu machen, zum Anlass für einen Vortrag, in dem zunächst das Elternseminar vorgestellt wurde und der sich dann dem Thema »Familie und Glaube« widmete. Der zweite Teil dieses Vortrags soll im Folgenden wiedergegeben werden.

## Familie und Glaube

Vortrag am 8. Juni 2005
von Roswitha M. Gädeke

Ich möchte das heutige Thema »Familie und Glaube« mit einem Zitat aus einem Vortrag einleiten, 2002 gehalten auf dem Straßburger Kongress für eine Aufwertung der Familienarbeit von Professor Dr. Paul Kirchhof, der von 1987 bis 1999 Richter am Bundesverfassungsgericht in Karlsruhe war: »Die freiheitliche Verfassung ist darauf angelegt, dass die Eltern ihren Kindern in mitmenschlicher Begegnung und Naturerfahrung, im Zugang zu Kunst, Wissenschaft und Religion, in der Vermittlung von ökonomischem und technischem Grundwissen eine gefestigte Lebenssicht und einen orientierenden Lebenssinn erschließen.«[47]

Die Würde des Menschen ist unantastbar. So lautet der erste Satz unseres freiheitlich demokratischen Grundgesetzes. Aber was ist eigentlich diese Würde?

Ich habe mehrere Lexika danach befragt: Meyers Konversationslexikon von 1897 geht von »einer Art Erhabenheit aus«, was von »Erhobenheit« hergeleitet wird, ein Quellort reiner, schöner, angemessener Charaktereigenschaften. – Der Volksbrockhaus von 1961 schweigt dazu vollständig. – Der zehnbändige Duden von 1996 definiert die Würde juristisch als unantastbaren Bereich, der jedem Menschen zusteht, eine verächtliche Behandlung seitens des Staates ausschließt, einer Verfassungsänderung entzogen ist. Würde ist demnach also etwas, dessen Wesen sich anscheinend einer festlegenden Definition entzieht.

Im katholischen Religionslexikon wird man verwiesen auf die Begriffe Ehre, Autorität und Macht. Wurzel und Wirkung der Autorität erklären sich durch das ewige Gesetz Gottes, das, von seiner Weisheit ausgedacht, die Geschöpfe auf das ihrem Wesen entsprechende Ziel hinordnet. Insofern stammt Autorität von Gott, dem Urheber der Menschennatur, ihrer Sozialbegabung und Bestimmung, durch Gemeinschaft ihr Wesensziel zu erreichen.

Damit stellen sich drei Fragen:

- Was kann als Wesensziel, also als Entwicklungsziel des Menschen betrachtet werden?
- Wie steht dieses Wesensziel in Beziehung zu den Ausführungen von Professor Kirchhof?
- Gibt es menschenkundliche Ansätze bzw. Grundlagen für eine religiöse Erziehung?

*Zur ersten Frage:* Erinnern wir uns an die Grundwahrheit: Christus ist der Lehrer der Menschenliebe. Am Abend von Gründonnerstag spricht Jesus Christus vor seiner Gefangennahme zu seinen Jüngern: *»Einen neuen Auftrag gebe ich euch: Liebet einander! Gleichwie ich euch geliebt habe, sollt auch ihr einander lieben«* (Johannes 13, Vers 34). Es ist das von Ihm selbst vorgegebene Entwicklungsziel, sich Seinem Wesen im Laufe des Lebens zu öffnen, um mehr und mehr aus Seinem Wesen denken, fühlen und handeln zu können, zum eigenen Wohl, aber zunehmend zum Wohl der Mitmenschen, der großen und besonders der kleinen. Dies schließt die Liebe zur Erde als unserer Lebensgrundlage ein, als Ort, den Jesus Christus selber als Mensch betreten hat.

*Zur zweiten Frage:* Drei Bereiche treten in Erscheinung:

- der Bereich der Menschen untereinander und füreinander, ihrer Kultur und Zivilisation,
- der Bereich der Naturerfahrung, der Schöpfung,
- der Bereich des Göttlichen, der Religion.

Was geschieht, wenn wir uns nicht von unseren Mitmenschen geliebt fühlen, respektive wenn Kinder und Jugendliche sich nicht geliebt fühlen, nicht geachtet, nicht gewürdigt? Was geschieht, wenn die Natur einfach ausgebeutet wird, nicht liebevoll mit ihr umgegangen wird? Was geschieht, wenn die ehrfurchtsvolle Zuwendung zum christlich-religiösen Bereich in unserer Gesellschaft weiter abnimmt? Sind moralische, ethische Werte und Maßstäbe eigentlich natürliche, nie versiegende »Ressourcen« der Menschenseele? Liegt in der Wahrnehmung dieser drei Bereiche und ihrer dem menschlichen Wesensziel gemäßen Beziehungspflege der entscheidende Faktor für die Gesunderhaltung unserer menschlichen Kultur auf dem Boden der Demokratie?

So kommen wir zur *dritten und für uns wichtigsten Frage:* Gibt es menschenkundliche Ansätze oder Grundlagen für eine religiöse Erziehung?

Damit dringen wir zum Herzen der Thematik vor. Ich will versuchen, anhand selbst erfahrener Erlebnisse für die ersten drei Jahrsiebte die religiöse Lebensstimmung der Kinder zu charakterisieren und einige Möglichkeiten religiöser Gepflogenheiten, die sich bewährt haben, hineinzuarbeiten.

*Zum ersten Jahrsiebt:* Zwei Jungs von fünf Jahren, beide in Lederkniebundhosen, Hände in den Hosentaschen, mit winterlichen Schnoddernasen, stehen schweigend vor dem Weihnachtsbaum, ganz versunken in den Anblick der darunter aufgebauten Krippe. – »Aber es gibt keinen Gott!«, bricht es aus dem Mund des Nachbarkindes hervor, das erst wenige Wochen zuvor zugezogen war. Fassungslos über eine solche Behauptung und keineswegs gewillt, diese einfach stehen zu lassen, nimmt der kleine Gastgeber diese unerhörte Aussage zur Kenntnis. Zwei Kinder, die bisher hingebungsvoll miteinander gespielt hatten, waren von Stund an Repräsentanten zweier gegensätzlicher philosophisch-religiöser Weltströmungen. Für Wochen. Es ging für beide Kinderseelen offenbar ums Ganze.

Im nachbarlichen Elternhaus stand auch ein echter, duftender Tannenbaum, wunderbar geschmückt mit selbst gebastelten Strohsternen, besetzt mit echten Kerzen. Am Abend des 24. Dezember überreichten sie sich Geschenke und nannten es »Das Fest der Liebe«. Aber sie konnten nicht denken und nicht sagen: Einst ist an Weihnachten der Gott der Liebe als Menschenkind geboren worden.

Der andere Junge erlebte von klein auf, dass abends an seiner Wiege gesungen und gebetet wurde, er mit den Geschwistern ein Abendgebet sprach, als er selbst sprechen gelernt hatte, dass die Familie bei Tisch die Hände faltete, um einen Segen zu sprechen, bevor das Essen ausgeteilt wurde. Er erlebte, dass die Eltern vom Dasein einer unsichtbaren Welt ganz sicher ausgingen und es ihnen wichtig war, sich dieser Welt in ganz bestimmten, regelmäßig wiederkehrenden Augenblicken zuzuwenden. Man brauchte nicht zu diskutieren, man lebte ganz selbstverständlich mit ihr, sie war in diesem Rhythmus wie eine Art zweite Natur vorhanden, von der sich alle getragen und geschützt erlebten.

Ich stand als Mutter, ich muss es gestehen, wochenlang ratlos da, bis ich endlich wusste, was ich tun musste, um einen für *beide* Kinder annehmbaren Seelenfrieden zu ermöglichen. An einem schönen Morgen sagte ich zu ihnen: »Hört mal, ihr zwei: Schaut mal an den Himmel, da steigt die Sonne auf, läuft den ganzen Tag bis zum Abend ihren Weg, und sie macht uns dabei hell und warm. Am Abend geht die Sonne dann wieder unter und wir sehen sie nicht mehr. Aber am nächsten Morgen macht sie uns wieder hell und warm, während sie über den Himmel läuft. Könnte es vielleicht mit Gott auch so sein, dass wir ihn nicht sehen können wie die Sonne in der Nacht, er aber trotzdem unsere Seelen hell und warm macht? Meint ihr nicht auch, dass das so sein könnte?« – Sie hatten beide ruhig zugehört, still nachgedacht, dann schweigend mit ihren Köpfen genickt, um danach befreit auf und davon zu laufen, zurück ins gemeinsame kindlich-unbeschwerte Spiel.

Die Sonne, ihr Licht, ihre Wärme als Gleichnis für den Geist Gottes. Die ganze Natur als aufgeschlagenes Buch der Schöpfung, in der sich das Kind im ersten Jahrsiebt noch wie ein Teil derselben fühlt und sich in ihr geborgen erlebt, voller Wunder, voller Weisheit, voller Schönheit und Erhabenheit: Das ist eigentlich die Religion des kleinen Kindes! Von seinen Mitmenschen recht geleitet, kann im kleinen Kind dessen Fähigkeit des vorbehaltlosen Staunens geweckt und gefördert werden. So kann es fühlen, dass in dieser Natur eine große göttliche weisheitsvolle, fürsorgliche Liebe waltet. Dieser erlebten Liebe Ehrfurcht und Dankbarkeit entgegenzubringen in den ersten Gebeten, ist der Beginn religiöser Unterweisung. Man geht den Kindern voran, damit es diese inneren und äußeren Gesten nachahmen kann.

»Und Gott sah, dass es *gut* war«, diese rhythmisch wiederkehrende Aussage im Schöpfungsbericht des Alten Testamentes, das ist die dem kleinen Kind gemäße Lebensstimmung, die sein mitgebrachtes Urvertrauen bestätigt und stärkt. Wo aber etwas nicht gut ist oder gar Zweifel weckt, müssen wir dafür sorgen, dass es wieder gut werde. Alles hängt vom Erwachsenen ab, weil er nicht nur in äußeren Handlungen, sondern auch in seinen Gemütsregungen das Vorbild ist, dem das kleine Kind naturgemäß folgen muss.

*Zum zweiten Jahrsiebt:* Kommen wir nun zu einer anderen Szene: Es ist Hochsommer, Mittagszeit – mein Mann und ich wandern im Hochgebirge und betreten eine zu einem Gasthaus ausgebaute Almwirtschaft, um eine warme Mahlzeit zu uns zu nehmen. Jeder Tisch mit Bänken und Stühlen ist vom anderen durch niedrige Holzwände abgetrennt. Über dem Eingang zur Küche ist ein Fernseher eingeschaltet, eine Kindersendung läuft. Wir nehmen dem Kasten gegenüber Platz, im Abteil daneben sitzt ein Junge von etwa sieben, acht Jahren, uns halbwegs zugewandt, in jeder Hand einen Gameboy, das scheint interessanter zu sein als der Film.

Während wir schon ein Weilchen essen, taucht auf einmal neben dem Jungen eine Gestalt auf, die sich wie ein alter, freudloser Mensch bewegt, der dem Tode nahe zu sein scheint: Ein rundliches Mädchen von etwa zehn Jahren mit blassem, pastösem Gesicht und unendlich traurigen Augen hat offenbar im Liegen den Film angeschaut. Ein äußerst spärlicher Dialog von ein paar vereinzelten Worten ist zwischen den Kindern zu vernehmen. Anscheinend sind sie bei ihrer Oma, der Wirtin, in den Ferien. Diese lässt sich willig von den Kindern als Hol- und Bringdienst von Süßigkeiten benutzen. Auch mit ihr erfolgt nur ein knapper Dialog mit ein paar Silben.

Was war das für ein Film? Ein Zeichentrickfilm über zwei Jugendliche, die anscheinend mit ihren Mopeds Blödsinn gemacht hatten, tödlich verunglückt und durch eine primitive, kaputte Gartenpforte in eine Art Himmel geraten waren. Dort trafen sie auf einen hässlichen, krächzend-brüllenden Alten, vor dem ein aufgeschlagenes Sündenbuch lag. Er machte sie fertig und schickte sie zur Besserung zur Erde zurück.

Hinter der Almhütte fanden wir einen auffälligen Ort an windgeschützter Stelle: Schlankes Nadelgehölz war dicht bei dicht so angepflanzt worden, dass ein kleiner Raum entstand mit drei

Wänden wie bei einer Puppenstube. Dieser Raum beherbergte eine Bank und einen Tisch gerade so groß, dass da genau zwei Kinder nebeneinander sitzen und spielen konnten, und war wie dafür geschaffen, Geheimnisse miteinander auszutauschen. Aber er stand da – völlig verlassen.

Dies ist ein Beispiel dafür, dass die Weltmacht der Unterhaltungsindustrie auch die von der Zivilisation weit entfernten Orte mit ihren Kindern, Eltern, Großeltern erreicht und welche Wirkungen sie hervorrufen kann:

- Ablenkung des Interesses an eigenem schöpferischem Spielen in der Natur,
- Verarmen des lebensvollen Gesprächs unter Geschwistern, Eltern, Großeltern – eine unverzichtbare Voraussetzung für eine gesunde sozial-emotionale Entwicklung des Kindes,
- stattdessen läuft ein Fernsehfilm, der den Bereich des Religiösen, der geistigen Wahrheiten, des Ethisch-Moralischen zur lügenhaften, hässlichen Fratze entstellt, erniedrigt, verhöhnt.

Dies ist ein Gegenbeispiel von dem, was man Kindern im zweiten Jahrsiebt zukommen lassen möchte, was ihnen zusteht. Denn der Wechsel vom ersten zum zweiten Jahrsiebt ist ja mit dem tiefen Einschnitt der Einschulung verbunden. Wenn sie sich im ersten Jahrsiebt von der Schöpfung einfach getragen erleben, so beginnen sie jetzt schrittweise durch ihre Lehrerinnen und Lehrer diese Natur zu verstehen, je lebensnaher, je liebevoller unterrichtet, desto segensreicher für das Kind.

Und damit ist auch schon hingewiesen auf das Verhältnis zur Menschenwelt: Das Kind möchte aufblicken dürfen zu einer Persönlichkeit, die man verehren kann, man möchte fühlen, dass man von ihr geliebt wird, dass also ein tiefes Interesse von Eltern und Lehrern spürbar wird, die man selber auch lieben möchte. Und wenn eine segensvolle, moralische Erziehung, eine religiöse Führung durch die Erwachsenen einsetzen soll in diesem Alter, dann kann sie nur gedeihen auf dem Boden eines solchen Liebe-getragenen Verhältnisses, und zwar nicht nur dem Kind gegenüber, sondern auch dem Göttlichen gegenüber. Das darf und kann ganz anfänglich und suchend sein, aber es muss das ernst gemeinte innere Anliegen des Erwachsenen selber sein.

Vielleicht ist die Frage nach dem Religionsunterricht ein Anlass, über das Beten nachzudenken, dem Sonntag einen festlichen Charakter zu verleihen. Denn jeder Sonntag ist ja eine Oktave auf den Sonntag der Auferstehung Christi, durch die unsere Lebens- und Schicksalskräfte erfrischt, erneuert werden können. Auch ist dies das günstige Alter, in dem die Kinder sich recht gerne und mit Hingabe an der Vorbereitung der christlichen Jahresfeste beteiligen, in dem sie diese Feste lieben, wodurch das Verhältnis zum Göttlichen, zu Christus vertieft werden kann, die Liebe zu IHM sich gründen kann.

Eine großartige Möglichkeit der Familienkultur zur Stärkung der Seele, zur Vorbereitung auf die Lebensprüfungen ist das Vorlesen oder gar Erzählen von echten Volksmärchen, zum Beispiel der Brüder Grimm – allerdings in ungekürzter, vollständiger Form. Denn in weisheitsvollen Bildern und Gleichnissen wird die Menschenseele hier über die in ihr wirkenden Kräfte des Guten und über die mächtigen Einflüsse des Bösen unterrichtet, denen wir ebenfalls ausgesetzt sind, in deren Überwindung aber Lebenssinn und Lebensziel gefunden werden können. Denn wenn man als Erwachsener auf die gleichnishafte, schöne und oft humorvolle Sprache der Märchen genau hinschaut, kann man in ihnen Antworten auf die Fragen des Lebens finden. Ich habe meinen Kindern über viele Jahre an jedem Sonntagmorgen oder zu anderen geeigneten Stunden ein Märchen vorgelesen.

Das Leben ist *schön,* dies sollte sich als Stimmung im zweiten Jahrsiebt immer wieder einstellen, ja als Grundstimmung erlebbar sein zur Freude und Lust am Leben.

*Zum dritten Jahrsiebt:* Aber diese eher harmonische Zeit mit Kindern im zweiten Jahrsiebt klingt allmählich ab. Man distanziert sich von den geliebten Gewohnheiten der Kindheit. Eine schmerzliche Zeit beginnt für die Kinder, die sich lösen wollen und müssen von der elterlichen Autorität, von ihrer Kindheit, und manche Jugendliche sind heimlich froh, dass sie kleine Geschwister haben, mit denen sie diese schönen Formen noch eine Zeit lang miterleben können. Für Eltern ist diese Zeit der Loslösung bekanntermaßen nicht gerade die erholsamste. Sorgen, Nöte, Ängste, Enttäuschungen, Ärger drängen sich immer wieder in den Vordergrund. Aber dann mittendrin: »Mutter, hast du eigentlich mal den Christus gesehen?« Ich glaube, die Antwort muss nicht in erster Linie Ja oder Nein heißen, sondern sie muss wahr und verlässlich sein. Wenn wir aus unserer elterlichen Seele einen Funken der Gewissheit, dass es diesen Christus gibt, überspringen lassen können in einer solchen Sternstunde der Seelenoffenheit, kann das eine still verborgene Oase für die Heranwachsenden sein, auch wenn sie nie wieder darüber sprechen. Für Vater oder Mutter mag in solch einem lichten Moment eine neue, aktuelle Grundlage entstehen, den jugendlichen Menschen durch Fürbitte-Gebete zu begleiten, zu stärken, zu schützen. Aus dieser Quelle der liebenden Fürbitte, die wir uns ja selber aus allen anderen anstrengenden Erfahrungen mit den Jugendlichen erkämpfen müssen, mag der junge Mensch die Fragen leichter beantworten können: Was ist *Wahrheit,* wo ist Wahrheit, in wem ist Wahrheit? Und diese stille elterliche Quelle liebender Zuwendung mag ihm helfen, aus dem Leben der Kindheit heraus die rechten Vorbilder zu suchen, die rechten Gedanken und Erkenntnisse zu bilden, aus denen sinnvoll erscheinende Lebensideale aufleuchten können, an denen er Halt und Orientierung finden kann. Damit flammt etwas auf von den großen Rhythmen der Jahresfeste, die das christliche Jahr durchziehen: Der Pfingstgeist weht herein, der Erkenntnis geben kann, Heilung und Trost, wenn er denn herbeigerufen wird. Vielleicht für niemanden außer dem jungen Menschen selbst wahrnehmbar, weil es sich in der Verborgenheit des Allerheiligsten der Seele abspielt. Das aber liegt nun in der Freiheit jedes einzelnen Jugendlichen.

Drei Welten sind es also, die wir im Laufe einer Familienbiografie durchleben, in denen wir Glaube, Liebe und Hoffnung stärken können, drei Welten, mit denen wir auf ganz verschiedene Weise verehrende, dankende, preisende Zwiesprache halten können, wenn wir darin einen Sinn sehen wollen:

- die Welt des Vatergottes oder das Reich der Natur unter uns, das uns trägt und erhält,
- die Welt des Gottessohnes, der selber als das neue Schöpferwort in das Reich der Erde und der Menschen hereingeboren wurde, der als der vom Tode Auferstandene, wenn auch meist unerkannt, unter uns wandelt und wirkt,
- die Welt des Geistes, aus der heraus wir heilsame Ideale finden können, die uns heute aber nicht zwingt, sondern uns als freien, mündigen Menschen anerkennt, was bedeutet, dass es jedes Menschen eigene Entscheidung ist, den Bereich des Geistes selbstverantwortlich zu ergreifen, um Mitschöpfer zu werden an der Umwandlung der Erde in einen Stern der Liebe, wie es uns die echten Märchen und die Evangelien nahelegen.

Ich möchte an den Schluss meiner Ausführungen Worte Rudolf Steiners stellen, in denen er beschreibt, in welcher Haltung der Erzieher seiner Aufgabe nachkommen sollte: »Man schaut in jedem Kinde die göttlich-geistige Weltenordnungsentfaltung: wie Gott schafft in der Welt. Am höchsten, am bedeutendsten erscheint es einem, wenn man es anschaut im werdenden Kinde. Dann aber wird einem jedes einzelne Menschenkind zu einem heiligen Rätsel. Denn dann bildet jedes einzelne Kind die große Frage – nicht: Wie soll man es erziehen, dass es, wie man es sich ausgedacht hat, sich einem Idol nähert –, sondern: Wie soll man das pflegen, was einem die Götter heruntergeschickt haben in die irdische Welt? – Man lernt sich erkennen zu einem Helfer der göttlich-geistigen Welt, und man lernt vor allem die Frage aufwerfen: Was kann werden, wenn man mit einer solchen Gesinnung an den Unterricht und an die Erziehung herangeht? – Wahre Pädagogik geht vor allen Dingen von dieser Gesinnung aus. Auf diese Gesinnung, die Pädagogik, den Unterricht zu pflegen, darauf kommt es an! Menschenerkenntnis kann nur erworben werden, wenn die Menschenliebe – also hier die Liebe zum Kinde – zur werktätigen Gesinnung wird. Entsteht eine solche Gesinnung, dann wird der Erzieherberuf zum Priesterberuf; denn dann wird der Erzieher zum Verwalter dessen, was die Götter mit dem Menschen ausführen wollen.«[48]

Abschließend möchte ich eine Stimme sprechen lassen, die uns ein gewichtiges Zeugnis ablegt von dem, was ich heute Abend versucht habe in Worte zu fassen. Es handelt sich um einen Briefauszug von Dietrich Bonhoeffer an seine Eltern aus dem Gefängnis, geschrieben am 17. Dezember 1943. Er wurde 1945 im April als Widerstandskämpfer hingerichtet.

»Dass es aber nun auch Euch, Maria und den Geschwistern und Freunden nicht erspart bleibt, mich Weihnachten im Gefängnis zu wissen, und dass damit über die wenigen fröhlichen Stunden, die Euch in dieser Zeit geblieben sind, ein Schatten fallen soll, das kann ich nur dadurch verwinden, dass ich glaube und weiß, dass Ihr nicht anders denken werdet als ich, und dass wir in unserer Haltung angesichts dieses Weihnachtsfestes einig sind; und das kann schon darum gar nicht anders sein, weil ja diese Haltung nur ein geistiges Erbstück von Euch ist. Ich brauche Euch nicht zu sagen, wie groß meine Sehnsucht nach Freiheit und nach Euch allen ist. Aber Ihr habt uns durch Jahrzehnte hindurch so unvergleichlich schöne Weihnachten bereitet, dass die dankbare Erinnerung daran stark genug ist, um auch ein dunkleres Weihnachten zu überstrahlen. In solchen Zeiten erweist es sich eigentlich erst, was es bedeutet, eine Vergangenheit und ein inneres Erbe zu besitzen, das von dem Wandel der Zeiten unabhängig ist. Das Bewusstsein, von einer geistigen Überlieferung, die durch Jahrhunderte reicht, getragen zu sein, gibt einem allen vorübergehenden Bedrängnissen gegenüber das sichere Gefühl der Geborgenheit. Ich glaube, wer sich im Besitz solcher Kraftreserven weiß, braucht sich auch weicherer Gefühle, die meiner Meinung nach doch zu den besseren und edleren der Menschen gehören, nicht schämen, wenn die Erinnerung an eine gute und reiche Vergangenheit sie hervorruft. Überwältigen werden sie denjenigen nicht, der an den Werten festhält, die ihm kein Mensch nehmen kann.

Vom Christlichen her gesehen kann ein Weihnachten in der Gefängniszelle ja kein besonderes Problem sein. Wahrscheinlich wird in diesem Hause hier von vielen ein sinnvolleres und echteres Weihnachten gefeiert werden als dort, wo man nur noch den Namen dieses Festes hat. Dass Elend, Leid, Armut, Einsamkeit, Hilflosigkeit und Schuld vor den Augen Gottes etwas ganz anderes bedeuten als im Urteil der Menschen, dass Gott sich gerade dorthin wendet, wo die Menschen sich abzuwenden pflegen, dass Christus im Stall geboren wurde, weil er sonst keinen Raum in der Herberge fand – das begreift ein Gefangener besser als ein anderer, und das ist für ihn wirklich eine frohe Botschaft, und indem er das glaubt, weiß er sich in die alle räumlichen und zeitlichen Grenzen sprengende Gemeinschaft der Christenheit hineingestellt, und die Gefängnismauern verlieren ihre Bedeutung. Ich werde am Heiligen Abend sehr an Euch denken, und ich möchte gern, dass Ihr glaubt, dass auch ich ein paar wirklich schöne Stunden haben werde und mich die Trübsal bestimmt nicht übermannt. Am schwersten wird es für Maria sein. Es wäre schön, sie bei Euch zu wissen. Aber es wird für sie besser sein, wenn sie zu Hause ist. Wenn man an die Schrecken denkt, die in letzter Zeit in Berlin über so viele Menschen gekommen sind, dann wird einem erst bewusst, für wie viel wir noch dankbar sein müssen. Es wird wohl überall ein sehr stilles Weihnachten werden, und die Kinder werden später noch lange daran zurückdenken. Aber vielleicht geht gerade dabei manchem zum ersten Mal auf, was Weihnachten eigentlich ist. Grüßt die Geschwister und die Kinder und alle Freunde sehr von mir. Gott behüte uns alle.

In großer Dankbarkeit und Liebe grüßt Euch Euer Dietrich.«[49]

# Jahresversammlung 2007 Dankbarkeit und Ernst

Am Pfingstmontag 2007 hielten wir unter erfreulich hoher Beteiligung von geladenen Gästen unsere Jahresversammlung ab. Acht Jahre Einsatz für Entstehung und Leben dieses Elternseminars lagen hinter uns.

Wir konnten dankbar feststellen: Unsere Arbeit greift, sie ist angekommen, es ist möglich, Eltern für ein Familienleben unter Einbeziehung religiöser Haltungen und eigener Rituale zu gewinnen. Man darf wohl sagen, dass wir uns auf einem gewissen Höhepunkt befanden, wobei wir kritisches Hinterfragen nicht ausklammerten. Zwar war das Seminar, um mit Rilke zu sprechen, über »ein kleines kaum begonnenes Profil«[50] etwas hinausgewachsen, aber dabei sollte und durfte es natürlich nicht bleiben. Fragen nach möglichen Weiterentwicklungen wurden gestellt, deren Bearbeitung nach der Sommerpause auf uns wartete.

Dieser Innensicht stellten wir einen ernsten Blick auf unsere gegenwärtigen gesellschaftlichen Entwicklungen gegenüber. Folgende Beobachtungen wurden genannt:

*Auf Seiten der Kinder:* In immer früherem Alter wurden Kinder tagsüber weggegeben, auch von nicht berufstätigen Müttern; es gab häufigere Mitteilungen über verschiedene Formen von Missachtung, Misshandlung und Verwahrlosung von Kindern. Immer jüngere Kinder wurden drogenabhängig, Zigaretten und Alkohol waren die Einstiegsdrogen, und das »Koma-Saufen« hatte sich in erschreckendem Maße als Freizeitbeschäftigung etabliert, andererseits machte sich, abzulesen unter anderem am Harry-Potter-Fieber, ein Hunger nach Mythen deutlich bemerkbar.

*Auf Seiten der Erwachsenen:* Möglicherweise beeinflusst von den Ergebnissen der PISA-Studie wurde in manchen Bundesländern erneut die Früheinschulung angeordnet. Eine Vorschulpädagogin erläuterte uns das: Nicht die »Schulreife« des Kindes sei nunmehr ausschlaggebend, sondern die Schulen selbst hätten »Kind-gerecht« zu sein. Tiefe Verunsicherungen und Ängste waren bei Eltern zu erleben, insbesondere im Umgang mit ihren Kindern. Die Familienpolitik war verwirrend. Erfreulicherweise wurden zunehmend Elternschulungen eingerichtet. Aber leider vermittelten nach unseren Informationen nur »Starke Eltern – starke Kinder«® auch Werte. Unter dem Eindruck des Werteverlustes wurden Forderungen nach Religionsunterricht an Schulen hörbar, Rituale wie Abend- und Tischgebete wurden wieder empfohlen. Gleichzeitig sorgten sich gewichtige Kulturträger um den Qualitätsverfall der Gottesdienste in beiden Großkirchen.

*Auf gesundheitlichem Gebiet* beobachtete man bei Kindern und Jugendlichen vermehrt Essstörungen, motorische Defizite, ADS und ADHS, auch Gewalttätigkeiten und Depressionen.

Mit dieser den Jahresbericht beschließenden Perspektive wurde übergeleitet zum Gespräch, dem zwei Fragen vorangestellt wurden:

- Gibt es zu diesen genannten dramatischen Entwicklungen außer den allgemeinen Diskussionen Verständnishilfen oder Hinweise auf Ursachen aus dem Welt- und Menschenverständnis der Anthroposophie?
- Welche Aufgaben könnten bzw. sollten dann für unsere Arbeit im Elternseminar daraus hervorgehen, bzw. welche schon vorhandenen Schwerpunkte sollten verstärkt werden, um die Gesundung und Stärkung von Kinder- und Elternseelen zu unterstützen?

Das darauf folgende Gespräch soll in einigen wesentlichen Zügen nachgezeichnet werden: Unser Kinder- und Jugendarzt berichtete von einer Äußerung Rudolf Steiners, dass Kinderseelen heute mit inneren Bildern aus der Geisteswelt zur Erde kommen, die im Verlauf der Inkarnation gelebt werden wollen. Wird dies verhindert, schlägt es um in Aggression. Hilfsangebote wehren Kinder und Jugendliche mit solchen Biografien meist aufgrund eines schwachen Selbstwertgefühls ab.

Ein damit vielleicht zusammenhängendes Phänomen wurde als Beispiel genannt: Hatten früher zwei Jungs eine körperliche Auseinandersetzung, war diese zu Ende, wenn einer der beiden am Boden lag; heute trampelt man dem Verlierer noch mit den Stiefeln ins Gesicht, in den Bauch. Wolfgang Gädeke ergänzte dazu aus der Anthroposophie: Die Seelenkräfte des Menschen driften heute auseinander, agieren getrennt voneinander, werden ungesund wirksam. Seit der Mitte des 20. Jahrhunderts geht von der geistigen Welt eine Änderung aus. Sie zieht sich allmählich zurück, und damit schwindet auch das Moralbildende, wie es bisher in Gemeinschaften wirken konnte. Deshalb lösen sich Gemeinschaften allmählich auf, positive und moralische Instinkte gehen nach und nach verloren. Heute müssen die drei Seelenkräfte – Denken, Fühlen und Wollen – vom Ich aus ergriffen werden. Das ist die Aufgabe unserer Zeit. Religion ist das Mittel, die Seelenkräfte zu stützen, zusammenzuhalten. Obwohl dies von Rudolf Steiner in aller Deutlichkeit gerade auch in pädagogischen Werken vorgeführt wird, ist bei vielen Pädagogen ein Schleier darüber gebreitet.

Susanne Gödecke ergänzte: Auch ein heilsames Gegengewicht gegen die unguten Wirkungen des notwendigerweise sich entwickelnden Individualismus müsse bewusst gesucht werden.

Unter dem Eindruck dieses ernsten Blickes auf unsere Arbeit und die Zeit, in der wir leben, beendeten wir diese Jahresversammlung in der Kirche mit einem kurzen Dank- und Bittgottesdienst.

# Schicksalswende

Nach Beginn des Herbsttrimesters sah ich mich aus gesundheitlichen und Altersgründen gezwungen, meine Kursarbeit zunächst ruhen zu lassen, mit Susanne Gödecke über meine Entbindung von der Leitung des Seminars zu sprechen und gemeinsam nach einer geeigneten Persönlichkeit für die Nachfolge Ausschau zu halten. Das war für uns alle ein herber, schicksalhafter Einschnitt.

Im Frühjahr 2008 hatten wir über Wochen die berechtigte Hoffnung, eine erfahrene Persönlichkeit für die Leitung des Seminars zu gewinnen. Sie erfüllte sich schließlich nicht. Die Notwendigkeit der endgültigen Schließung unseres Seminars wurde unausweichliches Faktum. Die Frage war: Wie gehen wir mit dieser nun eindeutigen Lage um?

Da wir dieses Elternseminar bald nach seiner Gründung als ein lebendiges Wesen unter uns erlebten, fasste unser Kollegium zusammen mit Susanne Gödecke den Entschluss, die Schließung in einem würdigen Abschieds- und Dankesakt im Sinne unserer sommerlichen Jahresversammlung zu vollziehen. Mit zwei Beiträgen in den Gemeindebriefen teilten wir diese Tatsachen den Mitgliedern und Freunden mit. Inzwischen wurden alle bestehenden Verbindlichkeiten aufgelöst, die schuldenfreie Endabrechnung dem Schatzmeister übergeben.

Wohl waren wir erleichtert, wie offen unsere Arbeit bis zuletzt angenommen worden war. Und doch überkam uns von Zeit zu Zeit eine Unruhe, weil wir Etliches noch nicht umgesetzt hatten, was uns erstrebenswert und wichtig erschien: Obwohl das Thema Gebet immer wiedergekehrt war, hatten wir einen Bereich noch unbearbeitet gelassen: das Tischgebet. Ebenso hatten wir uns noch nicht des Themas »Fürsorge für das kranke Kind«

angenommen. Krankenpflege und Fürsorge sind von alters her ein wesentliches Element gelebter christlicher Nächstenliebe gewesen. Um Kindern einen Zugang zu inhaltlich und künstlerisch wertvollen Büchern zu erleichtern oder zu ermöglichen, wollten wir eine Kinderbuch-Leihbibliothek einrichten. Ein weiteres Anliegen war uns die Weiterentwicklung der Angebote für Eltern von Jugendlichen gewesen. Wie kann man ihnen, wenn sie dafür offen sind, weitere Wege im Religiösen ermöglichen? Wie können Eltern mit den Sorgen und Ängsten um ihre Heranwachsenden umgehen? Einen Arbeitskreis mit dem Titel »Kinder in der Pubertät – Eltern in der Lebensmitte« hatten wir bereits ins Auge gefasst. Hier wollten wir unter anderem auch darauf eingehen, wie tief sich das mütterliche Pflichtgefühl, das Paradigma der selbstlosen Mutterliebe in das Gewissen eingräbt und den notwendigen Aufbruch in einen neuen Lebensabschnitt behindern kann. Ebenso war ein heiterer Gesprächskreis angedacht: »Großeltern und ihre Enkel«.

Dies alles zog mir durch die Seele, als ich nun meine regelmäßige Arbeit niederlegen musste. Aber es wurde uns allen auch bewusst, dass mit unserem Elternseminar vielleicht so etwas wie ein Modell hatte entstehen können, dessen Zielsetzungen, Aufbau, Gliederung, Leben, Erfahrungen und Erträge einschließlich des Nicht-Geschafften über unsere Gemeinde hinaus von Interesse sein könnten.

Nachdem ich in privatem Rahmen einen noch unvollendeten Kurs zu Ende geführt hatte, wurde ich um eine gemeinsame Arbeit an einem Werk von Rudolf Steiner gebeten. Wir entschieden uns für die kleine Schrift *Die Erziehung des Kindes*, in der eindrucksvoll von den positiven Wirkungen gelebter Religion auf die Lebens- und Seelenkräfte des Menschen jeden Alters gesprochen wird.[51] Dieser Mütterkreis besteht noch heute als sich gegenseitig stützende Runde.

# Auswirkungen auf das Gemeindeleben

Susanne Gödecke

Religiöses Leben ist ja nicht damit getan, dass ich eine geistige Welt für annehmbar halte, sondern es beginnt in der Beziehungssuche zu höheren Wesen, mit denen ich ins Gespräch kommen will, und wird gepflegt im treuen Austausch mit ihnen im Gebet. Wie schwer vor allem die Treue darin fällt, kennen wir als moderne Zeitgenossen.

So werden alle Pfarrer wohl anlässlich von Taufen mit den Eltern und Paten auch über die christliche Erziehung sprechen, in der sich entwickeln soll, was im Sakrament angelegt wird. Aber wie behalten wir das im Auge, wenn Eltern und Paten nicht mit eigenen Fragen in die Seelsorge kommen?

In vielen Gemeinden wird es Feiern zu den hohen Festen geben und vielleicht auch inhaltliche Vorbereitungskreise dazu für die Mitglieder, um das Miterleben des Christus im Jahreslauf zu bewahren. Aber wie helfen wir bei der häuslichen Festgestaltung in der Familie?

Begleitend zum Religionsunterricht wird sicherlich fast jeder, der ihn erteilt, auch Abende für Eltern und Paten anbieten. Aber wie lässt sich dabei neben Punktuellem wirklich pflegen, was an menschenkundlichen Fragen zu den Altersstufen und zur Religion auftritt?

Diese aufgeworfenen Fragen aus dem Gemeindeleben heraus hatten alle im Elternseminar ihren Platz. Das Besondere in den

Kursen, was sich sogar fruchtbar als Methode auf das Gemeindeleben auswirkte, war der seminaristische Stil, in dem gearbeitet wurde.

Das gemeinsame Erarbeiten aus der eigenen Wahrnehmung der Teilnehmer heraus, den Urbildern in der Natur oder dem Wort auf die Spur zu kommen, führte sichtlich dazu, das religiöse Leben im Familienalltag der Gemeindeglieder aus vollem Erkennen neu zu beleben. Es ist unverkennbar, wie durch all die Mütter und Väter, Großeltern und Paten, die an den Kursen teilgenommen hatten, das Gemeindeleben mitgetragen wurde, weil ein sicheres Empfinden entwickelt und erübt worden war für die religiösen Bedürftigkeiten der Kinder- und Jugendseelen, aber auch ein Gespür für den eigenen religiösen Weg, der mit neuer Sicherheit gefunden und fortgesetzt wurde.

Daneben zog diese Arbeit auch Menschen in den Gemeindeumkreis, die sich nur vorsichtig nach langer Auszeit oder erstmals mit ihren religiösen Fragen einer Antwortsuche näherten. Da war das eigene Faltblatt neben dem Gemeindeprogramm hilfreich, sich nicht vom kultischen Geschehen vereinnahmt zu fühlen und nicht sofort mit einem Pfarrer Kontakt suchen zu müssen. Im Vordergrund standen für den Austausch erfahrene Eltern, Großeltern und Paten, die mit denselben Themen rangen. Und so konnte in den Kursen jeweils gemeinsam eine Wegstrecke zurückgelegt werden, die ein Vertrauen zu eigenem religiösem Tun schuf, das unmittelbar in den Strom des Gemeindelebens mündete. So verdankt die Kieler Gemeinde noch heute viele Früchte dem Elternseminar für Familienkultur und harrt der Fortführung einer solchen Arbeit durch einen neuen Menschenkreis.

# Blicke zurück und in die Zukunft

Nun sind seit der Gründung dieses Elternseminars schon zwei Jahrzehnte vergangen. Hinkt dieses Buch unserer Zeit hinterher? Erinnern wir uns einen Augenblick an die Zitate aus der Weihnachtsnummer des *Spiegel* von 1997, die im Kapitel »Aufgaben und Ziele« erwähnt wurden (siehe Seite 24).

»Gottes Platz in der Seele [...] sei zu einer Leerstelle geworden, die nach neuen Glaubensinhalten und nach neuer seelischer Bindung verlangt.«

»Dieser Prozess der Entkirchlichung muss den Kirchen angelastet werden, aber nicht nur. Er hat auch zu tun mit einem Anti-Institutionalismus, der auf das starke Erlebnis, den Kick und das Spontane aus ist und Wiederholung ablehnt: Immer was Neues muss es sein.«

»Die Prägekraft des Christentums gehört nicht ins Museum oder den privaten Winkel.«

»Die brutale Fremdenfeindlichkeit zeigt doch, woran es den Menschen mangelt: an der glaubhaften Vermittlung zentraler Grundwerte des Zusammenlebens. In dieser Situation sei es verheerend, die Kirchen als Sinnvermittler in die Ecke zu stellen.«

»Wenn wir die Entwicklung zu mehr Gewalt stoppen wollen, brauchen wir Menschen, die glaubhaft ethisch begründet von der Menschenwürde reden können. Und wer hat das bei uns schon gelernt?«

Wir müssen zur Kenntnis nehmen, dass diese beschriebenen Phänomene nicht überwunden sind, sich sogar noch gesteigert haben, insbesondere die Gewaltbereitschaft an den rechten und linken Rändern der Gesellschaft. Während 2002 im Elternseminar am Thema »Ich glaube an mein Kind« gearbeitet wurde, ereignete sich in Erfurt der verheerende Amoklauf eines Schülers, der nur durch eine außergewöhnliche Begegnung mit seinem Geschichtslehrer von Ich zu Ich gestoppt werden konnte. Es war und blieb nicht das einzige Ereignis dieser Art in der Bundesrepublik, auch andere Länder mussten diese Erfahrungen machen.

Der längst erkannte Klimawandel hat besorgniserregende Folgen hervorgebracht. Viel zu zögerlich haben sich Politik und Wirtschaft bisher dieses existenziellen Themas angenommen – bis die Jugend weltweit mit »Fridays for future«-Demonstrationen die Regierungen der Welt quasi an den Pranger stellte und zu ernsthaftem Handeln aufrief.

Bald darauf wurde unser aller Sein und Leben von einer nie dagewesenen Pandemie befallen, deren noch gar nicht voll überschaubare, schwer zu ertragende Folgen uns und unsere Kinder und Jugendlichen noch lange beschäftigen werden. Für Kirchengemeinden, deren Wesen es ist, über Gebet, Predigt und Kultus sinnstiftend, gemeinschaftsbildend und erwiesenermaßen auf Leib, Seele und Geist ausgleichend und gesundend zu wirken, ist eine lang anhaltende Lockdown-Verpflichtung eine widersprüchliche Erfahrung – zumal der Segen nach dem Empfang des Abendmahls nicht mehr selbstverständlich ist: »Der Friede sei mit dir.«

In dem bemerkenswerten Werk *Amokgefahr* von Michael Heilemann ist folgende Aussage von Lothar Habler abgedruckt: »Die Voraussetzungen für eine funktionierende, weitgehend friedfertige Gesellschaft schaffen wir zwar vorrangig in den Familien und Schulen, doch setzt dies bei den Erziehenden voraus, dass sie bereits Frieden in sich selbst gefunden haben.«[52]

Frieden finden setzt eine aufrichtige Friedenssuche und einen treuen Willen zum Frieden voraus. Unser Ich als bewusstes Wesensglied unseres Menschseins muss die Führung übernehmen, muss die Quellorte der Friedensbildung aufspüren, nach denen sich unsere Seele sehnt, an denen sich unsere Lebenskräfte erfrischen können, aus deren Quelle wir letztlich unsere elterlichen Aufgaben vollbringen.

Eine Grundvoraussetzung für Friedensbildung sieht Michael Heilemann in der Anerkenntnis, dass jeder Mensch ein Ich-Inhaber, sein eigener Ich-Architekt, Ich-Verwalter und Ich-Optimierer ist. Betrachten wir unser Ich als ein geistiges Wesen, das vorgeburtlich bereits lebte, vielleicht sogar schon mehr als einmal auf der Erde inkarniert war, bedarf dieses menschliche Ich für die genannten Aufgaben zur inneren Orientierung, Stärkung und Gesundung immer wieder der Zuwendung zu Christus. Er hat als das große Gottes-ICH unter uns Menschen gelebt und uns mit den sogenannten ICH-BIN-Worten über sein Ich-Wesen unterrichtet.

An diesem göttlichen ICH dürfen und können wir uns mit unserem menschlichen Ich orientieren und unsere Seele klären, stärken und gesund erhalten und Ihn als Urgrund unserer Menschenwürde sehen.

Zum Verständnis dessen hilft uns das Johannes-Evangelium, das ab dem 6. Kapitel bis in das 15. hinein die sogenannten sieben Ich-Bin-Worte des Christus übermittelt:

ICH BIN das Brot des Lebens.
ICH BIN das Licht der Welt.
ICH BIN die Tür.
ICH BIN der gute Hirte.
ICH BIN die Auferstehung und das Leben.
ICH BIN der Weg, die Wahrheit und das Leben.
ICH BIN der wahre Weinstock, ihr seid die Reben.

Im Fortgang der Abschiedsreden spricht Christus weiter: »*Wie mich der Vater geliebt hat, so habe auch ich euch geliebt. Bleibet in meiner Liebe! Wenn ihr meinen Zielen die Treue haltet, werdet ihr bleiben in meiner Liebe, gleichwie ich meines Vaters Zielen treu geblieben bin und bleibe in seiner Liebe.*

*Dies habe ich zu euch gesprochen, auf dass meine Freude in euch sei und eure Freude sich erfülle. Dies ist mein Auftrag: Liebet einander, wie ich euch geliebt habe. Eine größere Liebe hat niemand als diese, sein Leben hinzugeben für seine Freunde. Ihr seid meine Freunde, indem ihr handelt im Sinne des Auftrags, den ich euch gebe. Nicht mehr nenne ich euch Knechte, denn der Knecht bekommt keine Einsicht in das Handeln seines Herrn. Euch habe ich zu Freunden erklärt, da ich alles, was ich von meinem Vater gehört habe, eurem Erkennen anvertraute. Nicht ihr habt mich zum Freunde erwählt, sondern ich habe euch erwählt; und ich habe euch dazu bestimmt, dass ihr euren Erdenweg geht und Frucht tragt, und dass eure Lebensfrucht bleibe. Dann wird der Vater, was immer ihr in meinem Namen erbittet, euch geben. Dieses trage ich euch auf: Liebet einander!«* (Johannes 15, Vers 9–17).[53]

Drei Grundkräfte der Seele teilen sich uns aus den Evangelienworten mit: Glaube, Liebe und Hoffnung. Werden diese drei Kräfte treulich genährt, werden sie uns in unseren elterlichen Aufgaben leiten und unser Vertrauen in die Seelen und in das Schicksal unserer Kinder stärken: durch alle Durststrecken hindurch, über Höhen und Tiefen hinweg, gerade jetzt und in Zukunft für ihren Kampf um eine Gesundung der Erde und für ihre Bemühungen um den Schutz des Friedens in unserer Gesellschaft.

Was für großartige Kräfte sind unter jüngeren Menschen wach und tätig zum Wohle von Mensch und Natur! Denn das Bewusstsein wächst, wie auch der tätige Wille, dass wir mit den Gütern unserer Erde sinnvoll und schonend haushalten müssen, soll menschliches Leben auf ihr weiter möglich bleiben.

Dieses Buch über unsere Elternseminar-Arbeit ist in der Hoffnung geschrieben, dass es ein gewisser anregender Beitrag zum Wohle der Zukunft unserer Kinder und jungen Menschen sein kann. Man muss nicht gleich ein Elternseminar in aller Vollständigkeit gründen: Mit Arbeitskreisen zu einzelnen Themen von grundlegender Bedeutung kann ein Keim für ein allmählich wachsendes Angebot mit und für Eltern gelegt werden. Dann wird sich zeigen, ob sich daraus ein eigenständiger Arbeitszweig entwickeln kann, ob Eltern sich dafür erwärmen und einsetzen wollen, bejaht, begleitet und gefördert von ihren Priesterinnen und Priestern – als Zuarbeit für ihre tagtäglichen verantwortungsvollen Aufgaben.

Wenden wir den Blick noch einmal zurück auf das Eingangskapitel, mögen sich Mütter und Väter vielleicht fragen: Wie kam dieses junge Mädchen dazu, sich in der verschwiegenen Pflege eines selbst verfassten Bittgebetes an den Erzengel Michael zu wenden, um mit seiner Hilfe für das Gute im Leben kämpfen zu können, Advent und Weihnachten neu feiern zu lernen (siehe Seite 11 f.)?

Ich selbst kann es mir vor allem aus einer Schicksalsgunst erklären: Ich durfte und wollte unbedingt ab der ersten Klasse jeden Sonntag am Kindergottesdienst der *Christengemeinschaft* teilnehmen.

Mit der Feier der Konfirmation wurden wir jugendlich gewordenen Kinder in die Menschenweihehandlung eingeführt, den Abendmahlsgottesdienst der Erwachsenen. An deren Feier habe ich aus eigenem Impuls recht regelmäßig teilgenommen und auch das Ministrieren erlernt.

In diesen Feiern hörte ich alljährlich die heiligen Texte zur vierwöchigen Michaelizeit, die mit dem 29. September beginnt. Es wurden Lieder gesungen, an den Erzengel Michael gerichtet mit der Bitte um Hilfe im Kampf für das Wahre und Gute.

Je älter ich wurde, desto tiefer berührten mich in den Herbstwochen die Aussagen in der Menschenweihehandlung über das Wesen und Wirken des Erzengels Michael als starker Helfer in unserer Zeitepoche.

*Michaelslied*

*Luzifer hat Gott vergessen,*
*suchte eigne Lust und Lohn,*
*setzte seinen Stuhl vermessen*
*höher als des Ewigen Thron.*

*Michael, von Gott gerufen,*
*überwand des Trotz'gen Macht,*
*stürzt' ihn von den höchsten Stufen*
*nieder in der Erde Nacht.*

*Da ward Luzifer zum Drachen,*
*sucht bei Menschen nun Gewinn.*
*Wo das Herz versäumt zu wachen,*
*lenkt er uns nach seinem Sinn.*

*Dass nicht Selbstsucht uns verhärte,*
*stehn wir wachsam, wehrbereit.*
*Michael mit lichtem Schwerte*
*stärket uns in Sturm und Streit.*

Martin Tittmann[54]

# Danksagung

Die entscheidende Voraussetzung für die Entstehung dieses Buches ist das große Vertrauen von Jörgen Day in laienpriesterliche vollverantwortliche Mitarbeit in der Gemeinde. Auf diesem Vertrauensboden konnte das Elternseminar mit seiner Unterstützung als Weiterentwicklung meiner vorangegangenen Jahresfestekurse gegründet und von mir geleitet werden. – Dieses volle Vertrauen brachte mir auch Susanne Gödecke als nachfolgende Priesterin entgegen, nachdem Jörgen Day in eine andere Gemeinde entsandt worden war. Sie war es, die mich inständig um ein Buch über dieses Elternseminar bat.

So gilt mein erster Dank diesen beiden Priesterpersönlichkeiten für ihr volles Vertrauen in diese Arbeit, die sie auch mit eigenen Beiträgen unterstützt und gefördert haben.

Für ihren selbstlosen Einsatz danke ich den Mitarbeiterinnen Elisabeth Szwerinski, Jutta Assel und Susanne Lange, die die Gründung mit vorbereitet, mit vollzogen und das Seminar weiter begleitet haben, und ebenso danke ich den Persönlichkeiten, die einige Zeit danach als Mitarbeiterinnen hinzukamen: Anita Brahmst, Anne-Rose Börner, Daniela Rosenbaum.

Ich danke unserem Kinder- und Jugendarzt, selbst Vater von zwei Söhnen, Dr. med. Eckart König (†) und Marie-Louise Henn-Baré, Eurythmistin und Mutter von vier Kindern, für ihre mittragende und beratende Teilnahme an unseren monatlichen Konferenzen.

Ich danke allen Mitgliedern des Märchenkreises eingedenk der geleisteten Mühen für unsere Märchenaufführungen mit den Handpuppen: Was für eine schöne Ergänzung unserer Angebote, mit denen wir Kinder und Eltern direkt erreichen konnten.

Ich danke unserer Tochter und unseren drei Söhnen, dass sie in der Anfangsphase nacheinander alle bei der Programmherstellung geholfen haben, und vor allem auch dafür, dass sie mir erlaubt haben, aus ihrer Kindheitszeit einige Aussprüche und Gegebenheiten zu zitieren.

Auch meiner wiedergefundenen Jugendfreundin Tamara Willmann gebührt ein Dank: Sie hat mein schriftstellerisches Erstlingswerk mit warmem Interesse, Geduld und Ausdauer vorlektoriert.

Schließlich sage ich meinem lieben Mann von Herzen Dank: Von allem Anfang an hat er meine Gedanken und Impulse für ein religiöses Familienleben geschätzt, meine sich daraus ergebenden Kurse unterstützt, die Gründung des Elternseminars begrüßt, aktiv mitgetragen und das Werden dieses Buches helfend begleitet.

Was aber wäre ein Manuskript ohne die Akzeptanz vonseiten eines Verlegers und ohne Bearbeitung durch ein Lektorat in dieser ernsten Zeit? So gilt mein herzlicher Dank Michael Stehle für sein klares und freudiges Ja-Wort und Christine Christ für ihr einfühlsames und zügiges Lektorat!

*Roswitha M. Gädeke,*
*Kiel, im September 2022*

# Anhang

## Anmerkungen

1 Wilhelm zur Linden, *Geburt und Kindheit. Pflege, Ernährung, Erziehung,* Frankfurt am Main [13]1992.

2 Michaela Glöckler, Karin Michael, Wolfgang Goebel, *Kindersprechstunde. Ein medizinisch-pädagogischer Ratgeber,* Stuttgart [21]2018; Alice Miller, *Am Anfang war Erziehung,* Frankfurt am Main 1990.

3 Ernst Ell, *Flegelalter. Junge und Mädchen in der Pubertät,* München 1975.

4 Rudolf Steiner, *Der pädagogische Wert der Menschenerkenntnis und der Kulturwert der Pädagogik* (GA 310), Vortrag vom 17. Juli 1924, Dornach [4]1989, Seite 12.

5 Rudolf Steiner, *Allgemeine Menschenkunde als Grundlage der Pädagogik* (GA 293), Vortrag vom 21. August 1919, 9 Uhr, Basel [10]2019, Seite 26.

6 Rudolf Steiner, *Der pädagogische Wert der Menschenerkenntnis und der Kulturwert der Pädagogik* (GA 310), Vortrag vom 17. Juli 1924, Dornach [4]1989, Seite 14 f.

7 Christian Leipert (Hrsg.), *Aufwertung der Erziehungsarbeit. Europäische Perspektiven einer Strukturreform der Familien- und Gesellschaftspolitik,* Opladen 1999.

8 Ebd.

9 Rudolf Steiner, *Die Erziehungsfrage als soziale Frage* (GA 296), Vortrag vom 16. August 1919, Dornach [4]1991, Seite 94.

10 Rudolf Steiner, *Wege der geistigen Erkenntnis und der Erneuerung künstlerischer Weltanschauung* (GA 161), Vortrag vom 2. Februar 1915, Dornach [2]1999, Seite 74.

11 Andreas Liegerer (Hrsg.), *Sprich mit mir! Tipps, Ideen, Informationen und viele Spiele zur Förderung der Sprachentwicklung,* Erlangen 1997 (Barmer).

12 *Recht auf Kindheit – ein Menschenrecht,* Heft 4: *Kinheit verstummt,* hrsg. von der Internationalen Vereinigung der Waldorfkindergärten, Stuttgart 1999.

13 Ebd.

14 Rudolf Steiner, *Der pädagogische Wert der Menschenerkenntnis und der Kulturwert der Pädagogik* (GA 310), Vortrag vom 17. Juli 1924, Dornach [4]1989, Seite 14 f.

15 Rudolf Steiner, *Wege der geistigen Erkenntnis und der Erneuerung künstlerischer Weltanschauung* (GA 161), Vortrag vom 2. Februar 1915, Dornach [2]1999, Seite 74.

16 Eva Schindele, *Gläserne Gebär-Mütter. Vorgeburtliche Diagnostik – Fluch oder Segen*, Frankfurt am Main 1992.

17 Rudolf Steiner, *Wahrspruchworte* (GA 40), Basel [10]2019, Seite 319. Die hier abgedruckte Version dieses in mehreren Varianten verbreiteten Gebets entspricht dem persönlichen Gebrauch der Autorin.

18 Übersetzt von Heinrich Ogilvie, Stuttgart 1996.

19 Rudolf Steiner, *Gebete für Mütter und Kinder*, Dornach [7]1994, Seite 37f.

20 Farbige Wiedergaben des Bildes sind unter verschiedenen Adressen im Internet zu finden.

21 Übersetzt von Heinrich Ogilvie, Stuttgart 1996.

22 Siehe auch Johannes Lenz, *Der Gottesdienst für die Kinder*, Stuttgart [2]1999.

23 Dan Lindholm, *Vom Engel berührt. Schicksalsbegebenheiten*, Stuttgart [5]2013.

24 Siehe auch Arie Boogert, *Beim Sterben von Kindern. Erfahrungen, Gedanken und Texte zum Rätsel des frühen Todes*, Stuttgart [2]1998.

25 Rudolf Steiner, *Gebete für Mütter und Kinder*, Dornach [7]1994, Seite 39.

26 Johann Wolfgang von Goethe, aus »Westöstlicher Divan«, in: *Goethes Werke*, Band 2: *Gedichte und Epen II*, hrsg. von Erich Trunz, München [15]1994 (Hamburger Ausgabe), Seite 10.

27 Rudolf Steiner, *Gebete für Mütter und Kinder*, Dornach [7]1994, Seite 46.

28 Ebd., Seite 48.

29 Ebd., Seite 45.

30 Siehe auch Emil Bock, *Der Kreis der Jahresfeste*, Stuttgart [6]1999.

31 Dag Hammarskjöld, *Zeichen am Weg. Das spirituelle Tagebuch des UN-Generalsekretärs*, Eintrag vom 4.8.1959, Stuttgart 2011, Seite 187.

32 Aus: *Eins und Alles. 373 Gedichte für Kindheit und Jugend*, ausgewählt von Heinz Ritter, Stuttgart [12]2009, Seite 21.

33 Rachel Carson, *Der stumme Frühling*, München [6]2021.

34 Dieter Steiner, *Rachel Carson. Pionierin der Ökologiebewegung*, München 2014.

35 Stephen R. Covey, *Die 7 Wege zur Effektivität. Prinzipien für persönlichen und beruflichen Erfolg*, Offenbach am Main [58]2019.

36 Ebd.

37 Anleitungen sind zu finden in: Karin Neuschütz, *Filzen mit Seife und Nadel*, Stuttgart 2008.

38 Friedrich Wilhelm Güll, »Engelwacht«, in: *Eins und Alles. 373 Gedichte für Kindheit und Jugend*, ausgewählt von Heinz Ritter, Stuttgart $^{12}$2009, Seite 161.

39 Anleitungen bietet das Buch *Gib den Puppen Leben* von Karin Neuschütz, Stuttgart 2005.

40 Siehe auch Freya Jaffke, *Advent. Anregungen für die Vorweihnachtszeit*, Stuttgart $^{9}$2017.

41 Christel Oehlmann, *Einfach erzählen! Ein Übungsbuch zum freien und gestalteten mündlichen Erzählen*, Paderborn $^{2}$2001.

42 Anregungen zu einer tieferen Betrachtung der Märchen sind zu finden in: Friedel Lenz, *Bildsprache der Märchen. Märchen als Künder geistiger Wahrheiten*, Stuttgart 2012; Rudolf Geiger, *Märchenkunde. Mensch und Schicksal im Spiegel der Grimm'schen Märchen*, Stuttgart $^{4}$1998; Rudolf Meyer, *Die Weisheit der deutschen Volksmärchen*, Stuttgart 1981; Esther Gallwitz, *Schneewittchens Apfel. Pflanzen in Grimms Märchen*, Frankfurt am Main 1999.

43 *Kinder- und Hausmärchen*, gesammelt durch die Brüder Grimm, München 1966.

44 Joseph von Eichendorff, »Wünschelrute«, in: ders., *Werke*, Band I, München 1981, Seite 132.

45 Jacob und Wilhelm Grimm, *Kinder- und Haus-Märchen*, Berlin 1819.

46 Martin Tittmann, »Tischgebet«, in: *Eins und Alles. 373 Gedichte für Kindheit und Jugend*, ausgewählt von Heinz Ritter, Stuttgart $^{12}$2009, Seite 214.

47 Aus: Christian Leipert (Hrsg.), *Familie als Beruf. Arbeitsfeld der Zukunft*, Opladen 2001, Seite 43.

48 Rudolf Steiner, *Der pädagogische Wert der Menschenerkenntnis und der Kulturwert der Pädagogik* (GA 310), Vortrag vom 17. Juli 1924, Dornach $^{4}$1989, Seite 14 f.

49 Aus: Sabine Leibholz-Bonhoeffer, *Weihnachten im Hause Bonhoeffer*, Gütersloh $^{14}$2013.

50 Rainer Maria Rilke, »Das Karussell«, aus den *Neuen Gedichten*, in: ders., *Sämtliche Werke*, Erster Band, Frankfurt am Main 1955, Seite 531.

51 Rudolf Steiner, *Die Erziehung des Kindes*, Basel $^{4}$2019.

52 Michael Heilemann, *Amokgefahr. Respekttraining als Retter in der Schularena? Textbausteine zum psychologischen Verständnis des »Unverstehbaren«*, Lengerich 2009.

53 Übersetzt von Heinrich Ogilvie, Stuttgart 1996.
54 Martin Tittmann, »Michaelslied«, in: Martin Sandkühler (Hrsg.), *Sankt Michael – der Gottesheld. Der Erzengel in Mythen, Legenden, Sagen und Erzählungen, in Hymnen, Liedern und Gedichten,* Stuttgart 2004, Seite 272 ff.

## Das Gründungskollegium

*Jörgen Day,* geb. 1945, Studium der Slavistik und Politologie, Oberstufenlehrer an einem Hamburger Gymnasium, Waldorflehrer, von 1990 bis 2001 Pfarrer in der *Christengemeinschaft* Kiel, Förderer der Elternseminar-Initiative, Gründungsvortrag, Märchenarbeit.

*Wolfgang Gädeke,* geb. 1943, verheiratet, vier Kinder; Pfarrer in der *Christengemeinschaft,* Schwerpunkt: Gründungsvortrag, Religionskurse für Väter, Ehe- und Partnerschaftsseminar.

*Roswitha M. Gädeke,* geb. 1944, verheiratet, vier Kinder, Kaufmännisch-Praktische Arzthelferin, Grundausbildung am Priesterseminar der *Christengemeinschaft* in Stuttgart, Elternkurse in der Gemeinde zum Verständnis christlicher Jahresfeste und ihrer Gestaltung in der Familie, Initiatorin und Leiterin des Elternseminars.

*Elisabeth Szwerinski,* geb. 1953, verheiratet, sieben Kinder, Enkelkinder, Geburtsvorbereiterin, Schwerpunkte: Gründungsvortrag, Unterstützung und Beratung in der Gründungsphase bis November 2000.

*Jutta Assel,* geb. 1959, verheiratet, acht Kinder, Waldorferzieherin, Schwerpunkt: Beratung und Unterstützung während der Gründungsphase bis Mai 2001, Heilpraktikerin.

*Susanne Lange,* geb. 1969, alleinerziehende Mutter eines kleinen Sohnes, 2003 neue Partnerschaft, zwei Kinder, Waldorferzieherin, Tagesmutter, Schwerpunkt: praktische Pädagogik, Reigenspiele, Puppenspiele, Krabbelgruppe.

Hinzu kamen:

*Susanne Gödecke,* geb. 1971, verheiratet, Pfarrerin in der *Christengemeinschaft,* Schwerpunkte: priesterliche Begleitung des Elternseminars, Kurse zum Erzählen-Lernen, zu Gebeten und zur Sonntagshandlung für die Kinder, seit Oktober 2001.

*Anne-Rose Börner,* geb. 1955, Mutter eines Sohnes, Fremdsprachensekretärin, Teilnahme am berufsbegleitenden Waldorflehrerseminar, Arbeiten in der Puppenwerkstatt, Schwerpunkte: Herstellung von Puppen, Handpuppen, Weihnachtsfiguren; seit Januar 2003.

*Anita Brahmst,* geb. 1949, verheiratet, Mutter von sechs Kindern einer Patchworkfamilie, Krankenschwester, Heilpädagogin, Schwerpunkte: adventliches Knusperhäuschen-Bauen, Mitglied der Märchenbühne, seit September 2002.

*Daniela Rosenbaum,* geb. 1962, verheiratet, zwei Töchter, Geigerin und Musiklehrerin an der Waldorfschule Kiel, Schwerpunkt: Familiensingen, seit 2001.

# Programmbeispiel 1

**Das Elternseminar wendet sich an Eltern, Paten, Groß- und Pflegeeltern, sowie an junge Menschen, die sich vor der Familiengründung orientieren möchten. Eine Bindung im Sinne einer Mitgliedschaft in der Christengemeinschaft wird nicht erwartet.**

**Aber die Liebe selber, das sich Hingeben an die Welt und ihre Erscheinungen betrachtet man jedenfalls nicht als Erkenntnis. Für das Leben aber ist die Liebe die Erkenntniskraft. Und ohne diese Liebe ist vor allen Dingen unmöglich zu einer Menschenkenntnis zu kommen, welche die Grundlage für eine wirkliche pädagogische Kunst sein könnte.**

**Rudolf Steiner**

**-Fortbildung für religiöse Erziehung-**
setzt weder theologische noch religions-pädagogische Kenntnisse oder einen bereits zurückgelegten christlichen Weg voraus. Angesprochen fühlen mag sich, wer Fragen hat wie diese:

- Wo ist eigentlich der Himmel?
- Der Mensch, ein geistiges Wesen, das es schon im Kindesalter zu würdigen gilt?
- Wer ist Christus?
- Was ist Religion – Gebet - religiöses Leben?
- Wie kann es nach und nach tragender Grund von Familienkultur sein?
- Ist religiöses Leben in unserer Leistungs- und Spaßgesellschaft überhaupt möglich?
- Hat es einen heilenden Einfluß auf den zunehmenden Sprachverlust?
- Können religiöse Bräuche auf ihre Art dazu beitragen, Aggressionen zu mildern?
- Stärkt oder heilt religiöses Leben die Gesundheit von Leib, Seele und Geist?
- Welche Funktion haben Vorbild und Nachahmung?
- Kann Religionsausübung einen günstigen Einfluss auf die Biografie nehmen?
- Was ist eigentlich der Sinn des Lebens?
- Welche Bedeutung hat der Tod, gibt es ein nachtodliches Dasein?
- Was will die Christengemeinschaft?

Auf Ihre Fragen, Anregungen und Mitarbeit freuen wir uns.

Für den Kreis der Mitarbeiter: Roswitha Gädeke

Tel. 0431 - 52 20 27 Fax 0431 - 52 32 46

Die Christengemeinschaft
Raphael-Kirche

**Elternseminar für Familienkultur**

- Fortbildung für religiöse Erziehung -

Programm
für
Frühjahr / Sommer 2005

Gemeindezentrum
Hofholzallee 25
24109 Kiel

# Programmbeispiel 2

**Kurs A** **Do. 20:00 – 21:30**

28.04.
19.05.
02.06.

**Kurs B** **Di. 9:15 – 11:00**

05.04.
12.04.
19.04.

**Mo. 9:30 – 11:00**

| | |
|---|---|
| 02.05. | 30.05. |
| 09.05. | 06.06. |
| 23.05. | 13.06. |

**Sa. 30.04. 15:30 – 17:30**

**Mi. 08.06. 20:00**

**„Der Sonne Licht - es hellt den Tag..."**

Dieses Morgengebet von Rudolf Steiner, dessen Inhalt wir gemeinsam erschließen wollen, kann Kraftquelle und Ermutigung für die Mühen des Tages werden.

*Roswitha Gädeke, Susanne Gödecke*

**„Träum, Kindlein, träum..."**

Wir üben spielend weiter im Wollpüppchen-Theater. Wer möchte noch hinzukommen?

*Roswitha Gädeke*

**Krabbelgruppe für die Jüngsten von 0 – 3 und ihre Eltern oder Großeltern**

Ein kleiner Reigen zu Beginn, Singen, Spielen, Basteln, miteinander essen, Gespräche führen, ein gemeinsames Beschließen werden uns zusammenführen.

*Susanne Lange, Roswitha Gädeke*

**Familien singen den Mai herbei !**

Fröhliches Kaffeetrinken, Reigentänzchen, Spielen, Gespräche und eine ganz kleine Vorführung am Schluss gehören auch dazu.
- Kuchen bitte mitbringen -

*Susanne Lange, Daniela Rosenbaum*

**Familie und Glaube**

- Öffentlicher Vortrag -

*Roswitha Gädeke*

Anmeldung bitte senden an:

**Die Christengemeinschaft**
**-Elternseminar-**
**Hofholzallee 25**
**24109 Kiel**

Ich/Wir nehme(n) teil an (bitte ankreuzen):

| | | |
|---|---|---|
| ☐ | Kurs A Der Sonne Licht | 15,- € |
| ☐ | Kurs B Träum Kindlein... | 15,- € |
| ☐ | Krabbelgruppe | 20,- € |
| | 30.04. Familien singen | |
| ☐ | mit ........ Personen/Familie | 5,- € |
| ☐ | als Einzelperson | 2,- € |

**Anmeldeschluss:** Jeweils eine Woche vor Beginn.

**Bezahlung:** Jeweils vor Beginn der Veranstaltung. Ermäßigung möglich.

Name(n): ........................................

........................................

Anschrift: ........................................

........................................

Tel: ........................................

# Programmbeispiel 3

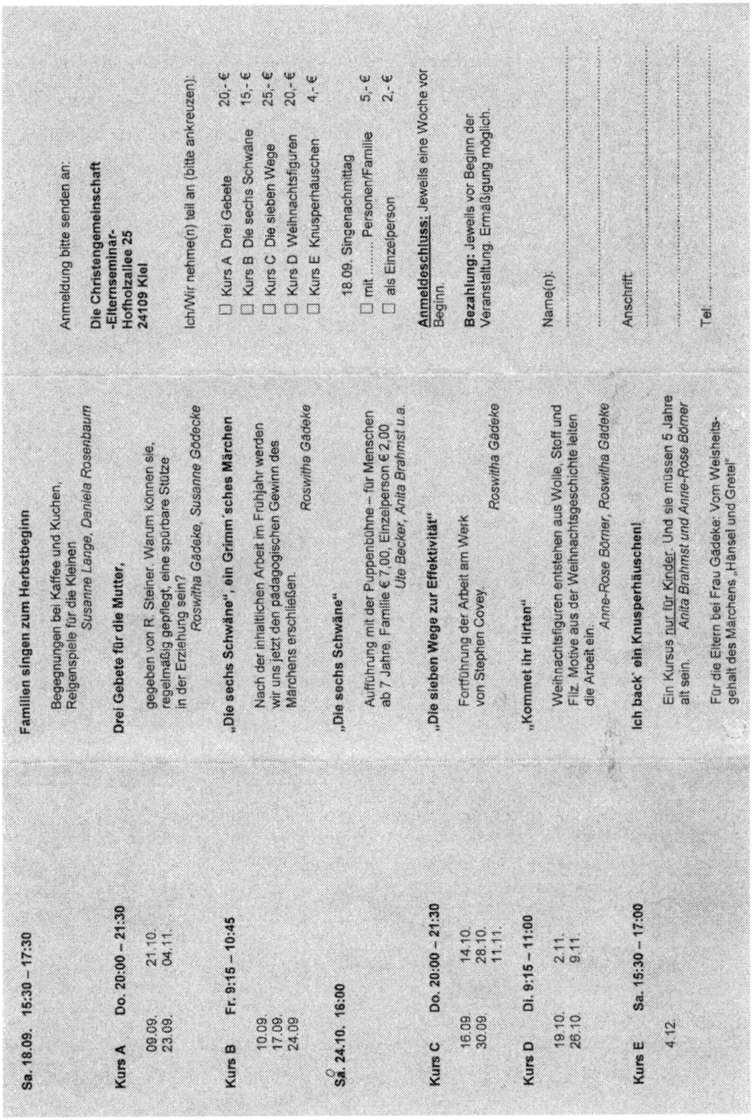

**Sa. 18.09. 15:30 – 17:30**

**Familien singen zum Herbstbeginn**

Begegnungen bei Kaffee und Kuchen,
Reigenspiele für die Kleinen
*Susanne Lange, Daniela Rosenbaum*

**Kurs A Do. 20:00 – 21:30**

09.09. 21.10.
23.09. 04.11.

**Drei Gebete für die Mutter,**

gegeben von R. Steiner. Warum können sie, regelmäßig gepflegt, eine spürbare Stütze in der Erziehung sein?
*Roswitha Gädeke, Susanne Gödecke*

**Kurs B Fr. 9:15 – 10:45**

10.09.
17.09.
24.09

**„Die sechs Schwäne", ein Grimm'sches Märchen**

Nach der inhaltlichen Arbeit im Frühjahr werden wir uns jetzt den pädagogischen Gewinn des Märchens erschließen.
*Roswitha Gädeke*

**Sa. 24.10. 16:00**

**„Die sechs Schwäne"**

Aufführung mit der Puppenbühne – für Menschen ab 7 Jahre. Familie € 7,00, Einzelperson € 2,00
*Ute Becker, Anita Brahmst u.a.*

**Kurs C Do. 20:00 – 21:30**

16.09. 14.10.
30.09. 28.10.
11.11.

**„Die sieben Wege zur Effektivität"**

Fortführung der Arbeit am Werk von Stephen Covey.
*Roswitha Gädeke*

**Kurs D Di. 9:15 – 11:00**

19.10. 2.11.
26.10. 9.11.

**„Kommet ihr Hirten"**

Weihnachtsfiguren entstehen aus Wolle, Stoff und Filz. Motive aus der Weihnachtsgeschichte leiten die Arbeit ein.
*Anne-Rose Börner, Roswitha Gädeke*

**Kurs E Sa. 15:30 – 17:00**

4.12.

**Ich back' ein Knusperhäuschen!**

Ein Kursus nur für Kinder. Und sie müssen 5 Jahre alt sein. *Anita Brahmst und Anne-Rose Börner*

Für die Eltern bei Frau Gädeke: Vom Weisheitsgehalt des Märchens „Hänsel und Gretel"

Anmeldung bitte senden an:

**Die Christengemeinschaft**
**-Elternseminar-**
**Hofholzallee 25**
**24109 Kiel**

Ich/Wir nehme(n) teil an (bitte ankreuzen):

| | | |
|---|---|---|
| ☐ | Kurs A Drei Gebete | 20,- € |
| ☐ | Kurs B Die sechs Schwäne | 15,- € |
| ☐ | Kurs C Die sieben Wege | 25,- € |
| ☐ | Kurs D Weihnachtsfiguren | 20,- € |
| ☐ | Kurs E Knusperhäuschen | 4,- € |
| | 18.09. Singenachmittag | |
| ☐ | mit ........ Personen/Familie | 5,- € |
| ☐ | als Einzelperson | 2,- € |

**Anmeldeschluss:** Jeweils eine Woche vor Beginn.

**Bezahlung:** Jeweils vor Beginn der Veranstaltung. Ermäßigung möglich.

Name(n): ..........................................

..........................................

Anschrift: ..........................................

..........................................

Tel: ..........................................

# Programmbeispiel 4

**Kurs A** **Mo. 10:00 – 11:30**

16.01. – 13.03. wöchentlich

**Krabbelgruppe für die Jüngsten von 0 – 3 und ihre Eltern oder Grosseltern**

Wir wählen ein Motiv, sprechen darüber, basteln dazu, spielen, vespern, singen, machen kleine Tänzchen.

*Susanne Lange, Roswitha Gädeke*

**Kurs B** **Mi. 20:00 – 21:30**

18.01. 15.02.
01.02. 01.03.

**Es könnte dem Kind ja was passieren...**

... und wir können es nicht verhindern! Oder doch? Das Märchen „Schneeweisschen und Rosenrot" hilft uns vielleicht weiter.

*Roswitha Gädeke*

**Kurs C** **Do. 20:00 – 21:30**

19.01. 16.02.
02.02. 02.03.

**Wohin mit der Last elterlichen Versagens ?**

Sich aussprechen dürfen, sich angenommen fühlen, den erlösenden Goldgrund hinter der Schuldenlast suchen, ist das Ziel gemeinschaftlicher Arbeit. - Teilnehmerzahl auf 5 begrenzt -

*Roswitha Gädeke*

**Kurs D** **Do. 20:00 – 21:30**

12.01. 23.02.
26.01. 09.03.
09.02.

**„Die sieben Wege zur Effektivität"**

Fortführung der neubegonnenen Arbeit am Werk von Stephen Covey.

*Roswitha Gädeke*

**So. 26.03.** **16:00 Uhr**
**Einlass 15:50 Uhr**

**„Schneeweisschen und Rosenrot"**
**- ein Märchen der Gebrüder Grimm-**

Aufführung mit der Puppenbühne für Menschen ab 5 Jahre bis 99

*mit Ute Becker, Anita Brahmst u.a.*

Anmeldung bitte senden an:

**Die Christengemeinschaft**
**-Elternseminar-**
**Hofholzallee 25**
**24109 Kiel**

Ich/Wir nehme(n) teil an (bitte ankreuzen):

| | | | |
|---|---|---|---|
| ☐ | Kurs A | Krabbelgruppe | 20,00 € |
| ☐ | Kurs B | ...könnte was passieren... | 20,00 € |
| ☐ | Kurs C | Wohin mit der Last? | 20,00 € |
| ☐ | Kurs D | Die sieben Wege | 25,00 € |

**Anmeldeschluss:** Jeweils eine Woche vor Beginn.

**Bezahlung:** Jeweils vor Beginn der Veranstaltung. Ermäßigung möglich.

Name(n): ........................................
........................................

Anschrift: ........................................
........................................

Tel: ........................................

Druck:
CPI Druckdienstleistungen GmbH
im Auftrag der
Zeitfracht GmbH
Ein Unternehmen der Zeitfracht - Gruppe
Ferdinand-Jühlke-Str. 7
99095 Erfurt